高等职业教育学前教育类"十三五"规划教材　关学增·总主编

幼儿文学教程

关学增　冷　月　主编

河南大学出版社
HENAN UNIVERSITY PRESS
·郑州·

图书在版编目(CIP)数据

幼儿文学教程／关学增,冷月主编. —郑州:河南大学出版社,2017.9
ISBN 978-7-5649-3013-4

Ⅰ.①幼… Ⅱ.①关… ②冷… Ⅲ.①儿童文学理论－高等学校－教材 Ⅳ.①I058

中国版本图书馆 CIP 数据核字(2017)第 229606 号

责任编辑 朱春华 姚占伟
责任校对 李 慧
封面设计 吉宏飞

出版	河南大学出版社
	地址:郑州市郑东新区商务外环中华大厦 2401 号　邮编:450046
	电话:0371－86059701(营销部)　网址:www.hupress.com
排版	郑州和尔文化传播有限公司
印制	郑州市运通印刷有限公司
版次	2017 年 9 月第 1 版　　印次 2017 年 9 月第 1 次印刷
开本	787mm×1092mm　1/16　印张 13.75
字数	326 千字　　　　　　　定价 30.00 元

(本书如有印装质量问题,请与河南大学出版社营销部联系调换)

序　言

　　文学家、教育家郭沫若说:"人类社会根本改造的步骤之一,应当是人的改造。人的根本改造应当从儿童的情感教育、美的教育入手。"随着社会经济环境的不断改善和文化的日益丰富,儿童文学经过一个多世纪的发展渐趋成熟。作为儿童文学的一个分支——幼儿文学正作为独立的学科,以区别于语文教学的姿态出现在公众面前,并越来越受到教育界的广泛关注。

　　幼儿文学是针对幼儿的年龄特点,以一定的教育引导为目的,以3～6周岁幼儿为主要接受对象而创作的文学。如果把幼儿比作大地上一株株有待茁壮成长的,需要得到阳光、雨露、土壤、空气的哺育才能长大成材的苗木,那么无疑幼儿文学将是一种特别有益的哺育品。幼儿文学能使幼儿的身心获得滋养,认知得到启蒙,情感得到培育,想象得到引发,审美得到体验。幼儿文学的创作与教育过程,承载着体现幼儿自身接受教育的特性和文学自身特点的双重使命。因此,只有使幼儿教育工作者或即将成为幼儿教育工作者的人群深刻认识到幼儿文学教育的特性,才能使幼儿文学最终成为与幼儿进行心灵沟通的介质。作为学前教育专业的必修教材及幼儿教育工作者的教学应用与参考书,本册《幼儿文学教程》的编写着力于为幼儿教育服务这一使命。

　　高等职业教育旨在培养既具有一定理论基础,又具有一定实际应用能力的全面发展的技能型人才。作为高职院校学前教育专业的学生,不仅要掌握幼儿文学的相关理论,还要在理论指导的基础上,把握幼儿文学各种文体自身的特性,以便在以后的工作中真正将理论与实践教学紧密结合。高职学生自身的特点又决定了编者在编写教材的过程中应该本着深入浅出、通俗易懂、便于应用、留有空间的理念,使教材既具有知识性和科学性,又具有可读性和实践性。

　　《幼儿文学教程》的编写,正是基于高职教育及高职学生的自身特点、学前幼儿及幼儿文学的自身特点,立足于高职院校学前教育专业的教学实际和课程设置,从基本理论学习到经典作品鉴赏,将理论指导与实际教学有机结合、互为补充,从而既突出了专业基础课程的特色,又适合了高职学生的接受心理。

　　《幼儿文学教程》分为上下两篇。上篇着重介绍幼儿及幼儿文学的相关理论,主要包括幼儿及幼儿文学的特征、幼儿文学的作者与创作、幼儿文学的教育功能、幼儿文学的阅读指导,旨在使幼儿教育者充分把握幼儿及幼儿文学的特点,以及基于此特点的相关教育理论;下篇着重介绍幼儿文学的文体特征及赏析,包括幼儿诗、幼儿儿歌、幼儿寓言、幼儿童话、幼儿故事、幼儿散文、幼儿戏剧、幼儿绘本八种主要文体,旨在使幼儿教育者真正掌握幼儿文学的特征,从自身学会欣赏和阅读幼儿文学作品,到把握幼儿文学的韵律美及课堂教育方法,找到真正适合幼儿的教育方法和思想,教会孩子发现美、欣赏美,真正发挥幼儿文学的美育功能,促进幼儿的全面健康发展。

在此特别说明,本教材在编写的过程中选用了大量的名家文学作品,借鉴了很多幼儿文学教材的相关理论,在此一并表示诚挚的感谢。

本教材还是校事合作、校企合作的成果。河南省郑州市文联主席钟海涛先生、郑州市二七区伯特利幼儿园常颂扬先生和杨园园女士等分别对本教材结构设计、教材内容选定和教学方法改进等诸多方面提出了宝贵意见和建议。他们的参与提升了本教材的编写质量,也增加了它在实际运用中的可行性和有效性。

本教材由主编关学增、冷月二人共同设计整体框架,编制写作提纲。关学增为教材作序,编写第一章,并统审全稿;冷月负责第二至十二章的编写,并进行文献整理。基于编者认识及能力所限等原因,本教材中难免有不足和疏误之处,恳请各位专家学者批评指正。同时,也真诚地希望这本教材能够为我国高等职业院校学前教育专业的教学与研究贡献微薄之力。

关学增
2017 年 6 月

目 录

上 篇·基础理论

第一章 幼儿与幼儿文学
第一节 幼儿及幼儿的特征 …………………………………………… 5
第二节 幼儿文学及幼儿文学的特征 ………………………………… 8

第二章 幼儿文学的作者与创作
第一节 幼儿文学作者的特征 ………………………………………… 21
第二节 幼儿文学的创作要求 ………………………………………… 24

第三章 幼儿文学的教育功能
第一节 幼儿文学对幼儿语言的教育功能 …………………………… 33
第二节 幼儿文学对幼儿情感的教育功能 …………………………… 36
第三节 幼儿文学对幼儿想象的教育功能 …………………………… 38
第四节 幼儿文学对幼儿审美的教育功能 …………………………… 40

第四章 幼儿文学的阅读与指导
第一节 幼儿早期阅读的意义 ………………………………………… 47
第二节 创设适宜幼儿阅读的环境 …………………………………… 49
第三节 选择适宜幼儿阅读的文本 …………………………………… 52
第四节 找到指导幼儿阅读的方法 …………………………………… 54

下 篇·主要文体

第五章 幼儿诗歌
第一节 幼儿诗歌概述 ………………………………………………… 63
第二节 幼儿诗歌的特点 ……………………………………………… 64
第三节 幼儿诗歌的分类 ……………………………………………… 66
第四节 幼儿诗歌的赏析 ……………………………………………… 70

第六章 幼儿儿歌
第一节 幼儿儿歌概述 ………………………………………………… 81
第二节 幼儿儿歌的特征 ……………………………………………… 82
第三节 幼儿儿歌的分类 ……………………………………………… 84

第四节　幼儿儿歌赏析 ……………………………………………………… 91

第七章　幼儿寓言

第一节　幼儿寓言概述 ……………………………………………………… 101
第二节　幼儿寓言的特点 …………………………………………………… 102
第三节　幼儿寓言的作用 …………………………………………………… 103
第四节　幼儿寓言的赏析 …………………………………………………… 105

第八章　幼儿童话

第一节　幼儿童话概述 ……………………………………………………… 117
第二节　幼儿童话的特点 …………………………………………………… 120
第三节　幼儿童话的分类 …………………………………………………… 124
第四节　幼儿童话的赏析 …………………………………………………… 126

第九章　幼儿故事

第一节　幼儿故事概述 ……………………………………………………… 137
第二节　幼儿故事的特点 …………………………………………………… 138
第三节　幼儿故事的分类 …………………………………………………… 141
第三节　幼儿故事的赏析 …………………………………………………… 144

第十章　幼儿散文

第一节　幼儿散文概述 ……………………………………………………… 155
第二节　幼儿散文的分类 …………………………………………………… 157
第三节　幼儿散文的赏析 …………………………………………………… 160

第十一章　幼儿戏剧

第一节　幼儿戏剧概述 ……………………………………………………… 173
第二节　幼儿戏剧的特征与作用 …………………………………………… 174
第三节　幼儿戏剧的分类 …………………………………………………… 177
第四节　幼儿戏剧欣赏 ……………………………………………………… 178

第十二章　幼儿绘本

第一节　幼儿绘本概述 ……………………………………………………… 199
第二节　幼儿绘本的特征 …………………………………………………… 200
第三节　幼儿绘本的分类 …………………………………………………… 203
第四节　幼儿绘本的赏析 …………………………………………………… 207

主要参考书目 ……………………………………………………………… 213

上 篇

基础理论

上篇

第一章 幼儿与幼儿文学

> 读书就像种树，读一本书，就是种一棵树；读很多书，就是种了一片森林。
> ——郑春华

本章要点

1. 了解幼儿的发展特征。
2. 把握幼儿文学的文体特征。
3. 掌握幼儿文学的美学特征。

第一节 幼儿及幼儿的特征

一、幼儿的年龄界定

幼儿指年幼的儿童。由于划分标准的不同,对于幼儿的年龄界定也不尽相同。根据个体童年期发展阶段的不同特点,结合多数人的普遍看法,我们把幼儿分为婴儿期(0～3周岁前)和幼儿期(3～6周岁)两个阶段。目前,早期儿童教育界普遍接受的关于"幼儿"的年龄界定为0～6岁这一年龄段,即儿童在接受正式的学制教育之前的发展阶段。这一阶段,幼儿无论在体格和神经发育上,还是在心理和智力发育上,都有自己独有的特征。

二、幼儿的发展特征

恩格斯说:"正如母体内的人的胚胎发展史,仅仅是我们动物祖先以蠕虫为开端的几百万年的躯体发展史的一个缩影一样,孩童的精神发展是我们动物祖先,至少是比较晚些时候的动物祖先的智力发展的一个缩影,只不过这个缩影更加简略一些罢了。"婴幼儿主要靠触觉、视觉和听觉来认识周围事物。他们的注意与记忆都以无意识为主,情绪与情感都很不稳定,所以直观的形象思维是幼儿思维的基本特点。因为幼儿的意志力、自觉性和自制力水平都很低,个性尚未形成,自我意识开始萌芽,所以幼儿的可塑性极大。在整个发展过程中,幼儿在生理、心理、思维等诸多方面,都体现了近似于原始人类发展进化史的独特的发展特征。

(一)生理特征

婴幼儿处于个体发展的最初阶段。这一时期,婴幼儿的生理特点,首先表现为身体的迅速发育,特别是脑的重量增加较快。婴幼儿的脑重从最初成人脑重的25%,6～7岁时达到成人脑重的90%。其次表现为婴幼儿的动作迅速发展。婴幼儿开始学会独立行走和用手随意摆弄东西。最后表现为婴幼儿的语言发展迅速,特别是其由不完整的口头语言向连贯性语言的逐步发展。

学龄前是完整口头语言发展的关键时期,也是连贯性语言逐步发展的时期。宝宝在出生1年内,依赖非语言的沟通方式来表达他的情感与想法。除了以哭作为直接的沟通手段之外,身体语言如脸部的表情、手臂与脚的摆动等,都是他们与外界沟通和表达思想情感的主要手段。在此期间,你越了解他们的身体语言,就越能拉近你与宝宝之间的情感联结,也就越能鼓励他们使用非语言的方式作为有效的沟通手段。宝宝大脑和四肢动作的发展为其语言的产生准备了条件。大约出生1年后,他们便开始进行有意义的口语沟通。

幼儿不仅能连贯完整地说话和成人交谈,还能独立地表达自己的思想。语言的发展为他们以听故事、念儿歌等形式接触文学打下了基础。

3岁左右的儿童的语言表达仅限于与其他儿童或成人进行对话或提问,而缺乏连贯性的叙述,不可能讲述完整的故事。这个时候如能给予他们正确的教育,则儿童语言的连贯性会逐步发展。到五六岁时,他们就已能讲述完整的故事了。语言连贯性的发展是儿童语言能力和逻辑性思维发展的重要环节。此时,儿童虽然语言表达能力有了进一步的发展,能用语言表达各种印象,但其表达能力一般还是较弱的。

3~7岁儿童的大脑重量继续增加。这一时期,神经纤维继续增长,分支加多,长度加长,更有利于神经联系,到六七岁时脑重量基本接近成人。6岁儿童的神经髓鞘基本上发育完成,神经传导也就更加迅速、准确,大脑各叶的分化也渐趋成熟。大脑生理结构的日趋成熟,为儿童行为的发育打下了良好基础。随着神经系统的发育,学龄前儿童的兴奋和抑制功能在不断增强,兴奋过程也比以前进一步增强。儿童每天醒着的时间,比以前相对增加。7岁儿童每天睡11个小时就足够了。这使儿童有更充足的时间参加游戏和学习实践活动。随着实践活动的进一步复杂化,以及在与成人交际的范围日益扩大的基础上,他们的语言能力也迅速发展起来。

(二)心理特征

儿童心理年龄特征就是指儿童心理发展的各个不同年龄阶段形成和表现出来的那些一般的、典型的和本质的心理特征。这种心理状态是稳定性和可变性的统一,是连续性和阶段性的统一,也是顺序性和方向性的统一。不同年龄的幼儿,具有不同的心理表现,即有不同的心理特征。幼儿心理发展的特点表现为:他们的认识有了明显的具体形象性,他们的抽象概括性刚刚开始发展,他们的最初的个性倾向开始形成。3~6岁是幼儿个性倾向开始萌芽的时期。此时,在个性方面,由于环境、教育条件和遗传因素的不同,幼儿身心发展存在着个别差异,逐渐表现出性格、兴趣、能力等方面的个人特点,这些都会在人的一生中留下痕迹。幼儿无意性的心理活动向有意性的心理活动发展是这一时期幼儿心理的主要特征。

1. 心理活动由无意性为主,开始向有意性发展

随着幼儿年龄的增长和他们所受教育的影响,幼儿从中期(4岁至5岁)开始,已能初步按成人的要求做事,到了五六岁时,幼儿已能初步控制自己的行为,有目的地进行活动。

2. 认识过程以无意性为主

随着幼儿感觉、知觉的逐渐完善,他们对生动、形象的事物和现象容易认识,对较复杂的空间和时间的认识较差。认识过程中的无意性,在幼儿的认识活动中表现得非常突出,特别是表现在幼儿的注意、记忆和想象等心理活动之中。幼儿的注意力很不稳定,对感兴趣的事物注意力较易集中,但关注的时间不长。他们的记忆带有很大的随意性和直观形象的特点,往往不能自觉地或专门地去记住一些东西,而是在他们感兴趣的活动中将事物不知不觉地记住。幼儿的想象以再造想象为主,创造想象正在发展,想象主题易变化并常常带有夸张性。

3. 心理活动易受情绪的影响

幼儿的情感常受外界情境支配,常为周围人的情绪所影响。他们的情感容易激动、变化、外露,并且很不稳定。在情绪愉快的状态下,幼儿一般能够接受任务,坚持活动的时间也比较长,任务完成的情况也比较好。

(三)思维特征

幼儿期是思维迅速发展的时期。3岁左右的幼儿思维是在直接感知和具体行动中进行的,以后逐渐向具体思维过渡,并将这种具体思维变为幼儿期思维的主要形式。6岁左右的幼儿抽象逻辑思维开始发展。

学前期婴幼儿的情绪和情感虽有了进一步的发展,但由于皮层下中枢的活动仍占优势,故此期儿童的情绪易激动、不稳定,情感也具有易变性和富有冲动性。情感和情绪的受调节性差,使得成人有时不得不用转移的方法消除他们的某种消极情绪。到学前晚期,随着儿童内抑制和第二信号系统的发展,幼儿情绪的冲动性逐渐减少,自我调节情绪的能力逐渐增强,情感的稳定性和有意性才逐步增长起来,并能多少有意地控制自己情感的外部表现,甚至控制情感本身。

3~6岁的幼儿已有丰富的思想力。他们喜欢看到原来一无所有的地方突然出现某种东西,喜欢以强烈的色彩和瞬间显现的状物来刺激自己的感官,更喜欢模仿自己在某时某地所看到的景物。他们爱早晨出生的太阳,爱夜晚的星星和月亮,爱河里的小鱼和小虾,爱大海的浪花与风帆,爱蓝天的飞鸽与白云——爱一切自然的美。他们心灵纯美,求知欲强,好奇,好问,好动,兴趣广泛,但是也单纯、幼稚、自控力差,注意力也不集中。

男孩和女孩在感知力、辨别力、模仿力、创造力和肌肉伸缩力方面有着诸多的不同。即使同样性别的孩子,由于个性差异,亦会出现不同的外部形象与性格特征。

成人的不断教育和要求以及儿童所参加的集体活动,都有利于儿童逐渐学会控制自己的情绪,减少冲动性。儿童情感的发展对儿童个性的形成起着重要的作用。因此,应从小培养儿童的良好感情,如教育儿童爱祖国、爱人民、爱劳动、爱学习、爱公物等。同时,也要注意让儿童克服一些不良情绪,如虚荣心、嫉妒心等。

(四)兴趣特征

学前期儿童性格最突出的特点是活泼好动、好奇心强、好提问题、易冲动、自制力差、易受暗示、模仿性强。故针对儿童以上的特点,应给予正确的指导,使他们形成勤奋好学、进取心强的良好性格,努力为他们创造良好的环境,为儿童树立良好的榜样,使儿童在模仿中学习。

一般来说,小班幼儿对自己日常喜欢、熟悉、可反复操作的事物更容易表现出关注与探究的兴趣。如问小班幼儿会选择探究什么样的车和喂养哪种小动物时,他们一般都集中倾向于选择玩具车和喂养故事或儿歌中出现频率较高的小白兔。可见小班幼儿对探究内容的选择具有较强的自我中心倾向及浓厚的主观情感色彩。另一方面,小班幼儿的选择常具有无意识性,极易受其他刺激的干扰,因此他们的探究兴趣通常是不稳定的。

相比之下，中班幼儿对生活中时有接触但不太熟悉的事物更容易表现出强烈的探究兴趣，喜欢观察特征明显、多元、有变化且好玩的事物与现象。如果问中班幼儿喜欢探究哪种车，他们的回答通常是公共汽车、小汽车、消防车、救护车等现实生活中实际存在的交通工具。如对公共汽车，中班幼儿往往会提出以下问题：公共汽车为什么有不同的车路号？为什么站台上有的人上这一号码的车，有的人则上另一些号码的车？这些车从哪里来，最后到哪里去？同时，他们会对车子本身的结构感兴趣，试图弄明白为什么轮子都是圆的，汽车为什么会冒烟，为什么汽车要装那么多的镜子和灯等这些现象。由此可见，中班幼儿对探究内容的选择会受到其日常生活经验和自身活动视角的影响，更多关注和探究与现实生活相关的具体事物，并渴望了解这些事物的用途、结构、功能、属性、特征、变化等。由此也可以看出，中班幼儿探究的目的性比小班增强了许多，不过他们的探究兴趣仍然是比较浅显的。如在实验探究过程中，中班幼儿遇到困难时，就容易放弃或模仿同伴成功的操作，而无意于去进行深入的探究。

大班幼儿则开始逐渐对有一定挑战性的内容或问题表现出探究兴趣，喜欢关注变化的事物、奇特的现象，以及事物的细节特点与功用等。如同样是探究车的活动，大班幼儿通常会对各种奇特的车型及其商标、动力与速度、不同功用等感兴趣，同时能拓展到其他交通工具，如飞机、飞船等。可见，大班幼儿的探究兴趣虽然与中班幼儿相近，但大班幼儿的视角更为开阔，他们能通过收集与交流信息来拓展探究的范围与内容，并使探究活动向纵深推进。同时，大班幼儿的探究兴趣开始表现出个性化倾向，个体差异更为明显。

（五）社会化程度

儿童的社会化是指一个人在儿童阶段（通常指0~14岁）通过个人和社会的交互作用，获得语言、思维、情感等能力和最初行为的方式，从而逐步了解社会、掌握生存能力的过程。儿童社会化是人的社会化过程中的第一步。在这一过程中，儿童将受到基本生活技能的教育，掌握吃饭和语言表达等人类最初的行为方式，促使自我观念发展，分清自我与非我及两者的关系，养成良好的生活习惯，培养良好的道德品质。婴幼儿的社会化程度最低，其主要特征是"自然人"，除了其生理、心理发展水平都处于最低级的阶段外，婴幼儿的社会关系也非常简单，主要涉及父母及后来的幼儿园伙伴和老师。此时，幼儿的集体意识刚刚开始萌芽，仅有最初的社会道德感。

第二节 幼儿文学及幼儿文学的特征

作为浅语艺术的幼儿文学，是一种爱的文学、真的文学、美的文学。它是培养幼儿综合素质的重要精神食粮，是全面提高幼儿素质的启蒙教材，能使幼儿获得真的启迪、善的熏陶、美的享受。

一、幼儿文学概述

幼儿文学是儿童文学的一个重要组成部分,它是指以3～6岁的幼儿为主要读者对象、为广大的幼儿服务、能促进幼儿健康成长并符合他们审美需求的文学。

(一)幼儿文学与儿童文学

什么是儿童文学?对这个问题,在历史上曾经出现过种种不同的说法,但最有代表性的当属"儿童本位论"的儿童文学观、"儿童教育论"的儿童文学观及20世纪80年代以后出现的多元化的儿童文学观。笔者认为,儿童文学是指为广大儿童服务的文学,是以读者对象为依据区别于成人文学而自成一体的文学。

儿童文学的接受对象包括0～6岁的学龄前儿童、6～12岁的学龄儿童及12～17岁的少年。由于他们对文学的需要不论是内容、形式,还是表现手法上都有明显的差异,因此,从20世纪80年代中期以来,我国的儿童文学理论界就建立了儿童文学三个层次的理论,即把儿童文学分为幼儿文学、童年文学和少年文学。

1. 幼儿文学

幼儿文学(也称幼年文学)是以0～6岁幼儿为接受对象的文学。这个时段的儿童身心刚刚发育,各种能力刚刚萌芽,日常活动以游戏为主,他们正处于人生的启蒙阶段。所以,幼儿文学特别需要注意内容与形式的娱乐性与趣味性,以此来顺应儿童的心理需要。让他们在节奏鲜明的儿歌中逐渐认知客观事物,培养出良好的习惯;在浪漫的故事中丰富情感,丰富语言知识;在奇幻夸张的童话中发挥想象力,训练思维能力;在色彩和线条中刺激视觉神经,引发其对语言的感知兴趣。这个阶段的文学作品形式主要有儿歌、幼儿诗、幼儿童话、幼儿故事、幼儿散文、幼儿戏剧和图文并茂的幼儿绘本等。

需要指出的是,0～3岁的幼儿在各个方面的表现都很幼稚,尚处于人生之初的学语阶段。由于他们对文学作品的需求主要依赖于色彩丰富的画面或节奏明快的儿歌,所以儿童作品要以色彩鲜艳的图画、简洁明快的儿歌和通俗易懂的童话故事为主。

2. 童年文学

童年文学(也称狭义的儿童文学)是以6～12岁儿童(小学阶段)为主要接受对象的文学。这个阶段的儿童以学习为主导,他们不再满足于已知的事物,求知欲旺盛,兴趣广泛又富于幻想,往往具有强烈的探求事物原貌的精神和愿望,但同时还未摆脱儿童的幼稚心理。所以,这个时期的儿童所需要的文学作品要同时注重想象与认知,用想象力丰富、情节曲折动人、趣味性很强又充满冒险精神的故事去满足他们。同时,由于强烈求知欲的驱使,这个时期的儿童也很喜欢各种知识性的故事。童年文学的作品特色要求浪漫主义与现实主义互补,人物形象刻画要丰满,人物性格要典型。童年文学的文体主要有童话、寓言、儿童小说、儿童诗及科学文艺作品等。

3. 少年文学

少年文学是以12～17岁的少年(中学阶段)为主要阅读对象的文学。这个时段的少年处于由幼稚期向青年期过渡的心理突变期(或称"危险期")。这个时期,少年的性心理开始发育,情绪很不稳定。所以,少年文学必须特别重视美育及思想、心理的引导,帮助他们健康地走向青年时代,走向成熟阶段。少年文学的作品应注重全景式生活的描写,帮助他们建立正确的人生观、世界观、价值观,引导他们正确地把握和评价社会人生。少年文学人物形象以塑造具有当代意识的典型形象为主,并着重揭示人物性格的丰富内涵。少年文学创作方法以现实主义为主,同时也要适当引进意识流、纪实体、散文化、象征化、哲理化等方法。少年文学主要文体有少年小说、少年诗、散文、寓言集、报告文学等。

不同年龄阶段的少年儿童的心理特征与接受能力差异很大,这些差异意味着幼儿文学、童年文学、少年文学各自的审美特征、思想内容与艺术特点也会存在很大的不同。在这三个层次中,儿童文学的特色是逐层递减的。也就是说,越是低龄幼儿对文学的适龄性特点的要求就越是严格,文学作品就越要求考虑幼儿的接受心理、审美特征,夸张性、虚幻色彩、趣味性等符合幼儿审美心理的特点就要越强。随着年龄逐年递增,儿童文学就会越来越接近成人文学,美学特征也会越来越融入文学的总体特色中去。

特别需要指出的是,幼儿文学、童年文学、少年文学三者并不是各成一体、相互割裂的,而是相互补充、相互渗透、相辅相成地存在于文学的大系统之中的。

(二) 幼儿文学的基本内涵

幼儿文学是以幼儿为自觉服务对象、符合幼儿接受能力、体现独特的幼儿美学的文学作品的总称。幼儿文学的命名主要是由它特殊的读者对象——幼儿决定的,幼儿文学的形成也是随着人们对于幼儿身心发展特征的不断认识而实现的。

1. 幼儿文学必须是文学

幼儿文学既然是文学,就必须符合文学的基本审美特征或艺术品性,用生动活泼的语言塑造鲜明的艺术形象来反映生活、表达情感。只有当幼儿文学具备了文学的基本特征,才会使幼儿由喜欢进而产生阅读、欣赏的浓厚兴趣。首先,幼儿文学要具有鲜明的形象性。幼儿文学作者要在形象里倾注自己对幼儿的感情,用自己对幼儿的理解和爱塑造让幼儿喜闻乐见的形象,并能让幼儿从形象里看到与自己相联系的生活画面,从而有所乐、有所感。比如,安徒生的童话《野天鹅》和格林童话中的《狼和七只小山羊》,都借助幻想的艺术手段,把平凡而常见的事物,特别是孩子们喜爱的各种小动物、小植物,描绘成生动活泼的人物形象,编织成亦真亦幻、亦实亦虚的奇异图景,在幼儿面前展现了一个个奇妙的超现实的世界。其次,幼儿文学要体现语言艺术的特点。比如,各种各样的儿歌,都是用节奏明快而又生动活泼的语言描绘温馨优美的图画,展示幼儿丰富奇妙的想象,具有鲜明的文学色彩。这些作品之所以能够长久不衰地被孩子们喜爱,就是因为它们具有文学特征。最后,要注意将幼儿文学与其他幼儿读物区别开来。幼儿文学不同于幼儿读物。幼儿读物是适合幼儿阅读和听赏的所有书籍的总称,所包含的内容十分广泛,但却并非都具有文学性。幼儿读物的范围要比幼儿文学的范围大得多,它的分类方法与角度也多种多样。比如,从时间上划分,有古代、近代的启蒙读物和现当代的幼儿读物;从内容上划分,有文学类读物、体育类读物、音乐类读物、科普类读物、电影电视类读物、计算机和电子游戏类读物、社会知识类读物及心理类读物等等。其中,体育类读物和音乐类读物又可分为各种运动系列和各种乐器系列的图书。

2. 幼儿文学必须是"幼儿"的文学

除了具有文学的基本特性外,幼儿文学作品还必须符合幼儿的生理和心理特点。因为幼儿文学是为幼儿服务的文学,所以它应具有幼儿文学的独特的审美特质。幼儿文学是一个独立于成人文学的文学世界。只有在幼儿文学里,幼儿才能感到有趣味,感到自由,感到如鱼得水般的身心愉悦,才能自然地、不受干涉地去感知世界,感受事物,感受人,并形成真正属于自己的感知方式。幼儿文学虽然与成人文学具有一些共性,但它的属性更具有个性色彩,不论在内容上还是在美学特质上都有别于成人文学。幼儿文学反映了幼儿的天真、童趣,也反映了幼儿喜欢幻想、追求心灵自由的独特的心理愿望。我国著名的儿童文学作家洪汛涛说:"如果用描绘成人性格的方法来写儿童,必然失败。"如果作品仅仅反映了幼儿的生活世界,却没有运用幼儿喜闻乐见的艺术表现手法,也不能为幼儿所接受。只有当幼儿文学不仅从内容而且从表现形式上真正关注幼儿的年龄特征、性格特征及独特的审美需求时,它才会为幼儿的健康成长提供良好的精神食粮。

二、幼儿文学的特征

凡是适应婴幼儿年龄特点的文学作品都可以作为婴幼儿文学。所谓的"适应"包含有两层含义:一是要充分考虑到婴幼儿对文学的接受特点,即他们主要靠视觉和听觉接受文学作品;二是要充分考虑婴幼儿正处于迅速发展的时期,婴幼儿文学应为他们的健全发展起促进作用。幼儿文学正是针对幼儿的年龄特点,为了一定的教育目的,以 0~6 周岁幼儿为主要接受对象而创作的文学。它为 0~6 岁的学龄前儿童服务,主要接受对象是 3~6 岁的幼儿,也有人称它为"人之初文学"。作为儿童文学领域分支之一的幼儿文学,为适应婴幼儿身心发育的特点、文学欣赏的趣味等,在其发展的过程中,逐步形成了自身鲜明的特点。

(一)幼儿文学的文体特征

1. 启蒙文学

幼儿对周围世界的认知是从零开始的,他们的心智也处于相对空白的状态,就像英国哲学家约翰·洛克所比喻的:儿童的心灵就像一块"白板","白板"上将写下些什么,完全有待后天的教育。这一比喻凸显了儿童身心的可塑性,更凸显了教育对于儿童发展的重大意义。对幼儿来说,除了满足基本的物质生存需要之外,认识周围的世界,逐渐掌握并参与这个世界的行为能力,是他的生活所面临的首要任务。幼儿文学是幼儿最早接触的艺术形式之一,幼儿对文学有一种天然的亲和力。幼儿文学将教育的需要看得与文学的考虑一样重要,有时甚至更为重要。幼儿期广泛而又特殊的教育需求,通过作家对幼儿接受特征的理解,用富于文学性的语言声韵组织、情味表现方式,自然而然地融入幼儿文学的作品之中,由作品达到促进幼儿精神成长的目的。

幼儿文学是幼儿认识世界的来源之一,是幼儿了解日常生活内容、形成最初的是非观念的重要途径,对幼儿的心理活动具有启蒙引导作用,所以说幼儿文学是一种开启心智的启蒙文学。幼儿文学的启蒙作用主要体现在幼儿文学的主题上。幼儿文学的主题具有必然的教育性和知识性,主要包括培养幼儿优秀品质、知识性和趣味性三个方面。例如儿歌《剪指甲》:

小鸟说:"指甲长。"
小鸭说:"指甲脏。"
小猫说:"指甲长长要剪掉。"
小狗说:"讲究卫生别忘掉。"
小剪刀,咔嚓嚓,
大家都来剪指甲。
指甲长了藏细菌,
咱们坚决消灭它。

这首儿歌通过小鸟、小鸭、小猫、小狗对指甲长了不卫生,应该修剪掉的唱咏,递进式地引导教育幼儿要养成讲究卫生、勤剪指甲的良好的生活习惯。再如冯幽君的儿歌《睡觉》:

小红马站着睡觉,
不要妈妈拍,
不要妈妈抱。
小金鱼睁眼睡觉,
一点也不吵,
一点也不闹。
小宝宝躺着睡觉,
闭上小眼睛,
脸上带着笑。

这首儿歌用类比的手法告诉幼儿,动物的不同睡姿和人的不同睡觉姿态,在浓浓的爱意中让幼儿得到睡觉的常识,体现了幼儿文学对幼儿心理活动的启蒙引导作用。

世界著名的瑞士插画家莫妮克·弗利克斯的八本"小老鼠无字书"系列,分别以"字母""数字""房子""飞机""大风""小船""颜色""反正"为题,借用以小老鼠为主角的浅显生动、充满创意的图画故事,来向幼儿教授基本的字母和数字知识、自然知识、幼儿生活中常见或者感兴趣的物件,以及颜色、空间等一般生活概念。这些图画书在明确的教育目的基础上完成了十分卓越的幼儿文学故事的创造,从而能够使幼儿在趣味的阅读中获得生活的知识,在知识的吸收中得到审美的熏陶。

2. 口语文学

幼儿文学对幼儿来说,是一种"听"的文学,听赏是幼儿接受文学的主要方式。这就要求幼儿文学的语言必须明白浅显,词语的使用要在幼儿掌握的范围内。因为幼儿文学是深入浅出的口语文学,它需要成人的口头转述,所以幼儿文学的语言又必须具有幼儿所熟悉的口语化特点。很多优秀的儿童文学作品深受儿童喜爱,原因之一就是能够用"小儿的言语"表现儿童的生活和心理世界。比如,台湾著名儿童文学作家林良的儿童诗《你几岁》:

你几岁?不知道。

你姓什么?不知道。

你的名字叫什么?妈妈叫我乖宝宝。

你家住几楼?在七楼。

怎么上去?坐电梯。

怎么下来?坐电梯。

怎么找你?请按电铃嘀嘀嘀。

你家人口多不多?很多。

一共有几个?七个。

哪七个?爸爸妈妈小弟弟,

一个我,一个九宫鸟,还有两条大金鱼。

口语的一大特征是转瞬即逝,不容思考。为了能在短短的时间中给幼儿留下深刻的印象,幼儿文学的语言要具体形象、节奏感强。同时,幼儿生活范围狭窄,生活经验不足,这就要求幼儿文学尽量描写幼儿可知、可感的事物,便于他们理解和接受。如:"小猫心情很不好,可小兔并不理解它。"小孩子就不容易理解这句话的意思,若改为"小猫心里很难过,可是小兔不知道"便成了形象的幼儿文学语言了。再如刘饶民的《春雨》:

滴答,滴答,

下小雨啦……

种子说:"下吧,下吧,我要发芽。"

梨树说:"下吧,下吧,我要开花。"

麦苗说:"下吧,下吧,我要长大。"

小朋友说:"下吧,下吧,我要种瓜。"

滴答,滴答,

下小雨啦……

儿歌从幼儿的听觉感受入手,将种子、梨树、麦苗拟人化,通过他们的口吻将口语化的语句反复说出,让孩子们在"听话"的过程中,感受到雨天里万物发芽、开花、长大的欢快心情,让他们在作品所渲染的"滴答,滴答"的细雨声中,按捺不住下地去种瓜劳动的急切心情,创造了一种欢快愉悦的让人急欲奔入行动的艺术氛围。

3. 快乐文学

幼儿的心理调查表明,幼儿对颜色的感知偏重于暖色调,对高兴等情绪体验反应积极,这些都从侧面说明了幼儿文学应是快乐的文学。幼儿文学以生动活泼的语言、曲折有趣的情节、天真稚拙的童真感染着孩子,带给他们无尽的快乐。这种快乐,有助于培养幼儿活泼开朗的性格和积极向上的生活态度。幼儿文学中,有的作品并不蕴含什么道理和深意,只是单纯地逗乐。如儿歌中的颠倒歌,故意用与事物常理相悖的语句来吟唱,引发幼儿的笑声。读阿·托尔斯泰的童话名篇《大萝卜》时,幼儿对作品中是否说明"团结就是力量"的道理置之不顾,而是在富有节奏感的语句中,如"拔萝卜,拔萝卜,哎呀,哎呀,拔不动",得到与身体运动相符的愉悦感受。

幼儿文学的快乐性还体现在内容的综合性和趣味性、形式的游戏性和韵律性,以及多种表达手法的巧妙运用上。根据心理学家的调查显示,幼儿最易接受的文学内容,主要有三种形式:一是听别人传神的讲故事,二是通过图画书自己看故事,三是看别人扮演故事中的角色。"图画"是幼儿接受文学的重要途径,幼儿文学以图文、声像结合为主要呈现方式。幼儿故事的主要人物特征突出,有助于幼儿掌握故事中的人物形象;结构具有单纯性、重复性和推进性的特点,便于幼儿的理解;语言上多使用动词、形容词、拟声词等,增加了文学的趣味性。 这些无不体现出幼儿文学的综合性。例如,《戴帽子的猫》就体现出了一个趣味的游戏故事。故事中,一只戴着帽子的猫的帽子里藏着另一只戴着帽子的猫,在这只猫的帽子里面又藏着一只不同的戴帽子的猫。如此循环下去,猫变得越来越小,就像我们玩的俄罗斯套娃一样。这极易激起幼儿自主探究的兴趣,给孩子带来无限的快乐。尤其是随着现今图书出版形式的变化,可以制作形式为立体的图书,孩子可以通过图画的展示,一步一步地去揭晓答案。这不仅培养了幼儿的认知探索能力,同时还提升了幼儿的自主动手能力。

幼儿文学在创作上最为重视的就是文学语言上的韵律感,因此幼儿文学在形式上就具了有一定的游戏特性。对于幼儿来说,当他们接受某一文学作品时,最先喜欢上的就是文学的外在形式,例如歌谣的声音、文学故事的图书表征等。幼儿在没有认识文字之前,最先接触的就是声音和图画。歌谣的抑扬顿挫、活泼欢唱,本身就具有游戏性。这些是通过声音形式表达文学的重要载体,无不体现出幼儿文学形式的游戏特征和韵律特征。

幼儿的年龄特点决定了幼儿思维的束缚最少,想象最大胆。可以说,超现实的幻想性是幼儿思维活动的突出特点。为了符合幼儿的思维特点,幼儿文学十分注重夸张、模拟、比喻、反复等修辞手法的巧妙运用,以此增加幼儿文学语言的形象性和趣味性,使幼儿容易感知、理解和记忆,而且使幼儿作品具有神奇的幻想色彩。例如,在日本女作家中川李枝子的《天蓝色的种子》中,种子会长成天蓝色的房子,越长越大,长成了像城堡一样的漂亮楼房。森林里的小动物们、城镇中的孩子们都陆续住进房子。可当贪婪的狐狸想独占房子,把小动物和孩子都赶出来时,天蓝色的房子长得更大,要碰到太阳了,然后猛烈摇动,像天蓝色的花瓣散落一样,屋顶、墙壁和窗户都崩塌了,狐狸吓得倒在地上。这部作品中夸张手法的运用使故事离奇生动,深深吸引着小读者的兴趣。

(二)幼儿文学的美学特征

幼儿情趣是幼儿文学的美学特质。幼儿情趣使得幼儿文学显示出迥异于其他文学的美学特征,具体表现在幼儿情趣的稚拙美、纯真美、游戏美和荒诞美。

1. 纯朴的稚拙美

"稚"与"拙"是幼儿心智未开时所固有的天性。大体说来,儿童是最美的,一切个别特殊性在他们身上好像还沉睡在未展开的幼芽里,还没有什么狭隘的情欲在他们心中涌动。幼儿生活经验不足,却喜欢用自己有限的经验来解释世界;幼儿身体很小,却认为无所不能。这种矛盾所产生的想法和行为,充满了幼儿情趣。稚拙美是幼儿文学独有的美。幼儿文学作品中的稚拙美是作家对幼儿天性的认识、提炼和升华,是对幼儿独特心理的艺术把握和再现。这不是愚昧无知、呆头笨脑的表现,而是高级的质朴和作家灵感的闪现。这种稚拙美所展示的是一种质朴的、原始的、有悖于常情常理,却异常透彻、明净而又令人惊奇、赞叹的美。稚拙美是稚嫩、纯朴、清新、淡雅的美,它不加雕饰,毫不做作。

如在郑春华的《小鸭子毛巾》中,托儿所的阿姨把小鸭子毛巾收去洗了,小朋友们午睡起来后到处找小鸭子毛巾。有的说飞走了,有的说大概到河里洗澡去了。于是,大家一起喊:"小鸭子毛巾,快—回—来!"作者精心选取的反映幼儿特有的心理、行动、思想、感情的故事,使作品的稚拙美表现得十分充分。

在日本作家中川李枝子的《不不园》童话故事集中,主人公是个四岁男孩的茂茂。有一次,茂茂被大狼抓住。大狼想吃茂茂,但看看脏乎乎的茂茂,又担心吃了脏东西会肚子疼,会长蛔虫,于是,点火、烧水、找肥皂、毛巾,准备将茂茂洗干净再吃,结果让茂茂逃跑了。这部作品幻想大胆、奇特。这些在成人看来幼稚可笑的情节,幼儿却觉得十分真实可信。淳朴的稚拙美与诱人的童趣,为作品平添了艺术魅力。

2. 透明的纯真美

幼儿的心灵是单纯而明净的,他们不谙世事而真诚地对待一切事物。这种纤尘不染的童真得到许多作家的热情讴歌以及几乎所有人的赞美感叹,人们甚至用童真去对照、映现成人世界的种种病态与丑恶。纯真美也是幼儿文学独有的美,是幼儿纯洁真诚的心灵在作品中的艺术再现。它所展现的是一种极为透明、至纯至真的美,常给成人一种美好的感觉。

李其美的《鸟树》是一篇生活气息浓郁的幼儿生活故事,这部作品中流露着幼儿爱护生灵的纯真愿望。幼儿园的冬冬和扬扬捉住了一只小鸟。他们喂小鸟东西吃,帮小鸟找妈妈,解绳子放小鸟飞,可发现小鸟已经死了。他们很难过,想不通为什么对小鸟那么好,小鸟还会死掉。这一连串的细节描写把两个孩子天真、纯洁、善良、富于同情心的纯真感情真切自然地表现出来。他们埋葬了小鸟,折了一根葡萄藤插在土堆上。春天,藤上长出了绿芽。他俩认为那就是鸟树,鸟树长大后会开鸟花,结鸟果,鸟果裂开会跳出很多小鸟。此作品真实地写出了幼儿天真无邪的童心和属于他们那个年龄的独特的想象,可谓真实感人,真情动人。

3. 张扬的游戏美

游戏是幼儿的天职,是他们的主导活动,正如席勒所说:"在人的各种状态下,正是游戏,只有游戏,才能使人达到完善并同时发展人的双重天性。"游戏精神是一种极富动感的玩的精神。幼儿在游戏中,往往不顾生活的逻辑进行想当然的变形、移位、添加和任意组合,在"玩"的表面形态中融汇着幼儿情趣天然的纯真感情、求知愿望,透露出独特情趣的美学意味。幼儿文学正是基于幼儿的思维特点,在作品中充分运用游戏的方式组织文学结构及表现形式,来表现幼儿自由幻想和无拘无束的游戏精神,最大限度地张扬幼儿的天性,使幼儿徜徉其间,产生愉悦与共鸣。

幼儿童话剧《小熊请客》的素材主要来源于幼儿们常常自发玩的"过家家"游戏。小熊做主人,小狗、小鸡、小猫做客人。客人来了,主人殷勤招待。虽是模仿成人生活,却别有幼儿情趣。快乐幸福的生活被大狐狸的出现打破了,他们一起想办法对付大狐狸。整个过程有唱有跳,有打有闹,游戏成分浓厚,童趣盎然,使幼儿身心愉悦,受益匪浅。

4. 出色的荒诞美

荒诞美是幼儿的"自我中心"思维在幼儿文学中的反映。因"荒诞"契合了幼儿审美心理,所以幼儿在审美时对作品中的"荒诞"部分特别容易接受。荒诞美不是幼儿文学独有的,但在幼儿文学中表现得最充分、最强烈。幼儿文学中的荒诞美是一种奇异奔放的美,具有或浓或淡的喜剧色彩。它是幼儿自由天性的艺术升华,往往表现为怪异、奇特、夸张、放纵、巧合、无规范的规范和无意思的意思,以及公然违反常规而又似乎合情合理等等,给人以奇异怪诞而又自由轻松的审美愉悦。

有些儿歌,特别是《颠倒歌》,集中突出地体现了幼儿文学的荒诞美。如"麻雀踩死老母鸡,蚂蚁身长三尺六,八十岁的老头儿坐在摇车里",就充分体现了幼儿任意逻辑的思维特点,具有强烈的荒诞美。又如,在冰波的幼儿童话《肚子上的"鬼脸"》中,胖小猪摔了一跤,把画在地上的"鬼脸"印在自己的肚子上了。于是,小鸟、小兔、小鹿都把它当成怪物,拼命地逃,胖小猪也稀里糊涂地跟着逃。为了救小兔,胖小猪决心打怪物,可发现怪物就是自己肚子上的"鬼脸"。这篇作品情节十分怪诞有趣,立足于现实生活,成人也许会觉得它悖情违理、毫无逻辑、不可思议,儿童却理所当然地接受了它。

"育人始于立美,立美始于儿童。"幼儿只有从小感受美、欣赏美,萌生对美的热爱之情,才会为日后去追求美、创造美积贮起足够的心理动力。幼儿文学能够培养幼儿的审美能力,即幼儿对美的感受能力(对美产生情感反应的能力)和欣赏美的能力(对美的领悟能力和评价能力,能意识到美并加以判断)。幼儿文学以其独特的美深深地感染着幼儿,成为文学中最具特色、最具魅力、最鲜活、最可爱的一个分支。成人在为幼儿创作作品或引导幼儿欣赏作品时,一定要符合和关照幼儿的审美心理需求,充分把握幼儿的美学特质——幼儿情趣。从以上可以看出,幼儿文学有其独特的美,这是它区别于童年期文学、少年期文学之所在。也正因为如此,幼儿文学才成了儿童文学中最鲜活、最可爱、最具特色、最具活力的一个分支。

思考链接

1. 结合幼儿文学作品,如诗歌或歌谣等,分析幼儿的发展及审美特征。
2. 选择几篇幼儿文学作品,分析幼儿文学在文体及美学上的特征。
3. 通过对幼儿文学作品语言、内涵、形式等的分析,阐述幼儿文学与成人文学的区别。

好书推荐

1. [爱尔兰]山姆·麦克布雷尼《猜猜我有多爱你》 [英]安妮塔·婕朗/图

山姆·麦克布雷尼(Sam McBratney),1945年出生于爱尔兰的贝尔法斯特,在爱尔兰的著名学府都柏林主日学院求学多年。他原本只是位教师,却在为患有阅读障碍的学生创作故事的同时,喜爱上了故事里丰富的想象力,进而陆续创作了数十本童书。

《猜猜我有多爱你》这本图画书里有一只像孩子的小兔子和一只像爸爸的大兔子。小兔子像所有的孩子一样爱比较,它们俩在比赛谁的爱更多一些。小兔子认真地告诉大兔子"我好爱你",而大兔子回应小兔子说:"我更爱你!"如此一来,小兔子不仅确定大兔子很爱它,它更希望自己的爱能胜过大兔子的爱。于是,小兔子想尽办法,用各种身体动作、看得见的景物来描述自己的爱意,直到累得在大兔子的怀中睡着了。大兔子用智慧赢得了小兔子相对少一点的爱,可小兔子用它的天真和想象赢得了大兔子多出一倍的爱,两只兔子都获胜了。整个作品充溢着爱的气氛和快乐的童趣。小兔子亲切可爱的形象,两只兔子相互较劲的故事构架以及形象、新奇的细节设置都对孩子有着极大的吸引力。

2. [美]路德维格·贝梅尔斯曼《永远的玛德琳》

路德维格·贝梅尔曼斯是一个充满童心的作家和插画家,也是一个吃遍欧美的美食家。1898年,他生于奥匈帝国的梅兰(今意大利梅拉诺市)。6岁时因父母离异,他跟随母亲来到德国上学,但由于厌恶严苛的德式教育,便辍学去叔叔经营的旅馆里当学徒。16岁时他远渡美国,继续在旅馆里工作,20岁时正式加入美国籍。1934年,他在维京出版社编辑的建议下,开始创作童书,最成功的作品就是"永远的玛德琳"系列,其中《玛德琳的狗狗救星》荣获凯迪克金奖,《永远的玛德琳》获得凯迪克银奖。贝梅尔曼斯多才多艺,除了童书之外,还参与过电影与音乐剧创作,并为《纽约客》等杂志绘制过许多封面和插图。1962年路德维格·贝梅尔曼斯因胰腺癌在纽约去世。

《永远的玛德琳》讲述了这样一个故事:在巴黎有座老房子,屋外的青藤爬满了墙,里面住着12个小姑娘,不管干什么总爱排两行。而这12个姑娘中,个头最小的那一个,名叫玛德琳,但她胆子最大,连大老虎都不怕,住院做手术也难不倒她。她还跟隔壁的坏小子一起,把伦敦城玩了个遍,跟着吉卜赛马戏团去冒险,又在圣诞夜坐着魔毯飞上了天!

　　自出版以来,"玛德琳"系列以朗朗上口的韵律和稚拙可爱的形象俘获了无数孩子的心。乐观开朗、敢作敢为的小玛德琳让孩子们收获了快乐和勇气,成了几代人共同的童年记忆。

　　玛德琳的名字来自他的妻子,原型源于他的女儿芭芭拉,细节则出自他自己的一次"车祸"——在法国的海滨小镇度假时,他被撞伤,送进了医院。在他病房的天花板上有道兔子形状的裂缝,他的隔壁屋有个修女在照顾一位做了阑尾炎手术的小姑娘……他把这一切与幼年听母亲讲述的教会学校生活糅合在一起,创作出了玛德琳的故事。此书自出版以来,乐观勇敢的玛德琳受到无数孩子的喜爱,成了广为流传的经典形象。

第二章 幼儿文学的作者与创作

> 我认为给儿童写作,对象虽小,而意义却不小。因为,儿童是大树的幼苗。
>
> ——冰心

本章要点

1. 了解幼儿文学创作者应具备的特性。
2. 把握幼儿文学创作的基本要求。

第二章　幼儿文学的作者与创作

第一节　幼儿文学作者的特征

真正的儿童文学作家对儿童文学有着内在的、无法割舍的精神需求。创作出杰出的儿童文学作品的作家大多数保持着儿童的天性，是成熟的"儿童"。因而，在生活感觉和审美感觉上，他们与儿童立于一个共同的基准点上。他们能够与儿童在精神上秘密结盟，并引领着儿童去进行生活的拓展和生命的超越。所以，幼儿文学的作家应该具备自身的一些特性。

一、永恒的爱心和童心

金近在《中国新文学大系·导言》中说："儿童文学作家应该有童心，有了童心，他们才能成为孩子们的知心朋友，才能深入细致地了解孩子的心理特点，理解孩子的思想感情。""童心"就是儿童的那种天真纯朴、好奇敏感、自然圣洁、真诚善良、公正率直的赤子之心，是原初生命形态下的"绝假纯真"，不带任何杂质和纤尘，不掺丝毫世故和狡黠。没有童心的成人，不可能获得幼儿文学鉴赏应有的审美技巧，当然也就不可能准确地向幼儿传播幼儿文学独特的美。优秀的幼儿文学作家无一不是怀着强烈的职业责任感，怀着对儿童真挚无私的爱心，永葆一颗可贵而充满活力的童心。文学作品的基本特征是"以情动人"，没有爱心的人是不可能成为儿童作家的。幼儿文学作家只有把他的爱融入作品中，他的作品才可能称得上是幼儿文学，也才可能受到幼儿的喜爱。安徒生把为孩子写作看成是"争取未来的一代"的事业，他用全部的感情和思想来写童话。为了童话，他放弃了自己的幸福。

要想真正深入幼儿的心灵世界，理解孩子们的喜怒哀乐，具有完备的童心素质，并不是一件容易的事。深入儿童生活观察研究幼儿和多阅读并尝试创作幼儿文学作品是培养童心的两个基本途径。幼儿文学作品都是幼儿生命体验和心灵感受的结晶，是对童心的塑造和展示，充满了对童真童趣的描写和颂扬。大量阅读幼儿文学作品，能净化自己的灵魂，重新认识并唤醒童心，回归到纯真的童心世界。阅读幼儿文学时，如果能够一边阅读作品所描绘的儿童生活，一边激活自己头脑中某些模糊的孩提时代的美好回忆，就会产生共鸣；如果灵魂得以净化，就很容易点燃童心的火花。这其中最关键的就是要努力转换自己的心理机制，打破成年人思维定式，转换角度，即唤起一种生命的冲动，在感官上重新沉入幼儿状态的生命形式，"从儿童的角度出发，以儿童的耳朵去听，以儿童的眼睛去看，特别以儿童的心灵去体会"。

唤醒童心和阅读作品之间是相辅相成的关系。唤醒了童心，就能很好地欣赏和创作幼儿文学。幼儿文学作家要努力提高自己的儿童文学理论素养和鉴赏创作水平，除了多读作品,还要利用教育实习的机会,多深入接触幼儿,仔细观察幼儿,收集整理各种充满幼儿情趣的故事并进行创作。只有在实践中培养爱心,触发童心,感知童心,体验童心,才能让幼儿文学真正传达美的精髓。

当然,在欣赏和传播幼儿文学作品时,幼儿文学作家还应当处理好"回归童心"和"还原自己"的关系。在遨游童心世界之余,幼儿文学作家也要不时地用自己的思想认识和艺术修养对幼儿文学作冷静的思考和审视,在这种"跳进"与"跳出"中,全面深入地把握幼儿文学欣赏和传播的方法和技巧。

二、丰富的知识生活

文学素养是一个人在语言文字方面所达到的一定水平,通常表现在言语、举止和写作,以及对文学作品的理解和感悟等方面。幼儿文学作家不仅要掌握一定的儿童文学理论,了解一定的文学常识,具备一定的文学鉴赏水平,还要不断地学习历史、地理、现代科学技术及教育学、幼儿心理学等方面的知识。这样,幼儿文学作家笔下的幼儿生活画面和主题才会有色彩和力度,才能把猫、狗、鸡、猴子写得活灵活现,把风、云、雪、雨、电、树木、花草写得自然、清新、细致、逼真,才能在作品中充满诗情画意和隽永深刻的哲理。

幼儿文学是对现实生活的艺术加工,必须真实而客观地反映生活。所以,幼儿文学作家要对幼儿丰富多彩的生活有特别深入的体验、特别强烈的感受、特别细微的洞悉。这就要求幼儿文学作家深入现实生活,认真地体验、观察、思考、熟悉、了解他们的需要和成长中的各种问题和他们的思想感情、内心世界、生活情趣、语言动作等特点,用心灵去体悟幼儿的心灵世界。

此外,幼儿文学与教育学、幼儿心理学的关系十分密切,甚至从某种意义上说,教育学和幼儿心理学就是幼儿文学的重要组成部分。因此,从事幼儿文学创作,必须懂得教育理论、教育原则和教育方法,懂得各年龄段的幼儿心理、生理发展的特点、爱好和接受能力,这样才能创作出适合幼儿欣赏趣味和接受心理的幼儿文学作品。

三、高超的审美感受

幼儿文学的读者是幼儿。幼儿右脑功能占优势,无意注意占优势,审美心理处于较低层次,审美方式的直觉性特征更为显著。这些特性决定了幼儿在欣赏作品时不可能深入思索、推理、判断,不可能在一瞬间就获得强烈美感和作出审美判断。如孩子感兴趣的往往是诗歌中和谐的音韵、故事中有趣的情节、童话中奇妙的想象、夸张的描写等等一些文学美的构成因素。因此,幼儿作品应该具有形象直观、以情感人、愉悦身心的美学特征,这些特征与幼儿的情感特征完全契合。幼儿文学作家应该注意对色彩、形状、声音等外部特征的描绘,注意对形式美的构成因素的使用。

幼儿文学作家的创作心理普遍存在着两种审美感受:一种是作者自我的成人审美感受,另一种是来自接受者的幼儿审美意识。两种审美感受必须紧密融合在一起,相互协调,配合默契,并借助作品形成两代人的"心灵对话"。幼儿作家要对接触的事物具有强烈的兴趣和敏锐的感觉,并对事物的细节具有突出的甚至惊人的精细观察能力和形象记忆能力,迅速而准确地提取事物特征,形成创作的具体素材。例如,李志伟的《方太阳》、高洪波的《红袋鼠的神奇故事》、郑春华的《大头儿子和小头爸爸》都是写得极富感情的幼儿文学作品。在这些作品中我们感受到了幼儿的审美感受。不论现实情境里还是幻想情境里,我们都能感受到小主人公的所作所为、所思所想所充满的幼儿的稚气:地球上的人可以给太阳公公送雪糕;孩子和巫婆能和睦相处;大头的是儿子,小头的却是爸爸。在这些看似荒诞的故事情节里,我们清晰地看到了一颗颗闪亮明澈的童稚之心在跳跃。而且作品中的情感要比现实生活中一般的幼儿情感美妙得多,动人得多,具有丰富的道德感、美感和理智。这正是成人作者深刻的审美感受,是成人作者的审美意识进入幼儿内心世界的结果。因此,在这些作品中,作家的审美感受和幼儿的审美心理重叠交织在一起。这些作品不仅符合幼儿的审美需要,而且具有独特的审美价值。

四、新奇的幻想和想象

爱因斯坦说过:"想象力远比知识更重要,因为知识是有限的,而想象力概括着世界上的一切并推动着进步。想象才是知识进化的源泉。"想象力是智力的重要组成部分。研究表明,想象在儿童的学习和思维发展中具有重要作用。人的想象力越强,思维能力就越强。想象力强的人,记忆能力一般也较高。想象正是幼儿的天赋和本能,爱想象、好幻想是孩子的天性。

文学作品的想象美,不仅仅能激发孩子大胆想象的空间,更能给孩子带来无尽的想象乐趣。例如儿歌:"大象大,老鼠小,大象最怕老鼠咬,老鼠钻进象鼻里,痒得大象受不了,啊嚏——打个大喷嚏,老鼠坐上火箭炮。"天真的孩子们被儿歌的画面所吸引,想象到老鼠像炮弹一样划出长长的弧线飞向远方的有趣场面,忍不住哈哈大笑。幼儿文学的想象美既是它自身旺盛的生命力所在,更是深深打动、吸引幼儿的魅力所在。想象美应该是幼儿文学家的创作追求。富有想象美的幼儿文学作品正是抓住了幼儿的好奇特性,贯穿于从直觉到幻想,再从幻想到直觉的思维过程。它是培育灵性、情感、智慧的沃土温床,也为孩子提供了一方任思维自由驰骋的广阔天地。

幼儿处于人生求知欲望最强的启蒙阶段。幼儿文学作家必须具有丰富的、既契合幼儿审美意识又高于幼儿审美意识的艺术想象,在幼儿文学创作中,凭借着想象的翅膀,上天入地,寻找历史的足迹,探寻未来世界的秘密,翱翔于神奇美丽的世界,让幼儿在作品的听读中发展想象力,扩展想象空间,体会想象的乐趣,提高思维水平。

五、恰当的传达技巧

幼儿文学作品的传达技巧,直接显示着幼儿文学作家才能、智慧的高低和创造能力的大小,影响着整个作品的美感。幼儿文学作家必须具有足够的传达他对客观世界的审美感受、适宜于幼儿接受的传达技巧。它表现在幼儿文学作品的各个方面,譬如语言运用、选材立意、布局结构、表现手法、形象塑造等。

高尔基说过:"文学创作的技巧,首先在于研究语言。"可见,语言是文学创作的第一要素。幼儿文学作家要善于运用幼儿能理解的、优美活泼的形象语言来表达自己的审美意识,让孩子们觉得幼儿文学作者就是他们可亲可敬、心灵相通、志趣相投的朋友和老师。枯燥无味的概念、冗赘的词句和虚假的做作是幼儿最不能够容忍的。

总之,幼儿文学作家应注意不断提高自己的文学素养,丰富自己的词汇量,熟练掌握一定的语法规律,用自己的作品,诱发幼儿的求知欲,激发幼儿的学习兴趣,吸引幼儿的注意,调动幼儿良好的情绪状态,陶冶幼儿的情操,为幼儿一生的发展奠定良好的基础。

第二节　幼儿文学的创作要求

文学创作的过程是指文学作品形成的过程,包括取材、构思和表达三个有序而连贯的阶段。幼儿文学的创作过程自然也不例外。由于幼儿文学的创作必须符合幼儿读者的审美情趣,为他们所喜闻乐见,因而在内容和形式方面,都有异于成人文学的特殊要求。

一、幼儿文学创作对语言的要求

幼儿文学创作的一个重要方面是语言的运用。幼儿文学的语言既要讲求生动形象、好玩有趣,又要讲求通俗易懂、规范精炼。特别是针对较小的孩子,语言的使用要求就越讲究,有时还需要创造出韵律和节奏感。可以说,一个好的幼儿文学作家,必须要具备深厚的语言学修养。这并非夸大其词,而是幼儿文学创作的客观要求。

(一) 口语化

由于幼儿生活经验和阅读水平的局限,他们掌握的词汇还不可能丰富,对词义的理解还不可能深刻,所以幼儿文学作品中的语言必须适应幼儿对语言的理解特点,即孩子们听得懂,接受得了。这就要求在进行幼儿文学创作时,要尽量使用浅显性的语言。幼儿文学语言的口语化,是浅显的根本出发点。要做到语言浅显就必须恰当地提炼、正确地运用幼儿的口语。高尔基曾说:"大众语是毛坯,加了工便成了文学语言。"我们也可以说幼儿的口头语是毛坯,加了工便成了幼儿文学的语言。从某种意义上讲,幼儿文学语言就是规范化了的幼儿口语。

幼儿文学语言要以幼儿所熟悉的、简单明了的日常名词、动词为主,少用各种虚词。那些指代着具体东西、具体动作的名词、动词很容易被幼儿接受掌握,而那些指代抽象关系的词就不易被幼儿理解。如"小红妹不但学习好,而且歌也唱得好",用了虚词"不但"和"而且",这就不易被幼儿接受。如果改成"小红妹学习好,唱歌也好",就很容易被幼儿理解。幼儿文学即使使用实词,也要注意避免使用艰深的或抽象的词,尤其要避免使用生涩难懂的成语,更不能用拐个弯才能理解的词语,也就是说不要用"大人语"代替"幼儿语"。如:"任何愚蠢得不可救药的人,都看不见这衣服。"这里"愚蠢""不可救药"幼儿不好理解,如果把这句话改成:"如果谁是个大笨蛋,谁就会看不见这衣服。"幼儿自然就理解了。再如《字典公公家里的争吵》写标点符号的作用,标点符号本来是比较抽象的东西,但作者把他们写得具体、生动、惹人喜爱。"看他们的眼睛瞪得多大,听他们的嗓门提得多高。感叹号挂着拐杖,小问号张大耳朵,调皮的小逗号急得蹦蹦跳跳。"通过它们的吵吵闹闹,点出它们的作用,但又指出,谁也不能夸大自己的作用,不能骄傲。因为每个"人"的作用,都如同汇成大江的水滴,堆成海岛的碎石。用这一生动的比喻,说明了它们既重要又渺小的地位。幼儿文学作品要少用各种虚词,尽量选用幼儿口语中的虚词,如用"可是"代替"但是",用"就"不用"便",用"和"不用"与",等等。幼儿文学用词尽量使用本义,避免使用方言、成语、俗语等。

（二）简单化

幼儿在三岁以前,说的每句话平均不超过五个字,句型全是主谓或谓宾这样的简单句。三岁以后的话语里出现复合句,但也多是简单句的结合,一般没有连词,所以在整个幼儿期间,还是以简单句为主,一般不超过十个字。有些幼儿文学作品经常出现大串的修饰语、被动句、介词和方位词组的结构等,如"这一切都被躲在树上的小猴子看见了""在阳光的照耀下""在小红的帮助下"等等。句中又是长定语,又是被动句型,句子长达十五六个字,使幼儿读了很拗口,也很难理解。

幼儿文学的句式要多使用简单句、短句,少使用复合句、长句。比如,"这拖把不但很大,而且还很沉",可以改成"这拖把又大又沉"。又如,"孩子们高高兴兴地到幼儿园来看望老师"是个复杂的连动句,不如改成短句:"孩子们高高兴兴地来到幼儿园,看望老师。"需要注意的是,浅显是幼儿文学语言的一种艺术追求,而不是语言品质的降低。幼儿文学语言的浅显不等于词汇贫乏,干瘪无味,也不是学"娃娃腔",而应该是词语浅显而内涵丰富。

（三）规范化

幼儿文学的语言既要口语化又要规范化,不规范的幼儿口语不能写到书面上来。如小孩子的话语里,经常出现指称某种东西的叠词,而这些叠词是幼儿成长过程中语言渐渐成熟的表现,不能作为规范的语言误导幼儿学习。如小娃娃经常把"糕饼"叫作"糕糕"或"饼饼",把"小狗"叫作"狗狗",把"睡觉"说成"觉觉"等。幼儿文学如果一味模仿他们含糊不清的话,把幼儿语言中不完整的拉拉扯扯的东西带到作品中来,让缺乏辨别能力的幼儿错误地把它们当作自己语言的榜样,不仅不利于幼儿对语言感觉的习得,还会影响幼儿语言的纯洁与健康。

（四）音乐化

音乐化是指音调的和谐和节奏的鲜明,让人读得流畅,念得响亮,听得舒服。这不仅是幼儿文学作品的创作要求,也是任何文学语言应具备的要求。幼儿文学特别讲究语言的韵律性。浅显、明白是幼儿文学语言的基本要求,但浅显还须与韵律结合起来,才能为幼儿所喜闻乐见。那些节奏感强、朗朗上口的作品,可以较快地唤起幼儿对作品的理解,引发幼儿学习文学语言的兴趣,并使他们获得一种美的享受。音韵节奏、叠音词、拟声词是形成幼儿文学语言音乐性的最佳手段,它们可以使幼儿有身临其境之感。

幼儿文学作品,特别是儿歌、幼儿诗,或运用结构相似或对称的平行句法,增强语言的节奏;或依靠长短排列、整齐统一的句式,形成内在的节奏感;或通过语句的反复,使作品具有节奏美和韵律美。例如,季华的童话《三只蝴蝶》中的一段:"红花姐姐,红花姐姐,大雨把我们的翅膀打湿了,大雨把我们淋得发冷了,让我们飞到你的叶儿下避避雨吧!"这种长短结合的句式和反复手法的运用,使语言如音乐在流动。而《太阳出来了》中"小朋友,太阳出来了"这句话就在作品中反复出现,《小蝌蚪找妈妈》通过叙述的反复推进情节。

幼儿不具备丰富的知识经验和高度的想象力,他们是通过和事物的形象密切相关的某种音响的直感,唤起对某一种事物的理解。比如,戏剧剧本《小熊请客》,小猫出场"喵喵喵",小狗出场"汪汪汪",小鸡出场"叽叽叽",这类拟声词清晰、明确地突出了声音的特色,这正是低幼儿童开始认识事物的起点。成人首先对内容感兴趣,其次才是韵律和节奏;幼儿却相反,韵律和节奏本身对他们就是很大的吸引力。他们往往是在念的过程中,逐步意识到作品的内容的。如儿歌《啄木鸟》:"山林里,托!托!托!啄木鸟,啄!啄!啄!为树木,除害虫,一条不漏,捉!捉!捉!"其间,"托!托!托!""啄!啄!啄!""捉!捉!捉!",声音和谐,节奏感强,很容易引起儿童对这一音韵和节奏的共鸣。童话《小羊过桥》写两只小羊在独木桥上相遇各不相让,斗了起来,于是"只听见'咚'的一声,小白羊的头和小黑羊的头撞在一起了,又听见'扑通、扑通'两声,两只小羊都掉到河里去了"。这样一摹声,孩子们就仿佛看见了当时的情景。

我们若留心一下幼儿口语,还会发现他们特别喜爱频繁运用一些叠音的词,如"大大的""圆圆的""红红的",还有"高高兴兴""干干净净"以及"圆溜溜""绿油油"之类,这些叠音词音乐性都很强。

二、幼儿文学创作对主题的要求

所谓主题就是作者在说明事物、阐述道理、反映生活时,通过全部文章内容所表现出来的基本思想。它是作品内容构成的核心,是作品审美意蕴的主旨。正如韦勒克和沃伦所说:"文学在任何时候都是为了某种特殊的目的而从生活中选择出来的东西。"幼儿文学的主题,是指作者通过所说、所唱、所写的事物在幼儿文学作品中表现出的基本思想。幼儿文学作品的主题特征应是单纯明确、积极健康的。

(一)鲜明化

主题是文学作品中蕴含的基本思想。幼儿文学的主题主要有道德性主题,即以培养幼儿诚实、善良、勤劳、勇敢、宽容等优良品德为作品的基本思想;知识性主题,旨在丰富幼儿知识；趣味性主题，旨在娱乐幼儿身心，不强调"教育意义"。主题的选择应源于感性生活，上升到理性思想，再在主题思想的指导下回归生活。幼儿文学的内容不仅需要关注"正面教育"，同时也应当通过恰当的手段揭露社会的阴暗面，以增强儿童明辨是非、抵御不良影响的能力。

幼儿文学的主题要明确单一，思想传达要清晰明了。这是由幼儿阅读承受能力决定的，过分复杂隐晦的主题不宜出现在幼儿文学作品中。如赵冰波《桃树下的小白兔》揭示和歌颂的是一种美丽的情操，《小耗子》（又名《小耗子上灯台》）表现的主要是幼儿"瞻前不顾后"的特点，《丑小鸭》歌颂自强不息的精神等。这些作品主题都较明确而单一。由于幼儿的理解能力较低，幼儿文学的主题不提倡模糊性与多义性。

（二）积极化

优秀的作品往往成就一个人一生的品位和人格层次。幼儿在生理、心理上都处在萌芽阶段，可塑性极强，性格品德都未定型，极易接受各种各样的影响。好的作品给他们以好的影响，坏的作品给他们以坏的影响，而且这种影响也是"潜移默化"的。张天翼说："一部好的儿童文学作品，往往可以解决需要教师、家长长时间解决的问题；而一本坏书，也往往会抵销了教师、家长长时间的教育效果。"幼儿文学的主题应该积极明朗、健康向上，引导他们走进高雅的文学殿堂与智者对话，健康成长。

三、幼儿文学创作对情节的要求

情节是指文学作品中的人物活动及其组成的事件的进展过程。它是作品塑造人物形象、表现主题的中心环节。情节在幼儿文学作品中占绝对优势，幼儿的好奇心、求知欲、参与意识等决定他们更偏爱情节性强的作品。即使在抒情性较强的幼儿诗或幼儿散文中，叙事性情节成分都是至关重要的。幼儿文学的情节设计，在追求童趣的同时，还要追求逻辑的简单，将简单的情节通过递进或者反复等艺术手法，重复显现，从而推进情节的发展，加深文学作品的印象，让幼儿体会、感悟作品的文学特征。例如，柯岩的幼儿组诗《小兵的故事》深受幼儿喜爱，原因之一就是诗中普遍存在的情节因素。

（一）单纯化

幼儿思考问题的能力不高，想法比较单纯，因此要求幼儿文学作品情节简单，线索简单，不枝不蔓，顺畅铺展。如果作品所描写的情节过分错综复杂，几条线交错发展，就远远超出了幼儿的阅读承受能力，会使他们感到无法掌握，抓不到故事的主线，搞不清人物之间的关系，无法把注意力集中到主人公身上，无法正确理解故事的思想内容，因而会削弱或丧失作品的教育作用。因此，低幼儿文学作品中的情节要求单纯。例如，华山的《鸡毛信》中，海娃的爸爸要海娃把一封插有三根鸡毛的急信送到三王村八路军指挥部去。这封鸡毛信就成了故事情节迅速发展的主要线索，故事中的各个事件都是围绕着这条线索展开的。这样的作品就符合情节单一、脉络分明的要求。

情节的单纯不等于平铺直叙。要注意将单纯的情节与丰富多彩的故事内容紧密结合，要设置悬念、引发矛盾、穿插趣味等,使情节单纯有味,主题鲜明突出,人物形象生动,形成较强的可读性。如儿歌《阿宝的耳朵》:"阿宝不爱洗耳朵,泥土积了半寸厚。一天到外面走呀走,一粒种子飞进耳朵沟。春天到,太阳照,耳朵里长出一株草。小牛见了眯眯笑,追着阿宝吃青草。"在情节性因素的带动下,这首儿歌既有出人意料的趣味,又有明确的教育价值。

(二)集中化

幼儿的注意力不容易集中,更不容易持久。因此,儿童文学要求情节发展连贯紧凑,线索串联生动丰满,作品一开始就要有引人入胜的集中的情节,即故事发生的空间范围不能过大,时间不能拉得太长。如果作品情节的发展很缓慢,会使小读者感到厌倦,没有耐心读下去。孩子们不喜欢冗长、松散的叙述,也不喜欢作品中过长的心理描写和景物描写。他们要求作品的情节紧凑,冲突尖锐,故事性强,并且发展迅速。他们急切地关心作品中主人公的性格命运,希望快些了解主人公的经历和结果。例如,《罗文应的故事》情节紧凑,跌宕起伏,故事性强,深受小读者喜爱。

情节的集中还要与故事的完整有机结合。阮章竞在《与青年朋友讨论儿童文学》中说:"儿童是希望人生美满,希望有结果,有结果是对孩子的希望、信心的回答和支持。"幼儿文学作品不管篇幅长短,都要有头有尾,这是与幼儿的接受心理紧密相连的。他们不能接受那种没有尾巴的作品。否则,他们会像面对一个没有答案的问题一样疑惑不解。结构的完整性还与结局的圆满性息息相关。幼儿的世界是快乐的世界,他们习惯用一种肯定的心绪看待周围环境,并作出积极的评价。生活的快乐使幼儿在阅读作品时,预先在心中设计了圆满结局。无论生活如何复杂,也无论情节逻辑怎样决定了悲剧的必然性,但在幼儿看来,完美的结局是必然的。

四、幼儿文学创作对形象的要求

谈到形象,自然要求生动、逼真,这是一切作品都必须注意的,幼儿文学作品尤其如此。儿童画的分析研究表明:儿童最初画的是人、小动物和各种能动的物(如汽车、火车、军舰、坦克等),画静物比较晚,这说明儿童最先注意那些生动活泼的东西。对于孩子们来说,世界的一切都像他们一样充满生气、富有生命。活灵活现的主人公形象更贴近孩子心灵,易于孩子接受。

(一)人格化

幼儿文学创作可采用拟人的手法,赋予形象以人格化的生命色彩。拟人是衔接被描写的客观对象与塑造的艺术形象的一座桥梁。研究表明,孩子具有喜欢"拟人"的心理气质。列宁在《关于战争与和平问题的报告》中说过:"……如果你给儿童讲童话时,其中鸡儿、猫儿不会说人话,那儿童们便不会对它发生兴趣。"孩子们自呱呱坠地以来,接触最早、关系最密切、感情最深的就是人。对于奶瓶、毛巾、被单、摇摇床,孩子虽也接触,但它们不能走动,不能说话,没有表情,所以它们在孩子脑子里留下的印象总没有人给他们留下的印象深刻。从这一角度看,可以说幼儿最喜欢人了。由于他们知识未开,对辽阔的自然界的种种现象还无法理解,他们就常常用自己生活周围那些熟悉的人,作为观察自然界的着眼点,从而把他们还不太理解的花草树木、鸟兽虫鱼当成可说话、能呼吸、有生命、会思想的人来看待。这样,整个自然界在他们眼前便成为熟悉的儿童世界。正因为这样,不论是在儿歌、童话,还是在其他种类的幼儿作品创作中,拟人成了塑造逼真形象的有效手段之一。如儿歌《下雨啦》:"滴答,滴答,下雨啦。"种子说:"下吧,下吧,我要发芽!"梨树说:"下吧,下吧,我要开花!"麦苗说:"下吧,下吧,我要长大!"小朋友说:"下吧,下吧,我要种瓜。"在这里拟人手法的运用,使梨树、种子、麦苗都人格化了。它们和小朋友站到了一起,怀着同样的心情欢迎春雨的到来。他们摇动着身体迎接春雨的逼真形象跃然纸上。一切脍炙人口的幼儿文学作品都与"禽言兽语"的拟人手法结下不解之缘。拟人手法的使用可以使作品所塑造的形象生动、有趣,从而赢得孩子们的心。

(二) 逼真化

采用比喻的手法,赋予形象以灵动化的逼真色彩,对于知识、经验和词汇贫乏的幼儿来说是非常重要的。明喻的作用更明显,它可用幼儿熟悉的事物去说明还不太熟悉或完全不熟悉的事物,使他们能够理解。如:"绿帐篷,山脚铺,好像朵朵大蘑菇。""荡呀荡,荡秋千,像只蝴蝶飞上天。"这便是从孩子眼里所看到的,从儿童心灵中所感受到的绿帐篷与荡秋千的情状。富于想象的孩子,看到山脚下搭起的营帐,一下子想到了在形象色彩上都有某些相似之处的"大蘑菇";看到小伙伴欢快荡秋千的神气与活泼劲,一下子便想到了原野上花丛间翻飞的"蝴蝶"。可见,如果从孩子所熟悉的生活里找到与被形容事物的外部形态特征上有某一相似之处的传神比喻,就能把幼儿不熟悉的比较抽象的事物或概念刻画得形象具体。

(三) 夸张化

幼儿文学的创作可采用夸张的手法,赋予形象以理想化的传奇色彩。幼儿对于他们还不了解的客观世界,常常按自己的想法去理解、解释,甚至把自己想象的、实际上没有发生的事情当作真实的事情,还常常按自己的想法任意夸大所想象事物的特征或情节,并且感到津津有味。因为他们还不知道现实生活中什么是可能,什么是不可能,认为什么都是可能的,这就是幼儿富于幻想的原因。根据幼儿这一心理特点,在创作中适当地使用夸张的手法有利于形象的刻画。

18世纪英国作家斯威夫特的《格列佛游记》就是一部充分体现了夸张特征的优秀童话作品。作品写主人公在海上遇险后先飘到小人国。那儿的人小得出奇。这些小人可以钻到格列佛的头发里捉迷藏,也可以在他的手心里跳舞。后来主人公又漂流到大人国去了。那儿的巨人又大得惊人。格列佛被他们用食指和拇指按住,提起来轻轻放进衣服口袋里。由于运用了夸张的手法,这些描写看来那么神奇而玄妙,却又表现得何等逼真。当然幼儿文学中的夸张不是夸得玄而又玄,而应符合幼儿的想象和趣味等心理因素。夸张适应了幼儿的理解水平,就能受到欢迎;反之,则不受欢迎。值得注意的是,夸张固然能通过奇妙的想象夸大,使作品的形象栩栩如生,可一旦脱离生活基础,只会成为建筑在空中的楼阁,让人想入非非,对孩子们起不到好的作用。

思考链接

1. 结合幼儿文学的创作要求,试着仿编一首幼儿儿歌或幼儿诗歌。
2. 结合自己的知识积累创作一篇幼儿文学作品,谈谈创作的体会。

好书推荐

1.《一个长上天的大苹果》

在鲜花盛开的苹果树林中,一棵小苹果树正在大树的守护下长大。一天夜里,它做了一个梦:它的枝丫上长出了一个全世界最大的苹果!而且,这个苹果还在继续长大,越长越大……不过,最大的就是最好的吗?这可不一定……别的树叶都枯黄了,它把所有的水分和营养只供给了那个结了大苹果的枝条。最后,大苹果越长越大,遮住了太阳,其他的树都枯萎了,枝条无法承担大苹果的重量断了,大苹果摔烂了。就在这时小苹果树醒了,原来这是一个梦。

这本书教育孩子要学会给予与分享。大苹果谁都喜欢,但是苹果树只顾自己,不顾他人,独占阳光,哪怕得到了世界上最大的苹果,最终也不会快乐和幸福。在生活中,独生子女的独占性,让大人很是头疼。故事通过苹果树的一个梦,让小朋友懂得那棵奉献苹果花香、分享苹果的小树才是最开心的。

2. 曹文轩 《鸟船》

曹文轩,中国作家富豪榜当红上榜作家,是中国少年写作的积极倡导者、推动者。主要小说有《草房子》《青铜葵花》《山羊不吃天堂草》《根鸟》等。

《鸟船》讲述了这样一个故事。一天夜里,狂风暴雨,小船漂到了密密的芦苇丛中,无边的寂寞笼罩着它。突然飞来一对白色的大鸟,它们在船舱里做窝。很快,小鸟们出世了。这一天,大鸟们出去觅食时,来了一只狐狸,它对小鸟们垂涎三尺。小船用尽全身力气,甚至挥舞长长的缆绳,赶走了狐狸,救下了小鸟。又是一夜暴雨,芦苇丛里有了浅浅的水,小船想回家了,鸟儿们展开巨大的翅膀,用力衔起长长的缆绳,向大河飞去……宽阔的河面上,鸟儿和小船组成了一幅壮美的画面。

第三章 幼儿文学的教育功能

> 给孩子读一本好书,就是为他撒下了一颗种子。这些种子会发芽、开花,然后住进一个小精灵。撒下的种子越多,住进来的小精灵就越多,一个个进驻你的心房。它们有一个共同的名字,就叫智慧小精灵。以后,在人生路上遇到酸甜苦辣、生离死别等各种问题时,孩子心中的智慧小精灵就会跟他对话,帮助他下牌。
>
> ——方素珍

本章要点

1. 掌握幼儿文学对幼儿语言和审美的教育功能。
2. 掌握幼儿文学对幼儿情感和想象的教育功能。

第三章 江戸文学的苦闷期

第三章 幼儿文学的教育功能

幼儿阶段是人身心发展的最初阶段,也是个体各种素质结构发展的奠基阶段,提高人的素质必须从幼儿时期开始。幼儿文学的教育功能,是一个具有很强的实践意义的问题。郭沫若在《儿童文学之管见》中曾经说过:"人类社会根本改造的步骤之一,应该是人的改造。人的根本改造应当从儿童的情感教育、美的教育着手。有优美纯洁的个人才有优美纯洁的社会,因而改造事业的组成部分,应当重视文学艺术。"幼儿时期是人一生的启蒙时期,在人的成长过程中,具有特殊重要的意义。它既是个体生命身心发展的最快时期,又是个体生命接受培养和教育的最佳时期。以审美为基本特征、运用语言文字塑造丰富多彩的形象、诉诸幼儿的情感和心灵、满足其精神需求的幼儿文学,在对幼儿进行素质教育的诸多方式和手段中,具有举足轻重的教育意义。

第一节 幼儿文学对幼儿语言的教育功能

语言是交流和思维的工具。心理学研究的成果证明,幼儿时期是人的一生中语言发展,特别是口语发展的重要时期。发展幼儿语言,是幼儿教育的一项重要任务。幼儿语言的发展贯穿于各个领域,也对其他领域的发展有着重要的影响。幼儿在运用语言进行交流的同时,也在发展着人际交往、理解他人、判断交往情境、组织自己思想等诸多能力。通过语言获取信息,幼儿的学习逐步超越个体的直接感知。

幼儿文学是幼儿成长不可缺少的精神食粮,是培养幼儿综合素质的启蒙教材,特别对幼儿语言的发展有着积极广泛的影响。徜徉于幼儿文学世界,幼儿在听赏中养成倾听的习惯和能力,从而加深对语言的理解,产生模仿语言的冲动,开始想说、敢说、爱说、能说。在模仿语言的过程中,幼儿创造出新的语言,并在运用语言的过程中,不断促进语言的丰富和发展,提高自己的表达能力,进而全面充分地提高幼儿的语言运用能力。

一、培养幼儿的倾听习惯,增强幼儿的语言感知力

有关语言交际功能的资料表明,在人们日常的言语活动中,"听"占45%,"说"占30%,"读"占16%,"写"占9%。人们有近一半的时间在听,学会倾听是学会语言的第一步。幼儿接受文学的方式主要是通过听觉来完成的。从某种意义上讲,幼儿文学就是听的文学。尽管儿童与生俱来的具有潜在的语言灵性,也因为有了这一灵性,儿童的语言发展成为一种可能。但是,儿童的语言灵性不会自发地生长,需要外界环境在幼儿生命的早期把它激活。幼儿学会倾听恰好成为刺激其语言发展的简单快捷的有效方法。因此,培养幼儿做一个乐于并善于倾听的人,是幼儿语言发展的重要环节。

受年龄特点的影响,幼儿注意力容易分散,自制力比较弱,缺乏倾听别人说话的耐心,在听的过程中难免会做小动作,东张西望等。心理学研究表明,小班幼儿有意注意的时间

只有3~5分钟,大班幼儿最多也不超过15分钟。而诗歌、童谣、故事等不同体裁的幼儿文学作品,或韵律优美,或情节曲折,或语言生动,或内容有趣,对幼儿有很强的吸引力。幼儿在倾听时,通过读者的表情、动作和抑扬顿挫的声音,感受书中传达的情绪情感,体会作品的感染力和表现力。例如,在听赏幼儿故事过程中,孩子们常常会全神贯注,屏气凝神,跟随故事情节的起伏变化而变化;或模仿温和善良的小白兔走路;或模仿机灵活泼的小松鼠蹦跳;或模仿凶狠残暴的大灰狼说话;等等。所有这些都是在幼儿的倾听中,在不知不觉中增长的能力。幼儿文学作品自身的特点,符合了幼儿的审美情趣,幼儿就会伴随着强烈的审美期待在倾听,所以自始至终集中注意力。在听赏作品的过程中,幼儿能听懂,能听准,感悟快,并对听的内容作出正确的分析和评价。这个过程,不仅培养了他们听"话"的习惯,提高了听"话"的能力,也增强了他们的语言感受力和理解力。

二、激发幼儿的话语模仿,提高幼儿的语言表达力

幼儿文学的语言是诗化的语言,在遣词造句、声韵节奏等诸多方面,都比一般语言更契合幼儿的语言习惯。幼儿的生理、心理特点,使他们天生喜欢文学。幼儿对文学的需求呈主动状态。他们喜欢听故事,喜欢朗诵儿歌和有趣的幼儿诗,喜欢看色彩鲜艳的图画故事。幼儿文学作品为幼儿打开了一扇窗,满足了他们的好奇心和求知欲。幼儿文学是伴随、贯穿整个幼儿阶段的文学,可以满足不同年龄段幼儿的阅读需要。文学的美质在提高他们的语言表达能力和对词语的理解力的同时,潜移默化地播入他们的心田。它往往能道出幼儿心里有而口中无的难于表达的情愫,是幼儿学习语言的蓝本。幼儿文学作品为幼儿提供了丰富的语言习得形式,如对话、讲述、旁白等等。幼儿的语言表达力很大程度上是在对文学作品中人物的语言或动作的模仿、练习中发展起来的。

幼儿文学向幼儿所展示的浅显丰富、准确规范的语言,浅中有深,淡中有味,平中有奇,俗中有雅。通过成人的诵读,在幼儿文学优美和谐的音韵中,融入了诗情、哲理与童趣,为幼儿提供了模仿和学习的机会,让幼儿在愉快的审美活动中掌握准确、规范的语言,在反复的听赏、诵读中逐步准确清楚地掌握本民族语言的语音、句型,从而提高幼儿准确规范地运用语言的能力。如幼儿诗《谁会飞》中:"谁会飞?鸟会飞。鸟儿怎样飞?扑扑翅膀去又回。谁会跑?马会跑。马儿怎样跑?四脚离地身不摇。谁会游?鱼会游。鱼儿怎样游?摇摇尾巴摆摆头。谁会爬?虫会爬。虫儿怎样爬?许多脚儿慢慢爬。"诗歌中不仅出现了鸟、马、鱼、虫四种动物,还反复出现"谁会……"的句式,使孩子在倾听的过程中,很快就会复述。通过复述,幼儿既丰富了词汇,掌握了优美语句,又产生了语言表达的冲动,提高了幼儿的语言表达能力。出生于波兰的英国小说家约瑟夫·康拉德说:"把确切的词汇教给孩子,这样,他将不仅转动自己的小世界,而且还会更加信心十足地、平心静气地投身大世界。"幼儿从优秀的文学作品中获得准确丰富、优美形象的语言,能够促进幼儿的语言实现从量变到质变的飞跃。如儿歌《山》:"春天的山,是花篮。夏天的山,是金篮。秋天的山,是果篮。冬天的山,是银篮。啊!家乡的山是宝山。"幼儿通过对这首诗歌的学习,在老师的指引启发下,很快能仿编出儿歌《花》:"春天的花,是迎春花。夏天的花,是荷花。秋天的

民劳动的汗水。《布娃娃的新衣服》则写了一个孩子为布娃娃缝衣服的感人场面。《劳动挣来的一个卢布》《摇钱树》等,都让幼儿感受到了劳动的必要性和劳动带给人的快乐。幼儿科学文艺及一些知识性比较强的作品,在让幼儿得到艺术享受的同时,还能激起幼儿求知欲望和爱科学的情感。如德国科学家魏格纳发现、考证大陆漂移的科学故事,就曾使不少幼儿跃跃欲试。

二、培养幼儿善良优秀的品德

在幼儿的道德品质处于初步启蒙阶段的时候,我们应当对其进行积极培养,使他们逐步养成诚实、自信、好问、友爱、勇敢、爱护公物、克服困难、讲礼貌、守纪律等良好的品德行为和习惯。幼儿的感知具有直观形象性的特点。那些形象生动的事物最能受到他们的关注,引起他们的兴趣。幼儿文学非常适合幼儿的认知需要,作品中所描写的人物、情景,就是一个个榜样、范例,具有较强的舆论导向和感染功效,因而在幼儿品德行为和习惯的形成中,发挥着特别的作用。幼儿文学中的道德教育情境很多,如日本坪内逍遥的幼儿生活剧本《回声》,讲的就是"你跟人家好好的,人家也跟你和和气气的"的道德概念。对类似的作品,幼儿经常去聆听阅读和熏染,无疑会有助于他们树立起良好的人际交往意识。

瑞典著名女作家林格伦的童话《住在屋顶上的小飞人》,写的是住在屋顶上的小飞人卡尔松与斯万特松家的小家伙相互交往的有趣故事。小家伙是个自我感觉很孤独的普通小男孩,他的爸爸、妈妈、哥哥、姐姐都很忙。家人既没时间陪他玩,也没人注意到他的感受,于是小飞人卡尔松出现了。小飞人填补了小家伙心里的孤独感,给小家伙带来了无尽的快乐。作品中对于两个小伙伴纯真友谊的描写,对于小家伙渴求亲情、友情的描写,给了现实生活中缺少情感交流的孩子们一种情感的补偿,使他们体验到了人与人之间相互友爱的美好情愫。

我国作家车培晶的《瘦狼与胖狼》,用对比手法塑造了天真、善良的瘦狼和自私、计较的胖狼两个童话形象。纯朴诚实的瘦狼被胖狼摘去了五脏六腑,骗去了狼皮,但是人们同情、信任它,纷纷将棉衣、棉毯披到它身上。一位好心肠的老奶奶还收养了它,为它织了一件像绵羊的皮毛一样的毛衣;老奶奶的儿子甚至为它安装了一套电脑内脏。而胖狼则由于太计较个人得失,不仅吃不到东西,还被腌成辣椒狼,吃尽苦头。这篇童话中既有善意的嘲讽,又有温暖的爱意;既透露出轻松、自然的幽默风格,又表达了作者希望人与动物和平相处的良善意愿。

三、培养幼儿活泼开朗的性格

著名科学家爱因斯坦说过:"优秀的性格和钢铁般的意志比智慧和博学更为重要……智力上的成就在很大程度上依赖于性格的伟大。这点往往超出人们通常的认识。"幼儿性格的形成处在人生性格发展的第一阶段,具有鲜明的特征。幼儿性格可以有各种不同的表现,但活泼、开朗是其最基本的也是必须具备的。有了这样的性格,幼儿就能调动自身的主观能动性,主动参与各项活动,积极与成人及同伴交往,从而促进幼儿各方面的发展。幼儿的性格表现受外在情境的制约,极不稳定。幼儿性格的可塑性强,需要正确的引导和培养。

培养幼儿活泼开朗性格的关键,是要他们能够愉快而自信地面对现实生活,保持良好的心境,这对幼儿发展能力和获得良好情感体验很有帮助。在幼儿对现实稳固的态度和习惯化的行为方式的形成和发展过程中,幼儿文学提供了一条快捷的培养之路。它所描写的内容生动有趣,最能打动幼儿,具有极强的导向作用,在改变和加深幼儿的认识,形成稳定的主观态度方面发挥着积极作用。如葛翠琳的童话《快乐的小河》,写一条小河一路欢歌流淌着,突然撞在大山的身上,疼得哭出声来,在听完大山的劝导之后,又破涕而笑,和泉水、瀑布结成了好朋友,手拉着手流过田野、流向海洋,一路不停地去为人类造福的故事。这个故事会给幼儿这样一个启迪:在痛苦和挫折面前,一定要敢于承受,始终保持乐观进取的精神——这是幼儿形成活泼开朗性格所应具备的品质。

幼儿在接受幼儿文学的时候,不仅积极主动地吸收,而且还要通过说讲等一定的外在形式再传达出去,与人一同共享。这种欣赏活动实际上变成一种实践活动,形成了幼儿文学欣赏的一大特色。这是因为幼儿文学的内容和一些形式非常适合表现,能够激起幼儿主动实践的欲望和兴趣。这种实践活动的过程也能不断促进着幼儿活泼开朗行为方式的演练和形成。儿歌、幼儿诗内容新鲜,手法多样,语言节奏特别明快,朗朗上口,便于学说传诵。故事类作品,人物形象具体生动,动作感强,情节曲折,容易再现。戏剧和故事表演就像游戏一样,既可以说,又可以演,能够充分表达和展示幼儿的想象和综合能力,给幼儿提供了极好的表现机会。唱游戏歌、猜谜语比赛、念绕口令、讲故事、表演戏剧等,都是在大庭广众下进行的,特别是得到成人的肯定和鼓励后,更会坚定幼儿的信心,使他们获得愉快的情感。幼儿经常参加这种实践活动,无疑会变得大大方方、自信从容、乐于交往。这种积极行为方式反复出现,必然会锻炼幼儿活泼开朗的性格。

第三节 幼儿文学对幼儿想象的教育功能

幼儿期是人的一生想象最活跃的时期,其明显的特点是:以无意想象、再造想象为主,有意想象、创造想象刚刚开始发展;想象的内容由贫乏、零碎逐步向丰富、完整的方向发展。而幼儿文学在发展、完善幼儿的想象力方面具有别的教育形式不可替代的优势。

一、刺激幼儿想象的产生和进行

幼儿的想象往往要依赖外界的刺激和影响才能产生并持续下去。幼儿文学作品充满着想象因素,很容易刺激幼儿想象的产生和进行。我们知道"听赏"是幼儿接受文学作品的主要方式。幼儿文学作品所描写的内容和使用的语言是幼儿比较熟悉和比较喜爱的。在作品优美的有声言语的刺激下,幼儿会很自然地想象出作品里所刻画和展示的形象与情境,并随着情节的发展和情景的变化而陶醉于自己想象的天地中。有些作品幼儿百听不厌,就是为了享受想象带来的快乐。听赏中的想象是紧紧围绕着作品描写的内容而产生和进行的。对幼儿多开展文学作品的听赏活动,有利于发展幼儿的连贯想象。

二、丰富幼儿想象的表象

人在想象的时候需要大量的表象。没有表象或表象贫乏,想象活动将无法顺利完成。幼儿经验少,头脑中的表象不多,这势必影响到幼儿想象活动的效果。幼儿文学具有极强的幻想性。作家在构思和写作过程中,人物、情节、环节等总是以幼儿特有的思维方式去观察生活,不强调如实再现,更多的是变形的反映,力求达到艺术真实的境界,表现出幼儿式想象的新奇特征。比如,《白雪公主》中写道:"白雪公主漂亮极了,即便是躺在水晶宫里,王子还是要娶她,而那位王后最后是两颗眼珠子气得像灯泡一样鼓出来爆炸了,下巴一直耷拉到肚脐眼儿,丑得令人不堪入目。"又如,《下次开船港》里写道:"下次开船港里,一切都是凝固的,连烟囱里飘出的烟也不动。"这些想象与幼儿心理十分贴近,而且具有鲜明的形象性,幼儿听后马上会在头脑中呈现出清晰的印象,这就大大丰富了幼儿想象的表象。有了丰富的表象,幼儿再欣赏作品,进行想象就方便容易得多了。

三、培养幼儿的有意想象和创造想象

据说德国诗人歌德小的时候,他妈妈每天都要给他讲故事,但常常是不等故事讲完就不讲了,让他自己去猜想出后边的情节或结尾。第二天,妈妈接着讲故事时,要他先讲出自己的想象,然后妈妈再把原来的故事讲完。有时遇到双方讲的故事不谋而合的情况时,歌德就会高兴地跳起来。这种方法对伟大诗人想象力的训练和培养起到了不容低估的作用。

这种方法也可在我们的教育实践中加以使用。有些长篇幼儿文学作品,孩子这次没听完,后边的内容就是一个大大的"悬念",留下的情节空白,让他们去猜度、想象。这样,就锻炼、培养了幼儿的有意想象和创造想象,不少幼儿因此创造出了自己的作品。

总之,幼儿时期所接受的文学熏陶,几乎构成了他们和外界精神交流的全部。所有真、善、美的教育因素都蕴藏在他们所感悟的想象中。幼儿文学作品中生动的形象和色彩鲜艳的插画,可以帮助幼儿在头脑中形成具体的意象,促进幼儿形象思维的发展。谜语、数数歌、问答歌、颠倒歌、绕口令等则有助于幼儿分析、判断、综合、推理能力的形成,帮助幼儿发展抽象思维。散文、故事中那些具体鲜明的形象和曲折生动的情节,能启迪幼儿感知抽象的事物,理解作品中一些抽象的词语。比如,幼儿常常把"鲁莽"误认为"勇敢",分不清二者的界限。听赏《谁勇敢》后,幼儿就不难明白:敢捅马蜂窝的小松"谁也没说他勇敢",相反,救助别人、拼命扑打马蜂的小勇,虽然"直掉眼泪",却受到大家的赞许。何谓"勇敢",随之一目了然。幼儿还特别喜欢为故事、童话续编结尾,他们根据情节发展的规律及主人公的性格特征,创编出各种各样符合逻辑、闪烁着童心光芒的精彩结尾,令成人惊叹不已。幼儿文学为幼儿提供的丰富、新奇、怪诞的意象群,成为幼儿想象、加工和创造的依据。他们可以在此基础上展开形象思维的翅膀,遨游广袤无垠的"第三世界"。

第四节 幼儿文学对幼儿审美的教育功能

美育具有德育、智育不能取代的独立功能。它以美感人,以情动人,使人在潜移默化中受到陶冶,对于培养人敏锐的感受力、丰富的想象力、高尚的审美趣味和道德情操,以及创造力都具有特殊的作用。郭沫若在《儿童文学之管见》中说:"儿童文学当具有秋空霁月一样的澄明,然而决不像一张白纸。儿童文学当具有晶球宝玉一样的莹澈,然而决不像一片玻璃。"幼儿文学的本质是审美。有关文学教育和审美教育理论表明,幼儿文学作品是作者按照美的规律和审美理想,通过艺术语言塑造形象,描绘意境,表达感情来反映现实,反映社会,集中表现生活美、自然美与艺术美。幼儿文学的一切教育功能的实现都是建立在幼儿文学审美的基础之上的。幼儿文学属于语言艺术中的一种。幼儿欣赏幼儿文学的过程,实际上正是一种感受美、欣赏美的审美活动。幼儿文学成了幼儿的审美对象,自然会在培养幼儿初步的感受美、表现美的情趣和能力的过程中发挥重要作用。

一、增加幼儿的审美兴趣

幼儿文学的音乐性、美术性、游戏性和戏剧性几乎囊括了审美教育的所有形式,可以使幼儿身心得到全面愉悦。而幼儿思维想象的独特性也使他们对充满神奇色彩的幼儿文学有着浓厚的兴趣,使他们对充满想象、夸张、拟人、隐喻等艺术手法的幼儿文学作品有天然的接受力。因此,幼儿文学作品能让受教者从审美教育过程中产生愉悦的情感体验,唤起他们对审美教育的强烈兴趣与主动性,让他们自觉自愿地加入到受教育的过程中来。而愉悦性的情感体验也能使人的自我知觉处于最为快适与自由的状态。维果斯基在《艺术心理学》中引用比累尔的话:"儿童很早就使用童话所要求的那种没有现实性的正确定向,他们能够全神贯注于别人的丰功伟绩,并追逐童话中各种形象的变换……他们在进入注重实际的发育期后,便丧失这种能力,直到晚年又重新恢复。"此话说明儿童对文学的天然兴趣。作为教育者应因势利导,在教学活动中选用最具有美学价值和欣赏特征的典型范例来引起儿童的注意,激发他们的愉悦之情,使他们潜在的审美兴趣得以维持和发展,最终形成良好的审美心理结构。

儿童的心灵也是一个开放的系统。儿童在感受、体验、移情、理解的同时,会情不自禁地进行复述、朗诵或表演,把自己的情感经验融入作品,不断对原作品的形象和文学语言进行再现、补充、扩大,甚至改造。在这两个开放系统的相互作用中,文学的多元价值得到实现。幼儿文学作家在表现那些美的对象时，除了调动各种艺术手段精心构思以外，还运用了幼儿容易理解的富有感染力和形象性的艺术语言表述其中的美，这可以大大提高幼儿感受美的情趣和能力。

幼儿欣赏幼儿文学，进行审美感受，一般是在审美直觉活动中进行的——幼儿们具有较高的审美直觉。所谓的审美直觉，就是审美主体感受的直接性、直观性。幼儿十分习惯于这种审美直觉，往往是从字词到语句，借助儿歌的节奏、旋律，童话的幻想境界，戏剧的色调、动作，图画故事的画面、色彩、情境等这些容易感知的外在形式感受作品的内容，从而去发现美、感受美。

幼儿不识字，他们感知幼儿文学的美，主要依靠家长和老师讲述诵读，即幼儿的听觉的审美直觉占了主导地位。因而家长和老师朗读、讲述、表演的好坏，将直接影响幼儿的审美效果。声情并茂的声音本身就是美的体现，会把作品里的美感更充分地展示出来。家长、老师应加强这方面的能力，以带给幼儿更多的美感。幼儿经常接受这种审美熏陶，不仅会提高自身感受美的能力，而且还会激起自己模仿实践的欲望，增强表现美的能力。

幼儿文学为培养提高幼儿感受美的情趣和能力开辟了一条便捷之路。它不以反映生活的深广度见长，而是通过塑造幼儿易感的艺术形象来服务于幼儿，无论是选材、谋篇，还是形象、情境，以及手法和语言，都充分照顾幼儿的审美特点和需要，非常容易被幼儿感知。在实际创作中，作家总是把那些幼儿不很常见或是熟视无睹的，然而充满美感的事物提取出来，写成作品，借助生动的艺术形象加以突出强化，这自然会在幼儿心里激起强烈的审美感受。

二、培养幼儿的审美情感

培养幼儿的文学审美情感是文学审美活动的枢纽。列夫·托尔斯泰在《艺术论》中说："艺术是这样的一项人类活动：一个人用某种外在的标志有意识地把自己体验过的感情传达给别人，而别人为这些感情所感染，也体验到这些感情。"审美情感的培养更强调审美欣赏过程中审美主体的情感体验、情感共鸣、情感识别和情感转移的动态过程。如果让幼儿经常听到、看到许多美好的事物，就会使他们体验到许多高尚的情趣，从而使他们的精神生活变得更加丰富多彩。一个人如何理解、感受、体验艺术作品和现实生活中的美与丑、高尚与卑劣、善与恶，在很大程度上决定一个人的社会品行、思想境界。因此，审美创造是情感的创造，是在美感形象不断积累的基础上所产生的审美想象和联想的外化，是情感的自然流露，所以必须从小开始对幼儿进行审美情感的培养和教育。例如，幼儿在感知客体时，总是将无生命的客体看成是有生命、有灵性的。孩子们常常不自觉地把自己的情感投射反施给客体。如两三岁的孩子看到垂挂的花朵会说："花哭了。"看到被逮住的小鸟叫个不停时，孩子会说："小鸟想妈妈了。"这与杜甫的名诗句："感时花溅泪，恨别鸟惊心"也有相似之处。虽然后者是诗人创造的审美意象，前者只是儿童自我中心的认识方式所导致的无意识的情感弥散，但是两者之间的"物我交融"的审美情感的底蕴似乎是一脉相承的。

美作为审美客体,不管以哪种形态出现,都存在于我们身边的生活中,关键是审美主体能够发现它、感知它。幼儿生活阅历浅,审美经验极其缺乏,还不善于发现周围生活中美的事物。他们的美感和审美能力常常是幼稚肤浅的,带有表面性。文学作品借助语言的情感符号(属语言符号的表象系统而非逻辑系统),通过描述的方法,将处于不被人们所觉察的内心体验——情感的结构模式,以形象化的方式,变成鲜明可感的东西呈现给读者,引起读者的认读、识别和理解。如幼儿由于词汇贫乏、经验不足,在认识事物时,常常不自觉地创造隐喻,如两岁幼儿把弯弯的月亮讲成是"香蕉",三岁幼儿把金鱼的鱼鳍讲成"翅膀"。由于词语和形象的替代拉开了与实物的距离,使一般感知和情感愉悦添上了审美的色彩。因此,幼儿文学多方面的功能不仅可以提高幼儿语言能力、认知水平、审美情趣、文学素养,还能培养幼儿开朗活泼的性格、良好的思想道德修养。

思考链接

1. 举例分析幼儿文学中"幼儿化"语言运用的意义。
2. 找几首关于幼儿良好生活习惯的诗歌或歌谣,分析其对幼儿的教育意义。
3. 找几则关于幼儿勇敢或乐观的小故事,分析其对幼儿情感的教育意义。
4. 阅读一篇优美的幼儿散文,体会幼儿文学的美感。

好书推荐

1. [美]佩特·哈群斯 《母鸡萝丝去散步》

佩特·哈群斯,1942年6月18日出生于英国约克郡。她自幼喜欢画画,16岁那年获得了当地一家艺术学校的奖学金,三年之后进入利兹艺术学院深造,专攻插画。大学毕业后,她去了伦敦,先做兼职的店员,后来加盟一家广告公司,成了一名助理设计师。在那里她遇到了自己未来的丈夫劳伦斯·哈群斯。1965年7月21日,他俩举行了婚礼,两周后她随丈夫被派驻到位于纽约的美国分公司。她到了纽约之后一直想从事插画工作,在麦克米兰出版公司一位编辑的建议下,她写出了《母鸡萝丝去散步》。这本1968年出版的处女作让她一举成名。她的作品色彩明媚,故事幽默、简单流畅,总是从贴近孩子们的角度认真面对他们的问题,深受全世界儿童的喜爱。

《母鸡萝丝去散步》是一本绝对会让幼儿笑得前仰后合的图画书。故事讲道母鸡萝丝去散步,一只贪心的狐狸一直尾随其后想把它吃掉。但是这只狐狸太倒霉了,一路遇到很多倒霉事情:走过院子的时候,不幸踩了钉耙痛得要死;绕过池塘的时候,又扑通一下掉进池塘湿透了身子;越过干草堆的时候,他陷入草堆里无可奈何;经过磨坊的时候,又被面粉袋砸得晕头转向;穿过篱笆的时候,跌进了轮车,直接撞倒了蜂房,被蜜蜂们叮得屁滚尿流,狼狈逃窜。而母鸡萝丝大摇大摆地按时回家吃完饭。通过文字故事与图画故事形成的滑稽对比,作者采用符合幼儿阅读心理的表现手法,把一个无声的故事变成了一个笑声不断的故事,让孩子在阅读中开怀大笑。作品色彩明媚,故事幽默、简单流畅,悬疑的节奏、富有变化的情节,一直紧紧抓住孩子的眼和心。生动有趣的图画让文字活灵活现,让孩子享受故事时不知不觉也学到更多的"动词"。

2. [英]朱莉娅·唐纳森 《我们是一家》 [英]莉迪娅·蒙克斯/图

朱莉娅·唐纳森,是英国著名作家,在正式进入童书创作领域之前,曾经长期为儿童电视节目创作歌曲、编写剧本。因此,她的文字朗朗上口,深受孩子们的喜爱。到目前为止,朱莉娅已经为孩子们创作了40多部童书和戏剧。《我们是一家》用生动的小动物们之间的合住、分离、再合住的故事,通俗地讲述了分享和友谊的主题:小螃蟹找到了一个海螺壳作为自己的家,而又接纳了小海葵和多毛虫共同享用这个家,海葵帮忙击退恶鱼,多毛虫帮忙打扫这个家,他们好不快活。但后来由于他们越长越大,海螺壳变得十分拥挤,小螃蟹就提出让他们搬走。小海葵和小螃蟹争吵了起来,最后都搬走了,互不理睬了。在暴风雨中,他们无家可归了,而多毛虫正好找到了一个更大的海螺壳,并打扫好了把他俩都邀请了回来,从此三个伙伴又快乐地生活在了一起。绘本色彩对比强烈鲜艳,画面表情夸张丰富,孩子在寻找画面中的小动物时开心欢呼。书中的多毛虫用智慧收获了朋友的友谊与感激,收获了"我们是一家人"的快乐。孩子们通过阅读懂得了友谊需要的不仅是有福同享,更是有难同当;友谊需要的不是互相利用,而是互相帮助;友谊需要的不是互相猜忌赌气,而是坦诚相待。

第四章 幼儿文学的阅读与指导

> 童年多阅读一些属于自己的文学书,这是种植童话。你听说过种植童话吗?就是把非常奇异的想象力、非常美妙的心愿、非常善意的爱惜……搁入自己的脑里,搁进思维和精神里。它们不像一棵树,成长是让你看见的,可是只要你成长了,它们也就附入了你的生命,是一大片的绿荫。鸟儿站在枝上是快乐和歌唱,阳光洒下,就总有灿烂和灵感。
>
> ——梅子涵

本章要点

1. 了解早期阅读对幼儿的意义。
2. 了解适合幼儿阅读的外部环境。
3. 把握适合幼儿阅读的文本选择。
4. 掌握知道幼儿阅读的方法。

第四章　幼儿文学的阅读与指导

第一节　幼儿早期阅读的意义

早期阅读对幼儿的口语表达能力和思维能力等的发展起着非常重要的作用，幼儿早期阅读能力的培养程度将会影响他终身学习的能力和水平。我国在新《幼儿园教育指导纲要》中第一次明确地把幼儿早期阅读方面的要求纳入语言教育的目标体系，提出"要引导幼儿接触优秀的儿童文学作品，使之感受语言的丰富和优美，并通过多种活动帮助幼儿加深对作品的体验和理解。……培养幼儿对生活中常见的简单标记和文字符号的兴趣；利用图书、绘画和其他多种方式，引发幼儿对书籍、阅读和书写的兴趣，培养学前阅读和学前书写技能。"教育引导幼儿进行早期阅读是很有必要的，也是非常有意义的。

一、促进幼儿语言的发展

幼儿语言能力不仅仅指口头语言能力，还包括幼儿倾听、表述、欣赏文学作品的能力。早期阅读活动不仅能培养幼儿倾听的能力，还能培养他们在倾听的基础上不断地欣赏、理解和表达的能力。幼儿是生活在社会中的人，他们的语言发展包括了对多样化语言的适应力、理解力和运用力。假设一个孩子从小只与自己的父母交往，那么他在打开自己家门后，便会处处产生各种可能的"语言障碍"。从小接触各式各样的语言，才使得他们逐渐地发展起具有交往价值的语言能力，帮助他们自己使用恰当的语言与人交往。

对于孩子来说，2～8岁是习惯培养和形成的关键期，这里的"习惯"包括良好的生活习惯、行为习惯和学习习惯。阅读是学习的基础，人的阅读能力往往决定了他的学业成就。同时，阅读也是一个人未来成功从事各项工作的基本条件。幼儿文学作品中刻画的一个个生动的形象，如温和善良的小白兔、机灵活泼的小松鼠、凶狠残暴的大灰狼等，深深地吸引着小朋友，牵动着他们的心。他们会屏声静气、全神贯注地听，并在倾听的基础上学会欣赏和理解文学语言，进而产生表达的欲望。幼儿文学作品中常常出现这样的语句，如"春风吹绿了柳树，吹红了桃花，吹醒了青蛙"等等。这些形象化的语言能够更清楚、更准确、更具体形象地表达人对各种事物、人物情境的思想、观点和印象。对于处在早期发展中的幼儿来说，他们的认知思维特点也决定了形象化的语言对幼儿有极大的魅力。幼儿在倾听时，会获得一种满足的愉悦感，并逐步了解用这样形象化的语言所产生的效果。如果我们在幼儿听完故事后，引导幼儿进行"你认为他讲得好不好？为什么？"的评价，培养起他们在听的时候对所听内容进行分析和评价的能力，势必能养成婴儿有目的倾听的习惯。幼儿在评价的过程中，综合倾听、欣赏的内容，表达自己的见解，势必会促进幼儿语言综合能力的发展。

二、促进幼儿智力的发展

幼儿的智力包括概括力、观察力、理解力、判断力、想象力等,幼儿进行大量的早期阅读可以很好地促进他们智力的发展。幼儿期正处于具体形象思维这一阶段,所以他们的想象需要具有丰富的经验表象。文学作品一般都具有中国古典美学中所谓的"象外之象""言外之意"等文学引申意义。这种含蓄的意义,可以满足读者的阐释欲望。幼儿文学作为文学的一个分支,当然也讲究文学的蕴含。幼儿在阅读图书时,图书仅提供给幼儿一些直观的想象。幼儿在阅读时首先要观察,然后依靠想象、逻辑思维进行加工,才能理解画面的意义。这一过程不仅丰富了幼儿的表象元素,也锻炼了幼儿概括、理解、分析、判断等多方面的智力能力。例如,曹文轩的《古堡》表层描写两个少年对一座传说中的古堡的寻觅,深层告诉儿童在一切认识自然和社会的实践中要表现出不迷信、不盲从、不畏艰险、不惮前驱的探索精神。而这种深层含义,是读者在阅读的过程中,通过思维的加工才能获得的。

儿童文学蕴含的引申义散发出无穷的艺术魅力,召唤着儿童充分调动他们的联想、想象、分析、判断等能力,逐渐走进儿童文学文本的蕴含层面。同时,这一过程还培养学生形成独立见解,逐步增强儿童探究性阅读和创造性阅读的能力。幼儿进行多角度的、有创意的阅读,能拓展他们的思维空间,提高阅读质量,促进智力能力的全面发展。

三、促进幼儿阅读的兴趣

爱因斯坦说:"兴趣是最好的老师。"幼儿的无意注意占优势,这个特点决定了幼儿认识事物的内部驱动力是兴趣。幼儿对感兴趣的东西学得快,记得牢;对不感兴趣的事物即使重复多遍,也很难留下深刻的印象。我国的大教育家孔子也曾说过:"知之者不如好之者,好之者不如乐之者。"幼儿文学作品形式多样,内容丰富,图文并茂,趣味性和游戏性强。引导幼儿进行早期阅读能够进一步激发幼儿阅读的兴趣,养成他们的阅读习惯。

心理学研究表明:幼儿的可塑性较大,容易"先入为主";幼儿时期是培养良好习惯的最佳时期;幼年时期形成的习惯比较牢固,不易改变。专家们普遍认为阅读是伴随幼儿一生成长的活动,所以对幼儿早期阅读的教育,应站到终身教育的高度予以重视。精选一些适合幼儿阅读、具有一定教育意义和积累价值的幼儿文学作品,把早期阅读教育建立在幼儿的兴趣上,幼儿自然会对早期阅读活动发生兴趣,并全身心地投入其中。

四、促进幼儿视野的开拓

幼儿期的孩子对生活环境中的一事一物,有着强烈的求知欲望,常以好奇的心态去发现疑难问题,寻找答案,不断地向成人进行穷究、发问。幼儿文学作品中含有丰富的知识和大量的信息。如果幼儿进行大量阅读,不仅可以增长知识,弥补家庭和幼儿园教育内容的局限性,还可以潜移默化地开拓他们的眼界,培养他们读书的兴趣和阅读欲望。家长和老师可以充分利用幼儿这一"打破砂锅问到底"的精神,陪同孩子一起去书中查阅资料,养成动手、动脑的习惯,开拓幼儿的视野。

五、促进幼儿情感的丰富

幼儿是在许多故事的陪伴中成长起来的。这些故事的主人公有助人为乐的雷锋、美丽善良的天鹅姑娘、机智勇敢的阿凡提,还有许多不怕牺牲、艰苦奋斗的战斗英雄们,他们都成为幼儿学习的楷模。幼儿在倾听这样的作品时,往往会随着故事的进展时喜时悲,或为主人公的人格佩服得五体投地,或为主人公曲折的道路唏嘘不已。对于不同的角色,孩子们的心情也会发生不同的变化。如对大灰狼、凶恶的王后等深恶痛绝,对狡猾诡诈的狐狸无可奈何,等等。小小的心灵,情感竟然如此丰富,而这些丰富的情感恰恰来自丰富多彩的幼儿文学作品中。

第二节 创设适宜幼儿阅读的环境

《幼儿园教育指导纲要》指出:"幼儿园应与家庭、社区密切合作,与小学相互衔接,综合利用各种教育资源,共同为幼儿的发展创造良好的条件。"良好阅读环境的创设需要社会、家庭、幼儿园的共同努力。心理学家皮亚杰认为,幼儿的发展不取决于客体,也不取决于主体,而取决于主体与客体的相互作用。幼儿的发展是在与主客体交互作用的过程中获得的。幼儿与客体环境的交互作用愈积极、主动,发展就越快。创设良好的阅读环境能进一步激发幼儿的阅读兴趣,使幼儿在与环境的相互作用中接受书面语言。因此,在日常生活中渗透阅读内容,为幼儿提供阅读机会和场所就显得十分重要。

一、家庭阅读环境的创设

家庭环境对儿童的成长具有潜移默化的作用,这是学校教育所不具备的。幼儿家庭阅读效果的好坏,很大程度上取决于家庭的阅读环境的好坏。能消除宝宝读书的障碍、提供方便舒适的读书环境,提供丰富的图书,这些都是创设良好的家庭阅读环境应做的工作。

1. 营造书香的阅读环境

家长在家庭装修、布置时,要考虑到孩子的阅读需求,为亲子共读创设较好的阅读硬环境,吸引孩子投入到阅读中。比如,为孩子设置一处专供阅读的阅读角,培养宝宝阅读习惯;给宝宝的书设置一个专门的木质小书架,培养宝宝爱护图书、物归原位的好习惯;给宝宝准备一个高矮适宜、采光位置合适的小书桌,养成正确的阅读姿势;根据孩子的需求与喜好,放上专门给他购买的童书(图画故事书、童谣、儿歌配图书和童话故事书等),为宝宝提供丰富的阅读书籍;等等。

2. 养成良好的阅读习惯

家庭是孩子接触到的第一个环境,对孩子的行为塑造和品格形成都具有重要的影响。孩子刚进入这个世界,对一切都充满了好奇与陌生感,他们急切地渴望融入环境。因此,他们会努力模仿父母和其他家庭成员的行为。所以,爸爸妈妈的阅读意识、阅读技能和文学素养等,是幼儿在阅读中感受到宽松自由的气氛,获得心理上平等舒适的主要因素。父母热爱学习,常常读书看报,经常一起探讨学问,这些行为会使孩子自觉地模仿,会令孩子不由自主地对知识和书本产生浓厚的兴趣,并且在他们心里埋下求知的种子,从而使他们主动地学习。

家里时常举行一些关于读书的交流活动可以为孩子营造良好的学习氛围,激发孩子的学习兴趣。同时,要为孩子提供科学的阅读指导和引导,鼓励孩子在读书的时候主动进行思考——而不是死读书,用自己有限的经验片面地去理解书中的内容。父母可以与孩子进行阅读互动、游戏延伸和平等交流,营造开放、宽松的阅读环境;可以在每个周末抽出一个下午或者两三个小时来与孩子一起坐在书房里探讨一下一周读书的体会,鼓励孩子把自己读过的书复述一遍,并且让孩子说说自己从书中受到的启发。这种读书交流活动可以为孩子营造一种愉快、民主的学习氛围,充分激发孩子学习的积极性和主动性。

二、幼儿园阅读环境的创设

幼儿园是培养幼儿阅读兴趣、阅读习惯和阅读能力的主要场所。在幼儿园中,可以结合主题教育目标,准备阅读活动材料,通过设置图书角、阅读区,通过游戏活动等为孩子创设一个良好的阅读环境,激发儿童主动阅读的兴趣。幼儿园还可以定期向幼儿推荐优秀图书,使孩子主动接触、选择书籍,真正喜欢阅读,并从中获益。幼儿园阅读室的环境创设须注意下列几点要求:

(一)支持性的阅读环境

1. 宁静舒适

阅览室首先要采光好,整体色调应有助于营造宁静舒适的阅读氛围。粉色给人温柔舒适感,能减少人的肾上腺激素分泌,从而稳定人的情绪;绿色则具有镇静神经、降低眼压、解除眼疲劳等作用。此外,浅蓝、浅黄、橙色都是幼儿喜欢的颜色,可以适当运用到阅览室中。需要注意的是,颜色的种类不宜过多,在确定了主色系后,其他的装饰应小面积出现。

2. 宽松自由

在阅览室为幼儿设计各种颜色、各种样式的座位:沙发、垫子、地毯,它们的色彩、造型、材质、软硬度、大小各不相同。这样,幼儿才能在这自由惬意的环境里尽情地享受阅读的快乐。

3. 开放与封闭相结合

教师在创设环境时要充分考虑不同幼儿的阅读特点,采用不同的空间分隔方式来满足幼儿的阅读需要。阅览室划分为三个区域:开放区域、半开放区域和封闭区域。开放区域适合小班幼儿阅读,半开放区域适合中班幼儿取拿图书,封闭区域更适合大龄幼儿。

4. 充满童趣

充满童趣的装饰物,尤其是幼儿熟悉的童话中的场景,可以激发幼儿的阅读兴趣。

(二)多元化的阅读材料

根据幼儿的年龄特点和认知水平,有的放矢地提供具体、形象、生动的读物。如为幼儿提供经典的故事和优美的绘本,让幼儿借助精美的配图和优美的语言感受书本的无穷魅力。

(三)培养阅读习惯

通过环境的暗示作用建立阅览室常规,培养幼儿的阅读习惯。在阅览室里,可以针对不同年龄段的幼儿,有不同的陈列方式;可以借鉴成人图书馆的"借书卡"制度,引导幼儿学习有序借阅、物归原处;可以通过一些图片、标识向幼儿提示阅览室的常规。

(四)拓展活动内容

幼儿的阅读不能局限于单纯地"看",应强调活动形式的多样以及活动过程中的实践与创造。

三、社区阅读环境的创设

新《幼儿园教育指导纲要》明确指出:"要充分利用自然环境和社区的教育资源,扩展幼儿生活和学习的空间。"因此,努力挖掘社区资源的教育价值,拓展阅读的兴趣和空间,是深化幼儿教育的重要因素。我们要利用好社区这一教育资源,让幼儿积极主动地搜索周围环境中丰富的阅读信息。

1. 利用社区资源,组织幼儿到社区内参观、学习与观察

如有计划、有目的地带幼儿参观大马路、公园、高楼大厦、商业街等地方,为幼儿的地面建构积累必不可少的经验;参观理发店、洗染店、洗衣店等,使幼儿在实地观察中获得更多的直接经验。

2. 制订亲子活动、节日活动计划,请社区人员与园内幼儿一起开展各项活动

幼儿园可以利用国家法定节假日开展有益于幼儿阅读行为的活动。例如,每逢清明时节,组织幼儿共同制作精致的小花圈,去烈士陵园进行扫墓活动。幼儿在活动中自然而然地接受了一次心灵的洗礼,接受了一次具体的革命历史教育。再如,利用植树节,家长与孩子们共同参与义务植树,开展别开生面的亲子种绿活动,提高孩子们的环保意识。

3. 开设社区学龄前教育宣传,形成有利于幼儿发展的社区育人环境

如开办社区阅览室、幼儿阅读指导课堂、学龄前家庭教育指导讲座、幼儿阅读宣传栏等,让幼儿感受多元阅读的乐趣。

总之,为幼儿创设良好的阅读环境在幼儿阅读活动中至关重要。温馨舒适的物质环境、科学合理的成年人引导、持续的阅读时间、良好的阅读习惯、有效的阅读指导和积极的情绪等将会使孩子的阅读效果事半功倍。

幼儿文学教程

第三节 选择适宜幼儿阅读的文本

在为孩子选择书籍时,我们不仅要考虑孩子的发展阶段——根据孩子的身心发展情况以及年龄段来选择书籍,还要考虑到孩子的兴趣爱好——根据孩子的喜好选择书籍。只有这样,才能为孩子选择到合适的图书并且让孩子爱上阅读。

一、根据幼儿的年龄特点选择图书

一般而言,儿童文学作品有诗歌、童话、生活故事、幼儿散文等。喜欢文学作品是幼儿的一种天性,他们对童话、故事充满浓厚的兴趣。但由于幼儿年龄比较小,认识的字又少,对于理解语言文字还存在相当的难度,所以在给孩子选择文学作品时一定要符合孩子们的年龄特点。如小班儿歌《绿色的世界》:"绿色的天空,绿色的小猫,绿色的蛋糕,绿色的手套,这儿一片绿,那儿一片绿,到处都是绿绿绿。"作品短小精悍,情节神奇有趣,非常符合小班孩子的年龄特点,幼儿很容易理解,还可以在理解的基础上让孩子仿编。

(一)0~3岁幼儿读本的选择

这时的婴幼儿喜欢一些简单的图片,形体和色彩对儿童具有强烈的吸引力。这种书籍在书店比较多,比如动物卡片、撕不烂的塑料图书等。在这个阶段,家长就应该开始对他们进行早期阅读培养了,但不要期望孩子和成人一样达到一定的阅读目的。成人阅读是为了学习知识或技能;这时教宝宝阅读,只要能培养起他们的阅读兴趣,目标就算达到了。

这个时期,宝宝对口语声音和意义的敏感程度逐渐增强。他们开始关注口语中的押韵现象,喜欢听有绕口令特征的语言。同时,他们也开始注意到许多字词发音的相似之处。家长可以有意识地组织一些活动,指导宝宝学习和辨识语音。比如玩一些要求语言押韵的游戏,念儿歌童谣,随机指认相同字音的字,等等。对宝宝进行早期阅读指导,除了要让他们多感受画面和文字,千万别忘了还要让他们开口多说,多和他们进行语言交流。因为,早期阅读能力的培养是早期语言教育的重要组成部分,而早期语言能力发展的各个方面都对宝宝早期乃至终身阅读能力的发展具有重要作用。

"手指点读"在这个阶段是家长的一个比较好的选择。"手指点读"的做法似乎比较刻板,但它可以使孩子尽早对阅读产生极大的兴趣,并能尽早让孩子形成阅读习惯,它需要孩子和父母有更大的耐心和更长的集中注意力的时间。父母可以每天固定一小段时间,按时给孩子朗读,一般不用太久,一两个月孩子就会产生快乐的期待情绪。比如,每天临睡前给孩子阅读,手把手地拿着他的手指挨字慢读,将相关的图片用重点语气突出一下,以后就会很顺利地展开了。

这些活动的有效开展能很好地提高宝宝对语音的敏感程度。通过日常交流和阅读中

第四章 幼儿文学的阅读与指导

的语言活动,家长们帮助宝宝扩展口语词汇量,同时教宝宝学一些比较复杂的词汇,增加他们口语表达的丰富性。家长们也可以通过谈话、讲述、故事阅读和续编故事等多种形式的活动,引导宝宝运用口头语言表达自己的想法。该阶段宝宝阅读学习的重点是增强对阅读目的和本质的感受、感知和辨识语音,以发展宝宝对语音的敏感性。

在这一阶段,可以为宝宝选择浅显易懂的优秀图书,如《可爱的鼠小弟》《我爸爸》、小熊宝宝绘本系列丛书、《大卫,不可以》《好饿的毛毛虫》《逃家小兔》等等。

(二)4~6岁幼儿读本的选择

这个阶段对孩子来说是一个发育的黄金时期,是孩子一生中词汇量增长最快的时期,是语言飞速发展的时期,是孩子一生中智力发展最迅速的时期,是孩子个性形成的关键时期。在这个阶段,语言对于孩子来说,是一种非常重要的工具。如果语言发育受滞,儿童很难交朋友,会很难参加团体活动,也不能表现出众,阅读在这个阶段就彰显了它的重大作用。这个时期,孩子通过大量的阅读,可以丰富他们的词汇,增强他们的表达能力,并提高孩子在团体活动中的交往能力。

这个阶段,故事仍然是给孩子阅读的主要材料。家长要试着让孩子慢慢领悟故事的特征,以及故事中包含的一些基本成分,这样会有助于孩子建立起基本的阅读策略。父母除了抑扬顿挫、饶有兴致地朗读文学作品,引导孩子进行阅读外,还应注意每天给孩子看故事书的时间,鼓励孩子叙述他们听到的或者看到的"故事",这对于他们表达能力的训练非常有帮助。4~6岁的学龄前儿童喜欢配有彩色图画的民间故事、科幻故事、诗歌以及有关动物的童话,如《看图识动植物》《幼儿识字》《幼儿画报》《故事报》《幼儿智力世界》等小书。这些读物内容生动有趣、由浅入深,都是非常不错的选择。那些短小、生动、易背诵的诗句对他们来说,也特别有吸引力。

这个阶段的阅读可以帮助孩子集中注意力,诱发他们的阅读兴趣,丰富他们的词汇,激发他们的想象力。更为重要的是,通过这个阶段的阅读,孩子会逐渐领悟到语句结构的组合和词意神韵的魅力,为他们今后主动进行广泛阅读打下良好的基础。目前,市面上有很多绘本都是图文结合的,家长可以选择。例如,有些图画书有这样的句子:"在明媚的太阳下,一匹小马在河边吃草。"文字边上就配着一副很生动、色彩很和谐的图画。画面上是蓝蓝的天,有一两朵小白云,阳光明媚,河边的草地绿油油的,一匹小马正高兴地吃着嫩绿的青草。这样的绘图本配合手指点读,效果会非常好,可以帮助孩子迅速认识许多小动物和常见的汉字。我们还可以帮助孩子朗读一些经典的诗歌,如《唐诗三百首》《唐宋名家词选》《宋词三百首》等,这些都是不错的选择。

这个阶段也是孩子迷恋电视的时候,家长一定要注意不要让孩子整天坐在电视跟前。长久看电视不仅会损害他们的视力,而且对他们的表达能力的发展非常有害,将来很可能只会聆听而不会表达。这时候聪明的家长不能采取暴力的方式直接关掉电视,而应该通过不断更新漂亮生动的图画书和名著来转移孩子的注意力。家长也可以让孩子叙述他看的动画片,这样对他的表达能力的提高也颇有帮助。

在这一阶段,可以为孩子选择嘟嘟和巴豆系列、大熊和小睡鼠系类、《小黑鱼》《火焰》、数学小子丛书、第一次发现丛书、《飞上天的鱼》等优秀图书。

二、根据幼儿的兴趣选择图书

阅读是个性行为，每个孩子都有不同的心理、不同的爱好。因此，在选择图书的时候，要尊重孩子的阅读兴趣，而不能根据自己的判断来为孩子选择图书，并且强迫他阅读。由于幼儿容易被人物夸张、动物拟人的图书吸引。因此，内容生动有趣、形象突出、图大字小、色彩鲜艳的图书，能让幼儿通过阅读书籍产生丰富的情感体验。选择一些画面清晰、人物形象逼真、情节简单、背景不复杂并配有短句或词汇的单页单幅画面的大幅图书，这样幼儿更容易理解图书中的故事。现在市场上的书籍琳琅满目，在挑选图书的时候，家长要翻阅书籍的画面和内容，挑选那些生动、活泼、印刷清晰的书，而不能图便宜选择一些印装质量低下的书籍。书籍的内容要符合孩子的心理特点，那些拟人化、比喻性、趣味性比较强的书籍是孩子们比较喜欢的。当然，家长在买书时可以和孩子进行沟通，这样可以更加了解孩子的兴趣点，从而买到孩子自己喜欢的书。

对于刚入园的小班幼儿来说，他们根本就不爱阅读，发给幼儿的书，转眼间就变成了"望眼镜"，有的干脆把书撕掉。和看书相比他们更喜欢看电视。利用这一特点，我们应因势利导把孩子爱看电视的兴趣转移到阅读中来。比如，最近幼儿迷上了《喜羊羊与灰太狼》和《熊出没》的动画片，只要一提到喜羊羊或是光头强，幼儿都会兴奋地讲个不停。幼儿园就应利用幼儿感兴趣的话题，在阅读区投入大量有关喜羊羊与灰太狼系列或是《熊出没》的系列图书。这样幼儿的阅读兴趣自然就会得到了很好的激发。

第四节　找到指导幼儿阅读的方法

由于识字量的局限，加上注意力容易转移等特点，幼儿对于儿童文学的阅读具有"听赏"的特点，即依赖于从成人的讲述中了解作品。为了能吸引幼儿完成阅读，成人在指导幼儿阅读时，应根据幼儿的年龄特点，选择大声朗读、亲子共读、故事表演、动画影视欣赏等多元阅读的方法，并突出阅读活动的游戏性、趣味性和娱乐性。

一、不同年龄段的指导方法

幼儿时期是孩子各方面发育成长最快的阶段，不同年龄阶段幼儿的思维能力、行为能力、语言能力、认知能力、生理发育等都有很大的差异。就像幼儿园教育中分大、中、小班一样，幼儿分级阅读也是根据不同年龄段的心理和智力发育程度，对阅读材料进行科学划分。通过这些分级读物对孩子的认知、语言、教养、行为、美音、想象力、创造力等方面进行引导和培养。

幼儿阅读的分级主要是根据年龄和心智的发展状况进行的,一般将幼儿分为0~3岁、3~4岁、4~5岁、5~6岁4个年龄段。0~3岁幼儿对任何物品都充满好奇,一旦拿到书,常会发生咬书、抓书、撕书、乱画情况,这都属正常现象。要让幼儿充分接受书籍,满足其探索的欲望,可选择布书、塑料书、硬纸书给幼儿阅读。3~4岁幼儿阅读的重点在于"听",即通过听故事引导幼儿阅读,并借此和幼儿进行对话。4~5岁幼儿阅读重点在注重语音效果和内容的节奏感,可通过富有节奏感的儿歌、民谣及有回环结构的简短而有趣的故事引导幼儿阅读。5~6岁幼儿阅读重点在于"看",他们开始接受有一定情节性的故事,在内容上可选择图文配合的知识性读物,这一阶段阅读的最大目的是让幼儿体会到语言和故事的乐趣。

二、多元阅读方式的运用

1. 朗诵法

幼儿的审美意识是处于一种动物快感、生理快感的初级精神愉悦状态,属于较低的层次。幼儿接受文学主要靠"听","听赏"是幼儿接受文学的主要方式。因此要让幼儿接受文学的美,我们必须十分重视诵读。白居易说:"感人心者,莫先乎情,莫始乎言,莫切乎声,莫深乎义。"充满幼儿情趣的幼儿文学也该通过"言""声"的感受,来显情动人。声音尤其和能激发审美主体的联想,使听众产生不同的美感和情感上的共鸣。运用抑扬顿挫的语气语调,绘声绘色地表现人物的特征和个性,有张有弛地表现情节的波澜起伏,尽量再现作品中的情景和氛围,小朋友就会有如见其人、如闻其声、如临其境的感觉,从而进入作品,领略那丰富的幼儿情趣。

不同的作品,需要运用不同的语调和感情。读《古里和古拉》的感情基调就该是赞美的,读《卖火柴的小女孩》的感情基调该是同情的,读《小蝌蚪找妈妈》的感情基调就该是欢快明朗的,读《摇篮曲》的感情基调就该是舒缓柔美的。用诵读法,既能很好地传播了幼儿文学作品,也能给幼儿自己独立欣赏文学提供了良好的示范。

2. 阅读法

对于一些适合幼儿欣赏的图画书和卡通读物,可以让幼儿尝试自己阅读欣赏。图画书是幼儿文学的特殊样式,是绘画和语言相结合的艺术形式。它一般以图画为主,以文字为辅,内容浅显,主题单一,富于幼儿情趣,孩子看画就能明白故事。让孩子自己独立看书还有助于培养孩子安静、专注的阅读习惯,让他们学会思考图画之间的关系,发展他们的思维。生动形象的画面能促进幼儿联想和想象并产生表述画面内容的欲望,也促进了幼儿口语表达能力的发展。这些都为幼儿以后适应小学的学习生活打下基础。

当然,幼儿与幼儿之间存在着差异,成人要根据不同基础、不同家庭背景、不同欣赏水平的幼儿作出不同的要求并及时给予个别指导,不能作强制性的统一要求。指导中尤其要注意情感引导。幼儿理解能力差,有意注意时间短,兴趣转移快,情绪变化大,情感随兴

趣转移,往往偏离作品方向。比如,他们可能会同情《蜻蜓和蚂蚁》里的游手好闲的蜻蜓,会佩服《狐狸和乌鸦》里"聪明"的狐狸,这时恰当的引导就显得尤为重要。

3. 表演法

教育过程应该成为真正的成人与幼儿共同参与的过程,成为真正合作的相互作用的过程,幼儿文学欣赏也该让幼儿最大限度地参与进来。表演法是适合幼儿特点的一种特殊的幼儿文学欣赏方法。它包括成人边诵读边比画的表演,以及指导孩子们参与表演的方法。英国教育家洛克曾说过:"把身体上与精神上的训练相互变成一种娱乐,说不定是教育上的最大秘诀之一。"让小朋友们自己参与活动,符合他们好动好表现的性格特点,有利于充分发展幼儿的个性,让他们在排练表演这种"游戏"中,获得精神的愉悦和成功的快感。如《小羊和狼》《小蝌蚪找妈妈》《拔萝卜》《小猴子下山》《寒号鸟》等作品,动作性和音响效果都较强,比较适合幼儿阅读表演。

亲自扮演其中的角色,会使他们百演不厌。为了突出演出效果,有时可以适当挑选一些特殊的表演者。如可以选择两个体态适合的幼儿扮演《两只狗熊》中的小白和小黑,表演者在台上出神入化地表演他们的憨态,观看者捧腹大笑,其乐无穷。如果说成人的诵读侧重培养孩子感受文学美的能力的话,那么这种参与表演的实践活动更多的则是培养他们再现美和创造美的能力。

4. 电教媒体法

许多优秀的幼儿文学作品,只是通过传统的语言教学形式和手段,有时很难将作品的深刻内涵和优美意境完整、完美地传达出来,这样就影响了幼儿对文学作品的理解和体验。如果采用电教手段则可以弥补这方面的不足,还能激发幼儿的学习兴趣,引导他们全身心投入到幼儿文学的欣赏活动中去。比如,传统的幼儿诗歌欣赏,一般教师都只是采用有声有色的朗诵和适当的讲述来把作品介绍给幼儿,最多再借助一些图片。但是,如果运用多媒体手段,就更切合孩子形象直观的接受习惯,效果就会更好。如有老师在给小班小朋友介绍幼儿诗《春雨》时,首先让孩子听到"滴答,滴答"的下雨声,然后是老师的配乐朗诵,同时屏幕上出现了与诗歌内容相配的动画画面:春雨下着,种子从泥土中长出小绿芽;梨树开出了小白花;青青的麦苗慢慢地长高;小朋友播撒种子,在种瓜。这一幅幅形象、生动、美丽的画面,再配以优美的配乐诗朗诵,立刻将诗歌的整体意境呈现在幼儿的面前,给了他们极美的视听享受。幼儿在多媒体手段的辅助下,更好地学习、理解、感受了诗歌美好的意境和情感。在给孩子讲述幼儿故事的时候,还可以运用视频转换仪来向幼儿同时展示故事的画面。用电教媒体法可以避免以往孩子只能"听"却看不到精美画面的毛病,能有效地吸引幼儿的注意力。视频展示仪同样能够做到视听结合,教学效果也很好。

思考链接

1. 根据实训教室的环境特点,设计一个幼儿阅读环境设置方案。
2. 结合自己的阅读经验,谈谈如何按年龄特点为幼儿选择阅读文本。
3. 选择两种或两种以上的阅读方法,就某一作品展示如何对幼儿进行阅读指导。

第四章　幼儿文学的阅读与指导

好书推荐

1. [爱尔兰]马丁·韦德尔 《小猫头鹰》 [英]派克·宾森/图

马丁·韦德尔(Martin Waddell)，1941年出生于北爱尔兰的贝尔费斯特，是爱尔兰知名作家，其作品多次获得英国史马提斯奖(The Smarties Book Prize)、凯特格林威大奖(The Kate Greenaway Medal)、鹅妈妈大奖等国际知名奖项。2004年其获得"国际安徒生文学大奖"，这个终身成就奖肯定了韦德尔对儿童文学的贡献。他以质朴、天真无邪的小孩子的同理心和尊重的态度为儿童写作。韦德尔的作品特色在孩子的情绪和互动反应上尤其能呈现。其作品中体现出的微小、饱满的情感，有着男性作者少见的母性细腻。

派克·宾森于1956年出生，于翠尔希艺术学校接受基础教育，随后其前往佛罗伦萨学习古典绘画。他荣获了1984年"鹅妈妈"奖，这是给予在儿童书籍插图中有前途新人的奖项。同年，他获得了国家艺术图书馆插图奖。

本书叙述了三只小猫头鹰——秀秀、皮皮和比比在黑夜中等妈妈回家的温馨故事。起初，三只小猫头鹰待在温暖的树洞中，因为牵挂，因为担心，也因为思念，它们慢慢走到树洞外面等待。森林是如此的黑，让秀秀、皮皮和比比互相依偎在一起，并且闭上双眼，祈求妈妈快快回家，后来妈妈终于回来了。作者将猫头鹰拟人化，并且利用浅白易懂的文句，透露出孩子在等待妈妈回家时的彷徨与忧心。文中数度提到了"猫头鹰都很会想"，其实是在暗指人类社会中，孩子也是有想法的，尤其是孩子独自在家时，是多么期待父母亲的归来呀！故事情节简单，童趣十足，通过猫头鹰宝宝盼望妈妈回来的描写，表达了孩子对母亲深深的依恋和爱。这些看似简短、反复的童言童语，表达的意义却如此深刻隽永。《小猫头鹰》是一部真情自然流露的温情作品！

2. [美]吉恩·蔡恩 《好脏的哈利》 [美]玛格丽特·布罗伊·格雷厄姆/图

吉恩·蔡恩(Gene Zion)1913年出生于美国纽约，毕业于普瑞特艺术学院，先后从事过编辑、平面设计工作，后成为一名自由作家。他与妻子玛格丽特·布罗伊·格雷厄姆共同创作了许多脍炙人口的绘本作品，如《好脏的哈利》《哈利的花毛衣》《哈利海边历险记》《哈利和爱唱歌的邻居》等。他们作品中的图文搭配以自然、流畅见长，一起创作的另一部作品《全都倒下了》曾获得1952年凯迪克大奖。

玛格丽特·布罗伊·格雷厄姆(Margaret Bloy Graham)1920年出生于加拿大多伦多。自多伦多大学美术史专业毕业后，

她一个人来到纽约,开始为流行杂志画插图,后来转为童书创作。她与吉恩·蔡恩合作的绘本《全都倒下了》获得了1952年凯迪克大奖。紧接着,她与夏洛特·佐罗托合作的《暴风雪》获得了1953年凯迪克大奖。除了与其他作家合作绘本以外,她也有自己文图创作的作品,如《善待蜘蛛》等。她的绘画充满童趣、平易近人,对于动物的生动刻画尤其为人称道,深受孩子的喜爱。

《好脏的哈利》出版于1956年,是世界图画书史上的经典作品。该书讲述了一只有黑点的白狗哈利,什么都爱,就是不爱洗澡。有一天,不想洗澡的哈利溜到街上去玩,到了傍晚,脏兮兮的哈利竟变成了一只有白点的黑狗!为了要让主人认出他来,哈利使出浑身解数。最后它冲进浴室,跳进浴缸,请家人帮它洗澡……不管是黑点白狗,还是白点黑狗,哈利这只俏皮、可爱、亲切的小"脏"狗俘获了不同时代的孩子和大人们的心。吉恩·蔡恩的文字活泼有趣、浅显易懂,而两度凯迪克奖获得者格雷厄姆的图画具有很强的用图说故事的能力。该书从初版时的黑、橄榄绿、橘红三种颜色,到后来格雷厄姆重新上色后更丰富的色彩。对于故事的精彩描述使得《好脏的哈利》至今仍为绘本作家的入门典范。

下 篇

主要文体

序論

第五章 幼儿诗歌

> 诗歌和儿童有着一种天然的默契关系。它们的想象方式、表达习惯和认知渠道，都有着诗的品质。所以，好的诗句可以成为儿童内心世界的容器，成为儿童认知世界的道路。
>
> ——樊发稼

本章要点

1. 了解幼儿诗歌的概念和发展。
2. 掌握幼儿诗歌的特点。
3. 把握不同类别的幼儿诗歌。

第一节 幼儿诗歌概述

一、幼儿诗歌的概念

幼儿诗歌是指以幼儿为主体接受对象,符合幼儿的心理和审美特点,适合于幼儿听赏、吟诵、阅读的诗歌,包括成人为幼儿创作的诗,也包括儿童为抒怀而创作的诗。幼儿诗歌是诗歌的一个分支。由于它受到特定读者对象心理特征的制约,因此所反映的生活内容、所进行的艺术构思、所展开的联想和想象、所运用的文学语言等等,都必须符合儿童的年龄特征,必须是儿童所喜闻乐见的。这样才能在培养儿童良好的道德品质和思想情操,激发和丰富他们的想象力、思维能力等方面,尤其在培养儿童健康的审美意识和艺术鉴赏力上,发挥自己独特的作用。

二、幼儿诗歌的发展

早在文字产生之前,诗歌便以口耳相传的方式被人类记录下来。文字产生后,诗歌以书面的形式流传下来。中国对诗歌的关注已有几千年的历史,既出现过陶渊明、李白、杜甫等伟大的诗人,也有《文也雕龙》《诗品》《沧浪诗话》等诗歌理论作品,但与儿童相关的诗篇只是零星地散落在文人的诗歌作品中。古代诗人以自身为审美主体而创作的抒发个人情感的诗歌,可看作儿童诗的雏形,这是诗歌蕴含的精神内涵影响了儿童诗的发展。

真正意义上的儿童文学诞生于五四时期。那时,文学领域出现了以儿童本身为阅读对象的创作热潮,现代意义上的儿童诗也应运而生。到20世纪五六十年代,圣野、柯岩、刘饶民、任溶溶等儿童诗人大量涌现,幼儿诗歌作品也不断丰富。圣野创作了大量的儿童诗。早在20世纪40年代他已出版有《啄木鸟》《小灯笼》《小朋友》等诗集。1957年后,他又有代表作《欢迎小雨点》《奶奶故事多》《春娃娃》《神奇的窗子》等儿童诗集问世。柯岩的《小兵的故事》《最美的画册》等儿童诗集相继出版。刘饶民创作的《兔子尾巴的故事》和《种瓜少年》等童话诗,以及寓言诗《迎春花和夜莺》,丰富了儿童诗的题材。任溶溶创作了儿童诗《我的哥哥聪明绝顶》《弟弟看电影》《听老伯伯讲故事》和诗集《小孩子懂大事情》等。

改革开放以后,文学的艺术性特征得到重新确立,儿童诗创作进入繁荣阶段。20世纪70年代末至20世纪80年代中期,任溶溶、金波、张继楼等成为儿童诗创作的主力军。任溶溶写了《大工厂里最小的烟回》《欢腾的读书声》《一本读不懂的书》《会说话的房子》《我家的特大新闻》《我还得哭》《这首诗是"我",其实说的是他》《最可怕的人》等。金波在这一时期创作了《林中的鸟声》《会飞的花朵》《我的雪人》《绿色的太阳》等歌咏孩子眼中大自然的儿童诗集。张继楼创作了回忆童年美好生活的诗篇,如《童年的水墨画》《营帐边有一条

小河》等。

20世纪80年代以后,王宜振、邱易东、薛卫民、董恒波、滕毓旭等一批新的儿童文学作家诞生。王宜振创作了儿童诗集《秋风娃娃》和《笛王的故事》。邱易东创作的诗,如《到你的远山去》《鱼的翅膀　鸟的翅膀》,反映了诗人对纯真的赞美,得到了儿童文学界的肯定。

21世纪以来,谭旭东、安武林、王立春等为儿童写作的诗人发表了多篇儿童诗。谭旭东著有《母亲与孩子的歌》《夏天的水果梦》《生命的歌哭》等诗集。随着博客、微博等网络平台的出现,谭旭东开始尝试微型诗创作。他的儿童诗虽然字数少,但充满童趣的诗体风格得到了儿童的喜爱。满族女诗人王立春的儿童诗折射出诗人对自己故乡的深厚情感。她的《骑扁马的扁人》是一部充满乡土情结的儿童诗集,展现了北方的自然风光。"金蜘蛛"安武林的诗集《月光下的蝈蝈》属于他"诗意童话"系列作品中的一类,已被收入学生课外读物,受到孩子的喜爱。

近年来,传统媒介向电子媒介的转变打破了信息传播的传统模式,文化知识的传递模式也由单方面传承转为双向互动的模式。儿童自身开始尝试为自己写作,出现了儿童低龄化创作的现象。日渐增多的小作家在学校板报和各类邮箱、微博、微信等平台发表诗歌作品,为当代儿童诗的发展注入了新的血液。

第二节　幼儿诗歌的特点

一、童真童趣的真情实感

抒情作为诗歌主要的艺术表现手法,是诗人内心情感及对外部世界认知的表达。由于幼儿诗接受对象的特殊性,所以诗歌的情感要逼真地传达出幼儿那种自然率真、美好善良、富有情趣的感情,以激起小读者感情上的共鸣,使幼儿获得内心情感的关照和愉悦。洋溢着真情美感的幼儿诗,是幼儿精神的营养品,滋润着他们幼小的心灵,让他们获得丰富的美感。如金波的作品《我是一片雪花》:"如果我是一片雪花,你猜,我会飘落到什么地方去呢?我愿飘落到小河里,变成一滴水,和小鱼、小虾游戏。我愿飘落到广场上,堆个胖雪人,望着你笑眯眯。我更愿飘落到妈妈的脸上,亲亲她,亲亲她,然后就快乐地融化。"这首诗写出了这一特殊年龄段幼儿天真的心性、质朴的情感和心中对自由的理解与渴望。"与鱼虾嬉戏""扮雪人微笑""轻吻妈妈的脸",情感抒发得自然、贴切、生动、有趣,把幼儿独有的内心世界和情绪活动宣泄出来,使人感到这就是活泼快乐的幼儿应该具有的。此诗盎然的幼儿情趣溢于言表。

又如台湾诗人林焕彰的《日出》:"早晨,太阳是一个娃娃,一睡醒就不停地踢着蓝被子,很久很久,才慢慢慢慢地,露出一个圆圆胖胖的脸儿。"这首诗以幼儿的眼光来观察日出,以幼儿

的心灵来感受这一自然现象,把日出描绘成"一个会踢被子的娃娃",把"天空"比作"蓝被子",形象逼真,非常新颖,充满了幼儿情趣,抒发了幼儿对日出这一自然现象的独特感受,很容易引起幼儿的共鸣。

二、天真浪漫的丰富想象

幼儿诗歌离不开天真而奇妙的想象,而这种想象又与幼儿独特的思维方式紧密联系。幼儿总是用带有鲜明的夸张性、幼稚性和虚幻性的创造性想象,来认识并诠释世界上的一切事物。在他们因想象而诗化的世界里,花儿会笑、鸟儿会唱、草儿会舞、鱼儿会说……幼儿诗要在想象的世界中用心灵和儿童对话,创造优美的意境,抒发童真童趣,让幼儿在奇妙多姿的世界里,展开想象的翅膀,感悟诗的意旨。

如邵燕祥的儿童诗《小童话》:"在云彩的南面,那遥远的地方,有一群树叶说:我们想像花一样开放。有一群花朵说:我们想像鸟一样飞翔。有一群孔雀说:我们想像树一样成长。"这首诗起语就把小读者从现实引发到想象中的"遥远的地方"。在那个遥远的地方,叶子会说话,想要开花;花朵会说话,想要飞翔;孔雀会说话,想要像树一样成长。丰富的遐思淋漓尽致地展现了幼儿童真浪漫的无尽想象。

又如黎焕颐的《春妈妈》:"春,是花的妈妈。红的花,蓝的花,张开小小的嘴巴。春妈妈用雨点喂她……"这首诗描绘了春雨润花的美好景象,意境清新优美。诗人巧妙地将抽象的时令"春"拟人化为慈祥的妈妈。富于情趣的构思很符合幼儿的具体联想方式,这种联想的产生是从幼儿已经具有的生活经验中来的。在孩子的心目中,自己是吸着母亲的乳汁长大的,那些花同样也是吃了春妈妈的"乳汁"才长大的。诗人正是熟悉幼儿富于想象的心理特征,才给他的作品插上了想象的翅膀,使它具有迷人的美。

三、形象生动的精粹语言

幼儿的欣赏方式决定了幼儿诗的语言要有音乐美、动态美和色彩美,尽可能形象地把人物或事物的声音、色彩、动作等鲜明、具体地突显在幼儿面前,让幼儿头脑中出现具体的形象,产生切身感受,进而理解幼儿诗的内容,获得语言的美感。只有充分感受语言美,才能进一步领悟作品的意境美、情感美。

幼儿诗常用反复的手法以及叠音词、象声词等,使诗的语言具有回环往复的音乐美。如郑春华的《新来的小朋友》:"新来的小朋友,快不要哭!你看小熊也不哭,你看小猫也不哭,不哭不哭都不哭。"作品通过词、句式的反复,造成了声音的回环美,从而使幼儿易懂易记,乐于接受。周晓荣的《太阳蹦上来了》:"太阳娃娃高兴了,一个跟头 蹦上了高高的蓝天……"诗歌中的"蹦"字用得非常生动传神,极富动感,写出了太阳喷薄而出的一刹那的壮观景象,给人以极大的审美享受。

又如幼儿诗《家》:"蓝蓝的天空是白云的家,密密的树林是小鸟的家,绿绿的草地是小羊的家,清清的河水是小鱼的家,红红的花儿是蝴蝶的家,快乐的幼儿园是小朋友的家。"

这首诗语言朴实、浅显易懂,从一个全新的角度来概括事物的依属关系。这首诗巧妙地运用了叠音词,让人读起来朗朗上口,极富音乐美。此外,这首诗还为幼儿描绘了蓝天、白云、绿草、红花等一幅幅色彩绚丽的图画,给幼儿带来了赏心悦目的视觉美感享受。

四、纯真优美的意境

意境是指作品中所描绘的生活图景与所表达的主观情意融合一致而形成的一种艺术境界。通俗地讲,意境就是情景交融使人得到的一种画面形象之外的更丰富的艺术震撼。意境美是诗歌追求的最高艺术标准。诗歌贵在意境,没有意境的诗不是好诗,幼儿诗也如此。只有把真实的幼儿感受通过形象含蓄地表现出来,而不是抽象地呼喊,才能创作出符合幼儿审美情趣的纯真优美的意境,也才能感动儿童。

如陈尚信的《鼻子吃蛋糕》:"这块蛋糕,我舍不得吃它,要等爸爸妈妈一起尝。我让鼻子先尝一点儿,反正小鼻子只会闻闻,不会吃下。"在这首短小的幼儿抒情诗中,我们看到孩子水晶般透明的心:他舍不得一人吃蛋糕,一心要等着爸爸妈妈回来一起吃,这是他的可爱之处。更可爱的是,他还是有点儿忍不住,就"让鼻子先尝一点儿"。为什么让鼻子尝呢?孩子的解释是:"反正小鼻子只会闻闻,不会吃下。"这样的举动和解释完全符合幼儿的年龄特点,在幼儿看来这些都是合理的。作者准确地把握住了幼儿的心理,细致地观察幼儿的言行,用幼儿的眼睛看世界,将幼儿的纯真表现得淋漓尽致,把"我"写得异常可爱。"我"的一切行为,完全符合幼儿的年龄特点,读之令人忍俊不禁。

又如刘饶民的《月亮》:"天上月亮圆又圆,照在海里像玉盘。一群鱼儿游过来,玉盘碎成两三片。鱼儿吓得快逃开,一直逃到岩石边。回过头来看一看,月亮还是圆又圆。"在月照大海的静态美景中,作者通过鱼儿的"逃"和"看"的动态加入,在精巧的构思中,创造出一群小鱼儿戏水观月的优美意境,使这首童诗既有童话般的境界又有盎然的童趣。

第三节 幼儿诗歌的分类

根据不同的划分标准,幼儿诗可以分为不同的类别。从表现手段的运用方面,可分为咏物诗、抒情诗和叙事诗三大类;从押韵、分行等语言表现形式方面,可分为韵律体诗和散文体诗两大类;从表现内容方面,可分为童话诗、寓言诗、科学诗、故事诗、讽刺诗、题画诗等。幼儿诗的涵盖面广,常常以诗的外壳包容幼儿文学其他样式和内容,以下介绍的是幼儿诗不同分类中的几种主要形态。

一、咏物诗

咏物诗是最为常见的一种幼儿诗歌。它把与幼儿日常生活直接相关的自然现象进行形象化的诠释,从幼儿的视角来观察自然,解读世界,展现自然之美。咏物诗中,一片绿绿的树叶、一只低低飞翔的红蜻蜓,都会引发幼儿纯洁的、博大的爱,甚至最普通的雨滴在儿童眼中也有说不出的可爱。幼儿诗将寻常化为美丽,平凡化为神奇,诗中的大自然清澈透明、温柔纯净。如台湾诗人林武宪的《秋天的信》:"秋天要给大家写信,用叶子当信纸,请风当邮差。邮差想偷懒,到一个地方,就把信一抛。有的信,落在松鼠头上;有的信,落在青蛙身旁;赶路的雁,也衔了一封回家。池塘里,草丛中,到处都是秋天的信,小动物们这才忙着过冬。"作者运用拟人的手法,运用简洁的语言、舒适的韵律,将幼儿常见的秋天描绘的如此生动活泼,充满欢乐。原来生活之美、自然之美,如此简单,秋的诗意自然而然地展现在孩子面前。

二、抒情诗

抒情诗是作者以主人公的口吻,直接抒发内心的思想感情而形成意象的文学样式。幼儿诗相对自由的形式,使幼儿丰富微妙的情感表达成为可能。这种诗一般不抒发相对抽象的情感内容,也没有完整的人物形象的刻画描写,而是主人公心灵的直接坦露,自我色彩明显。

如幼儿诗《鞋》:"我回家,把鞋脱下;姐姐回家,把鞋脱下;哥哥、爸爸回家,也都把鞋脱下。大大小小的鞋,是一家人,依偎在一起,说着一天的见闻。大大小小的鞋,就像大大小小的船,回到安静的港湾,享受家的温暖。"台湾幼儿诗人林武宪先生的这首诗,写的对象是鞋,普通得不能再普通,可是小小的鞋蕴含着暖暖的亲情。那一双双紧紧相依的鞋,代表的是亲密,诉说的是家庭的温暖。最后一句的比喻十分恰当,那鞋就好像一艘艘大大小小的船只,经历过风雨,平安回到港口。诗人的内心充满了喜悦和幸福,使充盈在字里行间的爱与温情,在孩子们心灵深处滋长萌芽。

三、叙事诗

叙事诗是运用诗歌的语言,高度凝练地摹写儿童的生活情景和浪漫情怀,通过人物或事件的相互联系,创造出优美的意境,表现出爱与美的主题。叙事诗大多依靠情节或人物串缀展开诗序,但不一定要求故事情节的完整,情节结构允许较大的跳动,是带着浓郁的诗情去抒写人和事的。著名诗人郭小川曾经说过,"奇、美、情"三个要素,"都是好的叙事诗所需要的",因为儿童喜欢读那些有人物和有情节的小叙事诗。"奇"是指叙事诗中要有巧妙的情节安排;"美"是指诗歌要用精粹的语言、生动的形象构成优美的意境;"情"是指诗歌抒发饱满的情感,具有盎然的情趣。如圣野的《捉迷藏》:"小妹妹跟风捉迷藏,小妹妹问风:藏好了没有?待了好一会儿,没有听风说话儿,小妹妹就从墙角后,跳出来找风。找来找去找不到,忽然'嘻'的一声,风在一棵树上笑起来了,有一张树叶子没站稳,给风一笑,掉下来了。小妹妹连忙跳过去,把叶子捉住,问它:风呢?叶子红着脸孔说:我也不知道!"诗人运用简单质朴的语言、形象生动的描写,叙述了小妹妹与风捉迷藏的生动故事。

四、散文诗

散文诗具有诗的意境和散文的形式,是一种介于诗歌和散文之间的文学样式。它以散文形式表现诗歌意境为主要特征,既像散文一样不分行、不押韵,行文自由灵活,又注重诗歌的节奏感和音乐美,常常在短小的篇幅里蕴含一定的哲理。如金波的《春的消息》:"风,摇绿了树的枝条,水,漂白了鸭的羽毛,盼望了整整一个冬天,你看,春天已经来到!让我们换上春装,像小鸟换上新的羽毛,飞过树林,飞上山岗,到处有春天的欢笑。看到第一只蝴蝶飞,它牵引着我的双脚;我高兴地捕捉住它,又爱怜地把它放掉。看到第一朵雏菊开放,我会禁不住欣喜地雀跃,小花朵,你还认得我吗?你看我又长高了多少!来到去年叶落的枝头,等待它吐出新的绿苞;再去唤醒沉睡的溪流,听它唱歌,和它一起奔跑。走累了,我就躺在田野上,头顶有明丽的太阳照耀。是谁搔痒了我的面颊?啊,身边又钻出嫩绿的小草……"诗人以一颗童心,采用比喻、拟人等修辞手法,与大自然无拘无束地交流。诗中描述了春天到来时最具特点的景物:春风、春水、小鸟、蝴蝶、雏菊、枝头的绿苞,明丽的阳光、田野里的小草。字里行间流露出人们告别冬天,迎来生机盎然的春天的喜悦之情,赞美了春天的美丽,抒发了对春天的喜爱之情。这首诗歌语言清新,节奏明快,读来朗朗上口。全诗共六个小节,表达了作者对春天和大自然浓浓的爱意。

五、童话诗

诗人张秋生说:"我常常想,让诗中充满童话的奇幻色彩;我也常常想,让奇幻的童话世界具有诗的意蕴。我爱诗的童话,这首也爱童话的诗。"童话诗是以诗歌的形式,运用童话大胆的想象和夸张的表现手法,讲述童话故事的儿童叙事诗。童话诗叙事脉络清晰,但与童话故事相比,故事简单些,它是童话和诗的结合物。鲁兵的《小猪奴尼》:"有只小猪,叫作奴尼,不爱洗澡,扑通一下,掉进河里,妈妈也不认识他。碰到牛大婶,帮他洗一洗。奴尼回家对妈妈说,妈妈,妈妈,明天我要自己洗。"诗人运用夸张的想象,赋予小猪奴尼"人"的思想,通过幼儿化了的语言,使诗歌通俗易懂,深受小朋友喜爱。再如他的《雪狮子》:"下雪啦,堆出一个雪狮子,雪狮子活了,它看见小猫咬小猫,看见小狗咬小狗,老爷爷说,累了吧,冷了吧,坐一坐烤烤火再来吃我。雪狮子坐一坐,烤烤火,结果会怎么样呢?"诗人运用大胆的想象,通过诗歌的表达方式,塑造了一个童话的王国,让幼儿在诗歌优美的旋律中,张开想象的翅膀,感受童话世界里雪狮子的凶猛和老爷爷的机智。

六、寓言诗

寓言诗是具有寓言性质的诗歌,是以诗歌的形式写就的寓言。它是用诗的语言来讲述故事,并寄寓一定的道理、教训,具有浓厚的教育意味和色彩。寓言诗一般篇幅短小,情节单一,常用讽刺与夸张的手法,突出漫画式人物形象,具有诗的凝练含蓄的意境氛围。寓言诗语言精练而理智,有韵味而又富于哲理,且耐人寻味。

寓言诗,既是诗,也是寓言,又称诗体寓言。寓言诗的特点是故事性和寄寓性。由于它是诗的形式,所以故事情节会显得简略,往往用一个简明的故事,揭示一个通俗的哲理。寓言诗有情节,有形象,有诗意,有寓意。寓意是寓言诗的关键、生命和灵魂,起着讽喻、劝诫、启迪作用,寄寓是寓言诗与其他诗歌相区别的重要标志之一。

寓言诗常用的艺术手法是拟人,鸟兽虫鱼、花草树木、山川水石,都可以像人一样行事和说话。民间文学是寓言的源泉之一,寓言可以取材于民间故事,对民间故事再创作并加以引申。如《两只口袋》:"不论是过去还是现在,人都挂着两只口袋。前袋装着别人的缺点,一切看来都那么明显。后袋装着自己的缺点,放在背后老看不见。"这首诗通过诗歌的语言,告诉孩子,人们总是喜欢挑剔别人的缺点,却无视自身的缺点。

七、讽刺诗

讽刺诗是用比喻和夸张等手法,对生活中某些不良现象进行提示和批评,引导人们对照自省的诗,具有幽默诙谐的特点。这种诗,或直写人们的错误行为及后果,或巧妙地指出人们的一两种毛病缺点,或有意夸张叙写人们某种不良习惯及可笑的结局,使读者在微笑中认识到自己的不足,并加以改正。如任溶溶的讽刺诗《强强穿衣服》:"早晨当当敲七点,强强起了床。拿起书来看半天,开始穿衣裳。一个袖子才穿上,他就去洗脸。两个袖子刚穿好,他去吃早点。扣上两颗小钮子,他去玩邮票。再扣两颗小钮子,中饭时间到。穿上一条小裤腿,他去踢球玩。再穿一条小裤腿,已经吃晚饭。一只袜子拉上脚,他听收音机。收音机啊听半天,都快闭上眼。他再拿起只袜子,刚刚要穿上,可是妈妈已经叫:快脱衣裳去上床。"诗歌以极度的夸张,描绘强强穿衣服的漫不经心、动作之慢,早上起床穿衣服,一直穿到晚上。它讽刺嘲笑了某些儿童边做事边玩耍的习惯,让人读起来感到十分生动有趣,又富含教育意义。

需要注意的是,幼儿讽刺诗和一般讽刺诗有明显的区别。幼儿诗中讽刺对象是幼儿,所以大都是善意的、委婉的讽刺。一般讽刺诗大都针对社会生活中某种不良现象进行讽刺,往往辛辣尖刻、入木三分,甚至没有回旋的余地。

八、科学诗

科学诗是科学与诗相结合的产物。它用形象思维、拟人化手法,通俗、生动、有趣地把科学知识表现出来,具有艺术的形象性和科学的知识性,是普及科学知识的工具。创作科学诗,要强调内容的科学性与诗意,并体现出一定的人生哲理。科学诗将丰富的科学知识融入诗的意境,实现科学与诗性的完美结合。如《水》:"大大的水,是海水。小小的水,是泪水。跳舞的水,是喷泉。静静的水,是湖水。清清的水,自来水。脏脏的水,是泥水。甜甜的水,西瓜水。咸咸的水,是汗水。"这首诗借由简单的语言概括出了各种水的特征,让孩子们在诗歌的优美旋律中,愉快地认识了各种水的不同特质。

第四节 幼儿诗歌的赏析

作品赏析一

小弟和小猫 （柯岩）

我家有个小弟弟，聪明又淘气。
每天爬高又爬低，满头满脸都是泥。
妈妈叫他来洗脸，装没听见他就跑。
爸爸拿镜子把他照，他闭上眼睛咯咯地笑。
姐姐抱来个小花猫，拍拍爪子舔舔毛。
两眼一眯："喵，喵，喵，谁跟我玩，谁把我抱？"
弟弟伸出小黑手，小猫连忙往后跳。
胡子一撅头一摇："不妙，不妙，太脏太脏我不要！"
姐姐听见哈哈笑，爸爸妈妈皱眉毛，
小弟听了真害臊："妈！妈！快给我洗个澡！"

【赏析】这首诗活灵活现地写出了小弟弟的淘气和不讲卫生，栩栩如生的人物形象如在眼前：小弟弟不讲卫生，不仅爸爸妈妈和姐姐不喜欢，甚至连小猫都不和他玩。情节生动有趣，主题鲜明突出，一切都显得温馨、纯洁、爱意融融。善意的幽默中不仅传达出儿童与动物之间和谐相处的特有韵味，同时也让读到这首小诗的小朋友意识到讲卫生的重要性，有利于培养他们从小养成讲卫生的好习惯。

作品赏析二

大海睡了 （刘饶民）

风儿不闹了，
浪儿不笑了。
深夜里，
大海睡觉了。
她抱着明月，
她背着星星。
那轻轻的浪潮声啊，
是她睡熟的鼾声。

第五章　幼儿诗歌

【赏析】作者运用拟人的手法,将风儿、浪儿、大海视为会"闹"、会"笑"、会"睡"、会"背"的鲜活生命,并将轻轻的浪潮声比作大海的鼾声,形象地描绘出大海这位"母亲"熟睡时的优美体态。寥寥数语,静谧安详的大海便展现在读者面前。在优美的语言环境中,儿童学习了语言,丰富了词汇,不仅提高了驾驭语言、鉴赏语言的能力,而且得到了美的享受。

作品赏析三

绿色的孩子　（胡木仁）

树儿,绿色的扫帚,
把天空,扫得湛蓝湛蓝。
树儿,绿色的掸子,
把云朵,掸得洁白洁白。
树儿,绿色的抹布,
把星星擦得闪亮闪亮……
树儿,绿色的孩子,
把地球,打扮得多漂亮!

【赏析】这是一首意境优美的幼儿抒情诗。这首诗由四个小节组成,每小节均精心设计了一个比喻,分别将树比喻成绿色的扫帚、绿色的掸子、绿色的抹布、绿色的孩子,每一个比喻都构成一幅图画,把蓝天、白云、星空、绿色的地球如特写镜头般地留在读者的心头。不仅如此,美丽的画面中还渗透着对树儿的赞美、感激之情——有了树儿的贡献,天空才会那么湛蓝,云朵才会那么洁白,星星才会那么闪亮,地球才会那么漂亮。此诗情景交融,升华为一种优美的意境。让幼儿欣赏这样的作品,极易引发孩子们做一棵树、做一个"绿色"孩子的愿望,从而激发他们热爱地球母亲的美好情感。

作品赏析四

我在草地上翻跟头　（朱效文）

我在草地上翻跟头,
第一个跟头,看见绿色的天空挂满高楼;
第二个跟头,看见朵朵白云在我脚下游;
第三个跟头,看见我的双手托起了整个地球;
我在草地上翻跟头,每个跟头都有奇妙的镜头!

【赏析】不同寻常的新奇世界和奇妙异样的美妙感觉,在小朋友翻跟头嬉戏时,深深地吸引着小朋友的眼球和神经。天真无邪的童趣在诗人巧妙构思、大胆想象、极力夸张的诗句中活灵活现地凸显出来。在诗歌的阅读中,小朋友会产生跃跃欲试的强烈兴奋感。

作品赏析五

春天(冯辉岳)

大花猫,躲在屋顶上,
一边洗脸,一边晒太阳。
小花猫,蹲在园子里,
一边赏花,一边吃东西。
大花猫说:春天好温暖。
小花猫说:春天花儿香。

【赏析】幼儿感受事物是直观形象的。诗人为了要描绘春天的景象,结合花、猫、屋顶、太阳、园子等实物,运用躺、洗脸、晒太阳、蹲、赏花等拟人的手法,构建一幅生动有趣的画面,使儿童实实在在地感受到这就是春天,体会到春天好暖和,春天花儿香。这种感受是那么真实,那么贴切自然,而不是以结论性的句子作排列组合,作抽象概论。

作品赏析六

春江水暖

春江水暖谁先知道?
鱼儿刚要说话,
小鸭就跳进水里,
一口把它吃掉。
然后,还扯着嗓子叫:
——俺呀!
——俺呀!

【赏析】这是一首幼儿抒情诗,诗人运用对比的手法,从孩子的视角出发,抒写了幼儿的思考和发现,哲理性非常强。诗中,鱼儿和小鸭子的形象活泼生动。只有孩子才会这么细心,才会这么想象,才会发出如此疑问:鱼儿会不会冷?鱼儿去哪里了?鱼儿会不会被小鸭子吃掉?诗歌语言浅显形象,富有浓郁的幼儿情趣。

作品赏析七

数蛤蟆

一只蛤蟆一张嘴，
两只眼睛四条腿，
"扑通"一声跳下水。
两只蛤蟆两张嘴，
四只眼睛八条腿，
"扑通""扑通"跳下水。
三只蛤蟆三张嘴，
……

【赏析】数数歌是我国传统儿歌中几种具有特色的表现形式之一。它是一种与算术有机结合在一起的文字游戏形式。低幼儿童一般凭感觉认识事物，理性思维相对薄弱，对直观性较强的事物认识较快，易于接受，而对比较抽象、枯燥的事物领会较慢。《数蛤蟆》这首儿歌，以练习计数为目的,将抽象枯燥的数字与形象直观的蛤蟆的嘴、眼睛和腿的数目，巧妙地编织在七言句式工整的诗行里，易于上口，便于游戏。而蛤蟆跳水的情景，那"扑通""扑通"的声音，在幼儿看来是十分有趣的。朗诵这首诗能在娱乐中提高了幼儿对数字概念的认识，增强和巩固了幼儿对数字的记忆。

作品赏析八

老师蹲班了（冯幽君）

新学期的第一天，
力力背着新书包，
乐得直蹦高，
我是中班的孩子了，
再也不是小班的"小豆包"。
力力高兴地告诉妈妈：
我们全班都升中班了，
王老师还把小班教。
老师蹲班了，
你说糟糕不糟糕？

【赏析】孩子们一直以为，要是成绩不好，就不能升级，就得蹲班，没想到老师也会蹲班坐级，这怎么不让孩子们感到困惑？这首诗是幼儿抒情诗，既抒发了孩子们升入高一级又长大一岁的骄傲自豪，也抒发了孩子们为老师蹲班的苦恼，体现了幼儿文学的稚拙之美和纯真之美，幼儿情趣特别浓郁。

作品赏析九

笋

笋,
悄悄地,
拱出大地,
想来打听,
春天里,
树绿的秘密,
花开的消息。

【赏析】诗是人类心声的自然流露,是一种抒情艺术,最容易表达强烈的感情。儿童具有鲜明的情感特征,更具有丰富的想象力,此诗中作者将春天里拱土的竹笋拟人化了,"悄悄地""拱""想""打听"等词语都准确生动地描述了竹笋发芽时的姿态,既有着娇羞,又有着急破土而出的希望,形象有趣,充满了童趣和想象力。而"树绿的秘密、花开的消息"也体现出诗歌的语言韵律之美,给幼儿的心灵播下了对于语言的美的感受,有利于培养对文字的美感。

作品赏析十

头发和胡子 （薛卫民）

小孩的嘴巴光光,
小孩的胡子哪儿去了?
小孩把胡子,
都长到了脑瓜上。
爷爷的脑袋光光,
爷爷的头发哪儿去了?
都长到了嘴巴上。

【赏析】这是一首幼儿抒情诗,采用对比的手法抒写了幼儿的思考和发现,将小孩子的天真无邪、好奇懵懂表达得淋漓尽致。诗中,小孩的嘴巴光光,爷爷的脑袋光光,大人们对此都熟视无睹,只有孩子才会这么细心,才会这么想象,才会发出如此疑问:小孩的胡子哪去了?爷爷的头发哪儿去了?才会得出这样的结论:小孩的胡子都长到了脑瓜上,爷爷的头发都长到了嘴巴上。诗歌语言浅显形象,生动活泼,富有浓郁的幼儿情趣。

第五章　幼儿诗歌

作品赏析十一

就我一个人的时候

[美]爱·格林菲尔著　王济民译

就我一个人的时候，
闭起眼睛，
我真快活。
我是双胞胎，
我是小酒窝，
我是玩具仓库，
我是动人的歌儿，
我是吱吱叫的松鼠，
我是一面铜锣，
我是棕色的面包皮，
我是树枝变成了红色……反正，
我想是什么，就是什么！
我愿做什么，就能做什么！
可是，一睁开眼睛，唉！
我还是我。

【赏析】平实朴素的儿童心理对白却飘散出新鲜的儿童生活气息，洋溢着浓郁的儿童情趣。顽皮可爱的儿童形象生动鲜活，呼之欲出：闭着眼睛享受幻想的快乐，睁开眼睛一声叹息，这个孩子让人忍俊不已。一个人的时候闭上眼睛为什么快活？开篇的直抒胸臆引起我们的阅读期待。意象的罗列和情感的自然流露引领我们走进儿童的世界。正当我们体会着无边的快乐，意料之外而情理之中的转折突然到来，我们跌回现实："我还是我。"

作者选取了纯粹的儿童视角，沉浸于儿童世界，选取儿童熟悉的意象，再现儿童生活场景，营造了欢乐的游戏氛围。双胞胎、酒窝、玩具仓库、动人的歌儿、吱吱叫的松鼠、铜锣、棕色的面包皮、红色的树枝，这些意象来自儿童自身、家庭和自然界，联系着照镜子、游戏、唱歌奏乐、吃喜欢的东西、和动物玩耍、观察植物等儿童生活，充满动感，浸润着儿童自由自在的情感体验，成了快乐的符码。意象的跳跃呈现和层层叠加将诗歌的情绪推向高潮，形成了轻松活泼、诙谐动人的意境。意象罗列的中断丝毫没有减弱情绪的传达。还没想好接下来要变成什么的孩子，一梗脖子说"反正"，蛮横地进行全称判断："我想是什么，就是什么！我愿做什么，就能做什么！"童真童趣跃然纸上。

丰富奇妙的联想和想象是儿童诗歌的特质，本诗也不例外。即使只有一个人，孩子也不感到寂寞，闭上眼睛，立刻就进入了幻想的世界。幻想是孩子愿望的表达与满足。孩子喜欢变化，在变化中享受快乐、宣泄情感、获得力量。在幻想中，孩子是世界的主宰，他能变成玩具、植物、动物、食物,还能变成歌儿,变成小铜锣敲响心中的欢乐,想做什么都可以,所以他是那么快活。孩子在梦幻世界顶天立地的时候,作者笔锋一转,让孩子睁开眼睛,一声叹息:"唉!我还是我。"这是淡淡的无奈,更是对幻想世界深深的留恋。

　　这首译诗,显然经过了译者的精心处理,韵脚细密,形成了悦耳动听的韵律美。循环重复的句式,逐渐变长又戛然缩短的句子,创造出轻快鲜明的节奏美,使诗歌朗朗上口,易于诵读。平易晓畅、韵律和谐、风趣诙谐的语言与诗歌欢乐的情感体验相得益彰,呈现出灵动纯粹的审美品质。

作品赏析十二

雨后　(冰心)

嫩绿的树梢闪着金光,
广场上成了一片海洋。
水里一群赤脚的孩子,
快乐得好像神仙一样。
小哥哥使劲地踩着水,
把水花儿溅起多高。
他喊:"妹,小心,滑!"
说着自己就滑了一跤!
他拍拍水淋淋的泥裤子,
嘴里说:"糟糕——糟糕!"
而他通红欢喜的脸上,
却发射出兴奋和骄傲。
小妹妹撅着两条短粗的小辫,
紧紧地跟在这泥裤子后面,
她咬着唇儿,
提着裙儿,
轻轻地小心地跑,
心里却希望自己也摔这么痛快的一跤!

【赏析】这首诗歌描写了雨后广场的情景:大雨过后,云开日出,广场上经过雨水冲洗的绿树更加青翠欲滴;一抹树梢沐浴在阳光里,闪射着灿灿金光;广场上积水未收,形成了一片"海洋"。这正是孩子玩乐的好场所啊!小朋友在水中欢快嬉戏,特别是小兄妹俩互相嬉戏追逐,又互相依赖关照,在尽情享受欢乐的同时,也表达了兄妹间浓浓的爱意。诗歌用细腻的语言、生动的刻画,让小读者仿佛身临其境一般。

作品赏析十三

影子 （林焕彰）
影子在前，
影子在后，
影子常常跟着我，
就像一只小黑狗，
影子在左，
影子在右，
影子常常陪着我。
它是我的好朋友。

【赏析】诗歌中作者运用口语化、生活化、天然化的语言，将影子塑造成和孩子一样顽皮的小朋友形象；影子和小朋友嘻嘻玩耍，成为孩子们日常游戏的绝佳选择。诗歌中，前、后、左、右等方向词的使用，正是小朋友这个年龄段要学习的内容。小朋友可以自己做影子游戏，也可以由老师设计相关教案和大家一起做游戏，可以和家长在家里一同玩影子游戏，也可以模仿这首诗来创作自己的小诗。小诗虽短，却能贴近孩子内心的情感，带给他们无尽的乐趣。

思考链接

1. 举例分析幼儿诗在语言运用上的特点。
2. 举例说出至少三种不同题材的幼儿诗。
3. 结合幼儿诗歌的特点，举例赏析你所喜欢的一首幼儿诗。

好书推荐

1. 林焕彰 《花和蝴蝶》 郑明进/图

林焕彰，台湾省宜兰县人，与同辈诗友发起成立过"龙族诗社"。曾任《布谷鸟儿童诗学季刊》总编辑，曾获台湾中山文艺创作奖、中兴文艺奖和大陆陈伯吹儿童文学奖、冰心儿童图书新作奖等，被誉为"台湾绘本之父"。他曾经当过25年的小学美术老师，除了努力于儿童画教学之外，也对水彩画、油画兴趣浓厚。

《花和蝴蝶》里的诗歌，所描述的事和物，均取材于儿童熟悉的事物，以充满创意的想象，引导儿童观察生活，并从一个新奇的角度轻轻地思考人生。这本诗集既像孩子的朋友，又像孩子的启蒙导师，让孩子在阅读中学会热爱自然和生活,在培养孩子文学敏感度的同时,还培养了孩子向真、向善、向美的情操。这本诗集中的所有配图给人的第一印象就是贴切、形象、充满童趣。比如《小猫》中为了表现小猫把云看成鱼,急切扑出去的状态,在画面中画了一虚一实两个猫的形象,小猫的动态跃然纸上;《花和蝴蝶》中大面积色块的使用,给人强烈的视觉冲击;《不睡觉的小雨点》,虽然整幅画面是暗色调,但白色小雨点上看似随意添加了小手小脚,却让画面活泼起来了,把作者描绘的"豆腐都在屋顶上,滴哩哩,滴哩哩,不停地说话,不停地弹上又跳下"的形态活灵活现地展现在读着眼前。

2.[美]谢尔·希尔弗斯坦 《阁楼上的光》

谢尔·希尔弗斯坦是诗人、插画家、剧作家、作曲家、乡村歌手。作为20世纪最伟大的绘本作家之一,谢尔的绘本作品被翻译成30多种语言,全球销量超过1.8亿册。1974年《爱心树》的出版轰动文坛,一举奠定了谢尔在当代美国文学界的地位。在此后几十年里,该书畅销不衰,累计销量超过550万册。他的其他作品有《失落的一角》《失落的一角遇见大圆满》《阁楼上的光》《人行道的尽头》《往上跌了一跤》等。谢尔的绘本作品幽默温馨,简单朴实的插图、浅显的文字、淡淡的人生讽刺与生活哲学,不只吸引儿童,更掳获了大人们的心。

《阁楼上的光》是谢尔在1981年创作的一本图文童谣集,也是美国最有影响力的作品之一,曾连续182周位居《纽约时报》排行榜,创造了当时的排行新纪录。书中充满了天马行空的想象,例如:"作业机,哦,作业机,世界上最完美的机器。只要把作业放进去,再投进一角硬币,按下按钮,等上十秒,你的作业就会出来,又干净,又整齐。来看看——'9+4=?'答案是'3'。3?哦,我的天!看来它没有我想的那么神奇。"像这样洋溢着天真童趣的歌谣在书中随处可见。启发性的故事、朗朗上口的童谣和慧眼独到的观察于一体,让孩子们在阅读中开怀大笑,在不知不觉中感受到深刻的哲理。这是一部让成年人找回童心的杰作,一部让儿童更快乐的杰作。

第六章　幼儿儿歌

> 童谣是欢乐的海洋,是最早进入儿童心灵的歌谣。优秀的童谣能够滋养和抚慰孩子的心灵,甚至影响人的一生。
>
> ——杨舒棠

本章要点

1. 了解幼儿儿歌的概念和发展。
2. 掌握幼儿儿歌的特点。
3. 把握不同类别的幼儿儿歌。

第一节 幼儿儿歌概述

一、幼儿儿歌的概念

儿歌是以低幼儿童为主要接受对象的歌谣。因它口语化的韵文形式非常适合幼儿吟唱欣赏或叙事言情,所以备受幼儿及其家长的青睐。儿歌是儿童文学最古老、最基本、最易接受的体裁形式之一。幼儿儿歌歌词简短,音韵流畅,曲调轻快,朗朗上口,内容多反映儿童的生活情趣、传播生活知识等。

二、幼儿儿歌的发展

儿歌在古代多称为"童谣"。自周作人在1941年《儿歌之研究》一文中称"儿歌者,儿童歌讴之词,古言童谣"开始,"童谣"被称作"儿歌",并作为儿童文学中的一种独立文体为大多数现代人采用,并沿用至今。童谣是民谣的一部分,在漫长的历史发展过程中,"童谣"还有种种别的名称,如"童子歌""孺子歌""婴儿谣""童儿歌""儿童谣""小儿谣""小儿语""孺歌"等等。文艺学的研究认为,"歌"和"谣"是有一定区别的:"歌"是一个上位的总括性概念,是有曲谱、有歌词的歌曲,注重音调和旋律;"谣"被看作是"歌"里面的一类,是没有固定曲调,唱法自由的"徒歌"——在歌词方面,注重歌词内容和文字的优美。

我国的儿歌历史十分悠久。关于"童谣"的记载展示,童谣最早出现在春秋战国时期的古代典籍中,如《春秋左传》《国语》《战国策》等。《列子·仲尼》中记载的"康衢童谣"据说是我国古代圣人尧时的童谣。我国古代的"童谣"内容广泛,或教导孩子学习识字,如《百家姓》《千字文》等;或教导孩子礼仪规范,如《三字经》等。但大部分成为各个历史时代成人们创作出来,反映自己的不满或某种社会理想的载体,也就是所谓的"时政歌"。这些"时政歌"在成人的教授下,经由孩子在街头巷尾的吟唱传诵,便渐渐成为朝代兴亡的征兆,"荧惑说"理论也因此产生。"荧惑星"即火星,降临人世,化作"赤衣的小儿","造作谣言","小则写一人之吉凶,大则系国家的兴败",教给孩子们念唱。于是,童谣便被视为人间灾变祸福的征兆。例如,秦始皇的暴政引发秦朝末年风起云涌的农民起义,有"阿房,阿房,亡始皇"的童谣;明朝末年李自成的起义军受到民众的欢迎,有"金江山,银江山,闯王来了不纳捐"的童谣。到了明代,我国儿歌的观念出现了很大的变化,搜集研究也步入一个新的阶段。专门表现儿童活动场景的歌谣大量出现,如成书于晚明的《帝京景物略》曾记载当时流行北京的童谣:"杨柳儿活,抽陀螺;杨柳青,放空钟;杨柳儿死,踢毽子;杨柳发芽儿,打柭儿。"清代之初,受文化禁锢政策的影响,儿歌的搜集整理一度消沉。直到清代后期,郑旭旦等进一步肯定了儿歌的价值,称儿歌是"天地之妙文",犹如自然界发出的音响——"天籁",

编辑了《天籁集》,收录吴越地区儿歌 48 首。作品内容既有知识性,又富趣味性,比明代儿歌的内容更丰富了。

然而,真正从儿童文学的意义上去看待、解释儿歌,是在 20 世纪初叶。"五四"新文化运动时期,由刘半农、胡适、周作人等"五四"知识分子掀起了一场声势浩大的民间歌谣征集和研究运动,史称"歌谣运动"。1918 年,在北京大学校长蔡元培和学者沈尹默、刘半农等人的倡导下,北京大学建立了歌谣研究会,成立了歌谣征集处,创办了《歌谣》周刊,发表了所搜集的大量歌谣作品。1953 年吕坤编辑成的《演小儿语》,是我国最早的一部个人搜集的儿歌专集,共收录河南、陕西、山东等地的儿歌 46 首。

中华人民共和国成立后,儿歌的发展进入繁荣阶段,不仅出现大量优秀的儿歌作品,而且涌现出一大批像张继楼、刘饶民、高洪波等优秀的幼儿文学作家。儿歌从内容到题材,从表现手法到艺术形式都得到了全面提升。

第二节 幼儿儿歌的特征

儿歌是一个快乐的小精灵,它藏在妈妈轻轻哼唱的摇篮曲中,藏在奶奶舒展开的皱纹里,藏在老师亲切的微笑里……它是童年快乐的记忆,是童心飞翔的翅膀!幼儿诗歌具有不同于成人诗歌的独特特征。

一、思想单纯,内容浅近

由于幼儿的理解能力和接受能力都比较低,又主要依靠聆听的方式接受儿歌,再加上幼儿的无意注意占优势。这就要求儿歌在思想上要简单集中,内容上要浅近易懂,摒除复杂深奥,便于理解接受。许多经典的儿歌都是运用幼儿可以接受的语言,单纯集中地描述幼儿常见的某一事物、环境或现象,从而告诉孩子一些生活道理,或让幼儿习得良好的道德取向等。如儿歌《小兔子乖乖》:"小兔子乖乖,把门儿开开,小兔子乖乖,快点儿开开,我要进来。不开不开,我不开,妈妈没回来,谁来也不开。小兔子乖乖,把门儿开开,快点儿开开,我要进来。就开就开,我就开,妈妈回来了,我就把门开。"这首儿歌通过幼儿熟知的可爱的小兔子形象,告诉孩子独自在家,不要轻易给陌生人开门,要有自我保护意识。整首歌谣简洁明白地表达一个浅显的事理,让幼儿一听就懂,在领悟其中的内涵时受到启迪。再如儿歌《鹅大哥》:"鹅大哥,鹅大哥,红帽子,白围脖,'哦呜,哦呜'上山坡。我要问问你,唱的什么歌?"通过单纯的对大鹅外貌和声音的描述,使幼儿轻松地认知了大鹅的外貌和声音特征。另外,这首儿歌有趣生动的歌词,也容易引起幼儿吟唱的兴趣。这样,幼儿在吟唱的过程中,不仅促进他们自己认知的发展,还达到儿歌对于幼儿的教育目的,最大限度地实现儿歌的教育价值。

二、篇幅短小,结构简单

由于年幼的儿童认知能力有限,所以儿歌的篇幅不宜过长,结构不宜复杂。短小单一的儿歌,易于幼儿接受,也易于幼儿学唱。常见的儿歌有整齐的三言、四言、五言、六言、七言、三三七言以及错落有致的杂言等。如儿歌《小羊小》:"小羊小,吃青草,吃了青草长羊毛。羊毛白,羊毛长,打毛线织衣裳。"再如儿歌《小鸭》:"小鸭,小鸭,嘎嘎嘎,游到水里吃鱼虾。"从小羊吃草到羊毛织衣,从小鸭嘎嘎叫到下水吃鱼虾,单一的结构设置、短小的篇幅布局,幼儿不用过多地去理解分析,就可以学会,并反复咏唱。

圣野的三言儿歌《懒猪》:"小白猪,圆又胖,吃饱了,地上躺,呼噜噜,睡得香,眼一睁,大天亮。"张继楼的三三七言儿歌《小蚱蜢》:"小蚱蜢,学跳高,一跳跳上狗尾草。腿一弹,脚一跷:'哪个有我跳得高?'草一摇,摔一跤,头上跌个大青包。"短小的篇幅里分别把小猪和小蚱蜢的形象、动作、声音,甚至是性格特点,刻画得惟妙惟肖。幼儿在听赏儿歌时,不会因为过于复杂的结构和过于冗长的篇幅,产生理解上的困难。杂言儿歌《大白鹅》:"大白鹅,头一昂,眼睛生在脑门上。说这个:'戆,戆,戆!'说那个:'戆,戆,戆!''咚'一下,撞墙上,头上长出个红囊囊!"这首儿歌构思新颖,用简单的情节,勾勒了大白鹅骄傲自满,却一不小心"咚"一下撞在墙上,把头都磕肿了的过程。儿歌作者根据大白鹅的外部特征,寥寥数语就把大白鹅的可笑行为描写得生动传神、幽默风趣,善意地批评了幼儿骄傲的毛病。幼儿读后会在笑声中决心改掉自己的毛病。

三、节奏明快,韵律和谐

语言的音乐性是幼儿文学区别于其他文学语言的非常显著而重要的特性。儿歌是幼儿文学各种文体样式中最重视、最强调音乐性的一种文体形式。因为它是适用于年龄非常小的幼儿听赏念唱的,所以节奏鲜明是儿歌的灵魂,音韵和谐是儿歌的生命。儿歌的语言常常采用叠词、叠韵、连锁、反复的手法摹声、摹色、摹状,形成回环往复的节奏感、音韵美。如河南传统儿歌《菊花开》:"板凳,板凳,歪歪,菊花,菊花,开开,开几朵?开三朵。爹一朵,娘一朵,妹妹头上戴一朵。"这首儿歌节奏鲜明,音韵流畅而不失单纯,简洁工整又错落有致,音乐性极强。无论是民间童谣还是创作的儿歌,凡广为流传深受大家喜爱的,无一不是合辙押韵、朗朗上口而富有音乐美的。虽然儿歌有很多种类,但是无论哪一种都备受小朋友的喜爱,因为它们通俗易唱、朗朗上口、非常押韵、节奏轻快。如四川的儿歌《幺妹幺》:"幺妹幺,捡柴烧,自己捡,自己挑。"这首儿歌仅 12 个字,却形象地表现了一个热爱劳动的小姐姐的形貌心态。这首儿歌思想集中,内容浅近,音韵和谐,通俗易懂,易诵易记。

四、语言活泼,形式多样

6岁以下幼儿的语言发展还处于低级阶段。轻松活泼、明白易懂的语言,最适宜儿童的

接受习惯。通过对形态、色彩、声音等事物外部显著特征的描述,运用比喻、拟人、夸张等表现手法,借助拟声词等口语化和通俗化的幼儿语言创作的儿歌,适应幼儿直觉感知的思维习惯。如儿歌《怎么走》:"兔子走,蹦蹦跳。小狗走,尾巴摇。小猫走,喵喵叫。"这首儿歌通过"蹦蹦跳""喵喵叫"等叠声词模拟小动物的走路姿态或声音,绘声绘色地描摹出兔子、小狗、小猫的形象。这首儿歌口语化的语言表达、十分贴近幼儿的语言习惯,都易于使幼儿上口。再如儿歌《小小子》:"小小子,坐门墩儿,哭哭啼啼要媳妇儿。要媳妇儿干什么?做鞋做袜,点灯说话。"儿歌通过"坐门墩儿哭泣,到要媳妇儿,再到要媳妇做鞋袜说话",勾勒出一个简单完整的故事情节。这首儿歌又使用了通俗活泼的语言,在引起孩子吟唱兴趣的同时,也能启发孩子连续思维的习惯。

第三节 幼儿儿歌的分类

不同的划分标准,形成不同的儿歌分类。比如从儿歌的来源分,可以分为民间采集的儿歌和作家创作的儿歌;从儿歌的内容分,主要分为知识儿歌和生活儿歌;从儿歌每行字数的句式分,可以分为整齐的三言、四言、五言、六言、七言、三三七言以及杂言等。在民间口头文学基础上形成并流传下来的儿歌,经过漫长岁月的沉淀,除了具有一般形式外,还逐渐形成多种深受幼儿喜爱的特殊形式。

一、摇篮曲

摇篮曲源于一种形式简单、节奏摇曳、为小孩催眠而唱的摇儿歌,又称催眠曲、摇篮歌。因其原是母亲抚慰小儿入睡的歌曲,古代又称作抚儿歌。歌词浅显简单,旋律轻柔甜美,音乐平易动人,吟唱时节奏舒缓平稳。它温柔悠扬的乐调和舒缓的节奏所形成的静谧温馨的氛围,带给孩子足够的满足感和安全感,可以使幼儿安然地进入甜美的梦乡。如彼得·舒伯特创作的《摇篮曲》:

睡吧,睡吧,我亲爱的宝贝,
妈妈的双手轻轻摇着你。
摇篮摇,你快快安睡。
睡吧,睡吧,我亲爱的宝贝,
妈妈的双手轻轻摇着你。
摇篮摇,你快快安睡。
夜已安静,被里多温暖。
睡吧,睡吧,我亲爱的宝贝,
爸爸的手臂永远保护你。
世上一切幸福愿望,
一切温暖全都属于你。

这首儿歌已成为家喻户晓的经典儿歌。儿歌中充满无限的温存和抚爱,不仅能起到很好的安神、催眠作用,而且能激发宝宝无穷的想象力;不仅能促进宝宝健康发育,而且能抚慰婴幼儿的焦躁情绪。这首儿歌也为宝宝早期音乐启蒙打下良好的基础,让宝宝尽早接触人类文化中最伟大的心灵。

二、数数歌

数数歌是一种游戏性质的儿歌。它将一些基本的数字和有趣的事物联系起来,并把他们巧妙地融入歌谣中,在训练幼儿识数能力的同时,让幼儿体会游戏的乐趣,深受广大儿童们的喜欢。数数歌不仅成为符合幼儿理解能力和认识水平的最早的算术教材,对于发展幼儿思维有着重要作用,还能丰富幼儿对事物或规律等的认知。例如《七个阿姨来摘果》:

一二三四五六七,
七六五四三二一,
七个阿姨来摘果,
七个花篮手中提,
七个果子摆七样,
苹果、桃儿、石榴、柿子、
李子、栗子、梨。

枯燥的的数字组合融入明快愉悦的节奏当中,再加上丰富的人与物的出现,展现了一副美好的劳动画面,使小朋友在熟记数字的同时,对苹果、石榴、柿子等事物也有了深刻的认识。再如儿歌《九九歌》:

一九二九不出手,
三九四九冰上走,
五九六九河边看柳,
七九河开,八九雁来,
九九加一九,耕牛遍地走。

这首数数歌在以"九"为基数的数字叠加上,描绘了动植物因天气而变化的现象。如柳树发芽、桃树开花、大雁飞来等等,体现了人们不畏寒冷、笑待春归的积极乐观精神。儿歌通俗押韵,读起来朗朗上口,在使幼儿记忆儿歌的同时,感悟到积极的乐观精神。再如《数鸭子》:

门前大桥下
游过一群鸭
快来快来数一数
二四六七八
嘎嘎嘎嘎
真呀真多呀
数不清到底多少鸭
数不清到底多少鸭
赶鸭老爷爷
胡子白花花
唱呀唱着家乡戏
还会说笑话
小孩,小孩
快快上学校
别考个鸭蛋抱回家
别考个鸭蛋抱回家

三、问答歌

　　问答歌是指采取一问一答或连问连答的形式来叙述事物、反映生活的儿歌。问答歌的特点就在问答。问答歌通过设问形式提出问题,启迪儿童的心智,唤起儿童对各种事物的注意,引导幼儿的思考和联想,帮助儿童认识事物或事理,培养他们的观察能力和分辨能力。

　　问答歌反映的儿童生活领域很宽广,既可以是识数的,也可以是认识客观事物的。问答的方式也是多种多样,有自问自答,也有二人对诵,或者一人发问多人对答。许多问答歌中的问和答还可以延伸,由问者不断提出问题,对方不断回答,直到问完或答不出为止。比如《什么弯弯在天边》:

什么弯弯在天边?
月亮弯弯在天边。
什么弯弯在眼前?
眉毛弯弯在眼前。
什么弯弯头上过?
梳子弯弯头上过。
什么弯弯在水边?
船儿弯弯在水边。

问答歌通过一问一答的形式,激发起孩子们参与的热情,吸引他们的注意力,而且这样的问题还可以不断地扩展延伸。孩子们可以仿照这样的问题,自己思考和联想,来提出问题,让别人回答,从而增加学习的乐趣。又如徐宏明《尾巴歌》:

谁的尾巴长?
谁的尾巴短?
谁的尾巴好像一把伞?
猴子尾巴长,
兔子尾巴短,
松鼠尾巴好像一把伞!
谁的尾巴弯?
谁的尾巴扁?
谁的尾巴最好看?
公鸡尾巴弯,
鸭子尾巴扁,
孔雀尾巴最好看!

儿歌采用连问连答,以一组问引出一组答,引导孩子注意不同事物的相同点或者相似事物的不同点。

四、谜语歌

以儿歌形式出现的谜语叫谜语歌。它既是一种趣味性语言游戏,也是一种竞猜性智力游戏,是幼儿认识事物、智力启蒙和发挥想象力最好的载体之一。谜语一般由谜面、谜底和谜目三部分组成。谜面是启示猜测者的歌谣,往往用比喻、拟人等方法来描绘被猜事物的突出特征,引起幼儿强烈的好奇心;谜底是所猜测的对象;谜目是对谜底的提示。

乐猜谜语

姑娘身子瘦又长
花花衣裳黑肚肠
靠着嘴尖会说话
越说越要脱衣裳

(猜一文具)

猜谜作为中国的一种传统文化现象有深厚的文化底蕴,内容和形式都很复杂。但是,供幼儿念唱的谜语歌其谜面一般文字浅近,谜底较为直观,多数以具体事物为谜底,让幼儿稍微想一下就能猜出。如:"一生勤劳忙,专去百花乡,回来献一物,香甜胜过糖。"它的谜底就是"蜜蜂"。

有的谜语着重突出事物的外在特征,开发孩子的心智。如:"十个兄弟住一家,头上各顶一片瓦,小事分成两边做,大事齐心都不怕。十个兄弟他是谁?人人身上都有他。"这则谜语分别对手指头进行了形象描绘,目的是让孩子们注意它们的独特之处。

有的谜语可以把事物特征描述得惟妙惟肖,引起孩子充分的联想,不仅能提高孩子熟识事物特点的兴趣,整个过程也会让孩子充分体会到快乐。如:"身披花棉袄,唱歌呱呱叫,田里捉害虫,丰收立功劳。"这则谜语的谜底是"青蛙"。这则谜语的语言生动、明快、有趣,又富有韵律感,让孩子在玩的过程中不知不觉学到了大量词汇。

有些谜语内容就复杂一些,需要幼儿努力思考和分析,才能找到答案。如:"大姐长得真漂亮,身穿橘红花衣裳。七颗黑星上面镶,爱吃蚜虫饱肚肠。二妹最爱嗡嗡唱,百花园里忙又忙。后腿携带花粉筐,装满食品喂儿郎。三姐身披黄衣裳,腰儿细来腿儿长。飞到田间捉害虫,尾巴毒针赛刀枪。(打三益虫)。"这则谜语的谜底分别是瓢虫、蜜蜂、黄蜂。

五、连锁调

连锁调是传统的儿歌形式,又称连珠体、连环体、连句、衔尾式。它运用"顶针"的修辞手法,采用"随韵黏合"的结构构建诗文体式,韵脚是"中途换韵",即每个层次都换一个韵脚。民间流传的连锁调,意思往往不完整,甚至没有明确的意思,但句式简短,内容诙谐,节奏感强,符合幼儿思维跳跃、逻辑性弱、对音乐性很敏感的心理特征,如《野牵牛》:

野牵牛,爬高楼;
高楼高,爬树梢;
树梢长,爬东墙;
东墙滑,爬篱笆;
篱笆细,不敢爬;
躺在地上吹喇叭;
嘀嘀嗒!嘀嘀嗒!

再如《九十九座山》:

九十九座山上有九十九棵树,
九十九棵树上有九十九只鸟,
九十九只鸟吵醒九十九个人,
九十九个人唤醒九十九座山。

这两首儿歌没有表达明确的意义,但是顶针手法的运用使后一个音节与前面的音节自然呼应,不仅让孩子发现连锁调首尾相连的特点,还让他们感受了回环往复的"连锁"乐趣。再如客家连锁调《老鼠子,叽叽叽》:

老鼠子,叽叽叽。
叽什么?叽钥匙。
叽到钥匙做什么?开箱子。
开了箱子做什么?拿刀子。
拿了刀子做什么?砍竹子。
砍了竹子做什么?织笼屉。
织了笼屉做什么?蒸糍粑。
蒸了糍粑做什么?蒸了糍粑等妹归。

这首客家连锁调则让儿童感受到问答式"连锁"的乐趣。文人创作的连锁调往往表达一定意义,让幼儿从中得到某种启示。如孙幼忱的《蟋蟀拉琴》:

晚会上,齐鼓掌,都请蟋蟀唱一唱。
唱一唱,嘴巴张,嘴巴张大没声响。
没声响,不会唱,蟋蟀两眼泪汪汪。
泪汪汪,不要慌,蟋蟀忙把办法想。
办法想,摩翅膀,好像琴声真悠扬。
真悠扬,都夸奖,小小蟋蟀本领强。

这首连锁词作者巧妙地将蟋蟀"怯场"的情形生动地表现在整齐的韵律之中,鼓励孩子在公开场合沉着、大胆地表现自己。

六、绕口令

绕口令又称急口令、吃口令、拗口令等,是一种汉族传统的民间语言游戏。由于绕口令是将若干双声、叠词词汇或发音相同、相近的语、词有意集中在一起,组成简单、有趣的语韵,要求快速念出,所以读起来使人感到节奏感强,妙趣横生。作为游戏儿歌的绕口令,诙谐幽默、朗朗上口,对孩子来说都极具吸引力。经常说绕口令,对孩子的语言及思维发展具有极大的促进作用,能够提高孩子的语言表达力,并使他们的思维更具敏捷性、灵活性和准确性。而它故意设置的语音障碍,在儿童练习的过程中,会使儿童产生特别的趣味,即修辞学上的"拗趣"。如《妞妞扭牛》:

牛牛要吃河边柳，
妞妞赶牛牛不走，
妞妞护柳扭牛头，
牛牛扭头瞅妞妞，
妞妞扭牛牛更拗，
牛牛要顶小妞妞，
妞妞捡起小石头，
吓得牛牛扭头走。

这首绕口令被"ou"韵"扭"在了一起，念唱起来十分拗口，要让儿童念唱得准确流畅，有一定的难度，但这些读音相同或相似的字纠缠在一起，不仅能训练儿童的发音，又能造成特有的滑稽趣味。再如河北儿歌《鸡啄豆》：

鸡啄豆，囤囤漏豆；
鸡不啄豆，囤囤不漏豆。
狗咬油，篓篓漏油；
狗不咬油，篓篓不漏油。

要想把这首绕口令准确流畅地念出来，需要熟练灵巧的口腔运用。这种挑战性激起了儿童的征服欲。儿童在反复练习的过程中，极大地提高了对语音语句的精准把握。当他们能够熟练地脱口而出时，又会获得极大的心理自豪感。

七、颠倒歌

颠倒歌又称稀奇歌、错了歌、倒唱歌、滑稽歌等。它的创作风格类似于打油诗体，特点是运用"故错"和夸张的手法，把自然界的某些规律、常见现象进行颠倒，通过颠倒了的荒诞表象，揭示事物的本质，从而达到以反衬正的目的。由于颠倒歌悖情逆理，诙谐幽默，迎合了儿童好奇怪诞的天性，所以深受儿童喜爱。如陕西白河县《颠倒歌》："山上萝卜吃了猴，河边麦子吃了牛。花花公子撵花狗。奴在房子脚抱手。外面来了客咬狗，手咬石头血长流。公鸡生了双黄蛋，犍牛下个黑母牛。"又如流传在洛阳的颠倒歌《说白话》："说白话，道白话，月里萌芽（婴儿）做庄稼，白菜能长碾盘大，萝卜能长丈七八。蝇子踏得锅碗响，老牛卧在鸡架上。"这些颠倒歌促使他们从相反的角度去思考问题，提高辨别能力和逆向思维能力，并且有助于培养他们丰富的想象力和幽默感。

八、字头歌

字头歌是传统儿歌中的一种常见形式。通常每首歌谣用同一个字押韵，即每句的最后一字几乎相同，且一韵到底，有很强的韵律感。一般多见的有"子"字歌、"头"字歌、"儿"字歌等。如字头歌《推车》：

第六章　幼儿儿歌

山上有片大林子,
住着一只小猴子,
还有一只小兔子,
它们看见小妮子,
一起帮她推车子,
推进前面小院子。
小妮子先夸小猴子,
再夸小兔子。

又如刘章创作的《小黄狗儿》:

小黄狗儿,真不离儿,
又看鸡鸭又看门儿。
串墙根儿,钻草堆儿,
帮着小猫抓耗子儿。
管正事儿,管闲事儿,
它是我家小宝贝儿。

字头歌往往风趣幽默、朗朗上口,将生活常识或道理蕴喻在完整的故事情节中,可谓寓教于乐。

第四节　幼儿儿歌赏析

作品赏析一

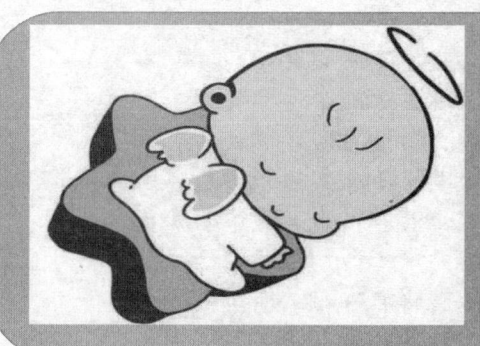

小宝宝要睡觉　（陈伯吹）
风不吹,浪不高,小小的船儿轻轻摇,
小宝宝啊要睡觉。风不吹,树不摇,
小鸟不飞也不叫,小宝宝啊快睡觉。
风不吹,云不飘,蓝蓝的天空静悄悄,
小宝宝啊,好好儿地睡一觉。

【赏析】这首摇篮曲旋律优美,曲调悠扬,三个小节从风停而浪不高、树不摇、云不飘入手,分别以浪、树、云起兴,营造出夜深人静、万籁俱寂的气氛,一切都那么静谧,连小船儿也轻轻地摇,小鸟儿也安静了,天空都静悄悄了。在母亲轻柔甜美的低声吟唱中,小宝宝的情绪越来越舒缓,最后安然入睡。

作品赏析二

我给小鸡起名字　(任溶溶)

一二三四五六七,
妈妈买了七只鸡。
我给小鸡起名字:
小一,小二,小三,小四,小五,小六,小七。
小鸡一下都走散,
一只东来一只西。
于是再也认不出:
谁是小七、小六、小五,
小四、小三、小二、小一。

【赏析】这是一首数数歌,作者将枯燥的数字与魅力的文学有机结合,把乏味的数字与可爱的小鸡形象紧密联系在一起,组成趣味性和知识性很强的歌谣,让儿童在数小鸡的愉快心情中,加深了对数字的概念,可谓寓教于乐。另外,这首数数歌设计精细,构思巧妙,刻画了幼儿稚拙的天性,展现了一幅质朴澄明的幼儿生活画面。

作品赏析三

一个小小子

一个小小子,年龄才十五,
不种庄稼不种树,就出门去学打鼓,
打鼓怕用力,就去学做犁,
做犁眼眼多,就去学补锅,
补锅难得铲,就去学补碗,
补碗难钻洞,就去学关公,
关公怕打仗,就去学放羊,
放羊怕日晒,就去做买卖,
买卖做不来,又学做秀才,
秀才难教书,就去学宰猪,
宰猪猪不死,唉!生了白胡子。

【赏析】这是一首连锁调式的民间儿歌，它采用"顶针续麻"的形式结构全篇。连锁调是一种传统的语言游戏，一般采用上句、下句首尾相接的形式构成一种连贯的意味和鲜明的节奏。连锁调随行换韵，又使得儿歌在节奏一致的前提下，充满了变化与动感，童趣盎然。在内容方面，民间连锁调，上下句的链接往往随意自然，想到什么就连上什么，或者看到什么就接上什么，很少刻意强调主题的集中和鲜明。这首儿歌嘲讽"小小子"遍学各行，却直到"生了白胡子"也一事无成，教育小朋友做事情一定要持之以恒，不能畏难怕苦。其实，儿童唱诵连锁调这种儿歌主要还是感受连锁调这种语言游戏别样的趣味。

作品赏析四

虎和兔

坡上有只大老虎，坡下有只小灰兔，
老虎饿肚肚，想吃灰兔兔。
虎追兔，兔躲虎，老虎满坡追灰兔。
兔钻窝，虎扑兔，刺儿扎痛虎屁股。
气坏了虎，乐坏了兔，
饿虎肚里咕咕咕，笑坏窝里小灰兔。

【赏析】这首绕口令结构巧妙，短小活泼，把虎和兔这两种差别很大、发音相似的动物编织在一起，尤其是"虎追兔，兔躲虎""兔钻窝，虎扑兔"的句子比较绕口，加上情节生动，充满了趣味性。幼儿从中感受了虎的凶猛和兔子的机灵。在快乐的活动中，幼儿不仅学会了辨析相似发音的字词句，初步感受绕口令与普通儿歌的不同，还学会了小兔子的机灵勇敢，肯动脑筋，懂得了运用智慧保护自己。

作品赏析五

听我唱个颠倒歌

太阳从西往东落，听我唱个颠倒歌。
天上打雷没有响，地下石头滚上坡；
江里骆驼会下蛋，山上鲤鱼搭成窝；
腊月酷热直淌汗，六月寒冷打哆嗦；
姐在房中头梳手，门外口袋把驴驮；
咸鱼下饭淡如水，油煎豆腐骨头多；
黄河中心割韭菜，龙门山上捉田螺；
捉到田螺比缸大，抱了田螺看外婆；
外婆篮里哇哇哭，放下田螺抱外婆。

【赏析】这首具有代表性的传统颠倒歌,将自然界不可能出现的情景,用夸张的手法进行荒诞的展现,这些景象怪诞离奇,却充满无尽的童真意趣,在启示小朋友反相思维认识事物的同时,有助于提高小朋友的辨别能力,有助于使小朋友养成丰富的想象力和幽默感。

作品赏析六

都是好孩子

张家有个小胖子,自己穿衣穿袜子,
还给妹妹梳辫子。李家有个小柱子,
天天起来叠被子,打水扫地擦桌子。
王家有个小妮子,找了钉子找锤子,
修好课桌修椅子。周家有个小豆子,
拾到一个皮夹子,还给后院大婶子。
小胖子,小柱子,小妮子,小豆子,
他们都是好孩子。

【赏析】这是一首十分典型的"子"字头的字头歌。这首儿歌通过小胖子、小柱子、小妮子、小豆子四个人物的行为描写,塑造出四个好孩子的形象。这首儿歌以点带面,点面结合,从四个孩子热爱劳动、助人为乐的美好行为中,引申出好孩子的行为标准。孩子在明快的节奏中吟咏歌谣,不知不觉养成了自立、助人、爱劳动的好品德,可谓蕴德育于无形。

作品赏析七

坐火车 (柯岩)

小板凳,摆一排,小朋友们坐上来,
这列火车跑得快,我当司机把车开。
(轰隆隆隆,轰隆隆隆,呜!呜!)
抱洋娃娃的靠窗坐,牵小熊的往后挪,
皮球积木都摆好,大家坐稳就开车。
(轰隆隆隆,轰隆隆隆,呜!呜!)
穿大山,过大河,火车跑遍全中国,
大站小站我都停,注意车站可别下错。
(轰隆隆隆,轰隆隆隆,呜!呜!)
哎呀呀,怎么了?你们一个也不下?
收票了,下去了,快让别人坐坐吧。
(轰隆隆隆,轰隆隆隆,呜!呜!)

【赏析】这首游戏儿歌音调铿锵,节奏明快,从四个小节描写小朋友们把小板凳摆成一排,当作火车,模仿开火车。有扮司机的,有扮乘务员的,有扮抱娃娃的"妈妈"的,有扮牵小熊的乘客的。火车"轰隆隆隆,轰隆隆隆,呜!呜"鸣叫着穿大山,过大河,到车站下车,收车票喊乘客,热闹无比,兴趣盎然。整首儿歌以"小朋友坐火车"为主线,串联故事情节,展现了一个幼儿化了的生活画面,艺术地表现出幼儿的生活情趣,字里行间闪烁着生机活泼的稚拙美。

作品赏析八

月儿(许浪)

月儿弯弯,像只小船,
摇呀摇呀,越摇越圆。
月儿弯弯,像个银盘,
转呀转呀,越转越弯。

【赏析】这首儿歌把弯月比作摇动的小船,把圆月比作转动的银盘,在亲切而动态的描写过程中,使月亮盈亏变化的自然现象变得趣味盎然、鲜明生动。从大自然的奇妙变化中,小朋友获得知识,在对儿歌的吟咏过程中,小朋友获得了心灵上的美感享受。

作品赏析九

小板凳

小板凳,
真听话,
和我一起等妈妈,
妈妈下班回来,
我请妈妈快坐下。

【赏析】这首儿歌抒发了儿童对妈妈深深的依恋之情。"我"热切地期盼妈妈早点回家,还为妈妈准备小板凳,好让妈妈坐在上面休息。在宣泄感情的过程中,幼儿懂得了尊重妈妈,尊重他人。这首儿歌语言质朴纯真,意义深远。

作品赏析十

走路

小蛇走路弯弯翘，
小虫走路弓着腰，
小兔走路蹦蹦跳，
小猫走路静悄悄，
小鸭走路摇啊摇，
青蛙走路练跳高。

【赏析】这首七言儿歌内容丰富。这样的内容往往能较快地吸引儿童的阅读兴趣，而且动物的走路形象可以让儿童对此有比较直观的认识。这首儿歌语言浅显明快，有节奏感，能引起儿童的注意。反复吟诵这首儿歌可以矫正儿童的发音，把握正确的事物概念，初步认识事物，并能培养他们的语言能力。

作品赏析十一

动物儿歌

小白兔，白又白，两只耳朵竖起来，
爱吃萝卜和青菜，蹦蹦跳跳真可爱。
公鸡公鸡真美丽，大红冠子花外衣，
油亮的脖子红红的爪，人人见了人人夸。
小鸡小鸡叽叽叽，爱吃小虫和小米。
小鸭小鸭嘎嘎嘎，扁扁嘴，大脚丫。
小青蛙，呱呱叫，专吃害虫护庄稼。
小肥猪，胖嘟嘟。吃饱饭，睡呼呼。
小松鼠，尾巴大，轻轻跳上又跳下。
我帮你，你帮他，采到松果送回家。
小孔雀，真美丽，身穿一件花衣裳，
衣服干净又整齐，我们大家喜欢你。

【赏析】小动物是宝宝们喜爱的，多和宝宝说说有关动物的儿歌，宝宝能更准确地认识动物。这些关于动物的儿歌简短、形象，十几个字就将动物的特征说出来了。当你和宝宝看动物图片时，当你带宝宝去动物园时，当你和宝宝去郊区游玩时，看到这些动物就随口说出儿歌，让宝宝将语言和形象对应上。这样，宝宝一下子就能学会很多知识。在说儿歌的时候,还可以配合动作,让宝宝表演。比如小兔子的儿歌,就让宝宝把两手举到头顶当耳朵;说到蹦蹦跳跳时,就让宝宝学着跳。生动有趣的活动能激发宝宝的愉快情绪。

作品赏析十二

小白兔

小白兔,白又白,
两只耳朵竖起来,
三瓣嘴,两分开,
爱吃萝卜爱吃菜,
蹦蹦跳跳真可爱。

【赏析】这是一首描写兔子特征的经典儿歌。读起来朗朗上口,结构简单,好学易懂。动听的歌声、语言活泼的特点,激发了孩子们的学习兴趣,同时也能更好地促进感情的交流。这首儿歌深受小朋友们的喜爱。

作品赏析十三

娃娃和布谷鸟 (金黎)

娃娃喝药,说苦。
布谷鸟说:不苦、不苦!
娃娃喝药,要哭。
布谷鸟说:不哭、不哭!
娃娃笑了,布谷鸟不叫了。

【赏析】这首儿歌通过描写小孩子喝药的情景,儿歌中的"苦"和"哭"与布谷鸟的叫声"布谷"谐音,从而把小孩子逗笑,使得小朋友愿意喝药治病。

思考链接

1. 举例分析幼儿儿歌的特点。
2. 举例分析幼儿诗歌和儿歌的异同。
3. 结合幼儿儿歌的特点,与大家共同赏析你所喜欢的一首幼儿儿歌。

好书推荐

1.《春夏秋冬》

儿歌集《春夏秋冬》精选了关于春夏秋冬四季的共15首儿歌,从春雨、春雷、春笋等开始,经历夏天的荷叶、池塘,接着又辗转到了秋天——树叶落了,稻子黄了果子熟了,最后来到冬天——霜娃娃、雪娃娃迎接新年的到来。在这本书中,编者选用的儿歌多为三字一节、六字一句。句子简短精练,内涵意蕴却十分丰富。如儿歌《雷公公》:"雷公公,雨公公,嗓门大,住天空。一个哗啦啦,一个轰隆隆。"儿歌运用拟人的手法,将孩子熟悉的雷和雨拟作和蔼可亲的老公公。"嗓门大,住天空",只用六个字便勾勒出了两位老公公的声音、住所等这些非常人性化的特征。儿歌最后用"哗啦啦"和"轰隆隆"两个象声词形象生动地凸显出了两位"老公公"的声音特点,与上句的"嗓门大"相互照应。

儿歌的文学语言特征明显,适宜幼儿理解诵读。主题是与孩子们的生活密切相关的四季。一年四季里的风雨雷电、日月星辰、动物植物对于孩子们来说都是极其新奇美妙的。对大人们来说稀松平常的四季更迭却能给孩子们带来意想不到的喜怒哀乐。这些诗歌不仅能够丰富幼儿对语言韵律的体验,还能够使幼儿感知和了解四季的明显特征,增进他们对自然环境的亲近和喜爱之情。

2. 林良 《小动物儿歌集》 郑明进/图

林良,1924年生于厦门,笔名子敏,曾任台湾《国语日报》董事长。他对儿童文学一往情深,以儿童文学工作为生平职业,著有散文集《小太阳》《爸爸的十六封信》,儿童文学论文集《浅语的艺术》《纯真的境界》等。他还曾翻译过众多西方经典儿童文学作品。

郑明进,1932年生于台北,台北师范艺术科毕业,著名的插画家、图画书收藏家。他是台湾儿童美术教育权威与先行者。他的著作包括儿童美术教育书籍,以及介绍世界图画书的相关书籍,图画书代表作有《小纸船看海》《小动物儿歌集》等。

林良先生说,童书里的语言对孩子们而言具有"学习语言"和"认识世界"的意义。本套儿歌集收录林良亲自创作的20首小动物儿歌,可当作童诗带领孩子赏析,也可配合音乐CD朗诵吟唱。浅显的文字、生动的比喻、幽默的文字配上趣味的图画,让孩子跟着唱唱跳跳,快乐学习,从中认识昆虫动物的知识!书中大部分写的是昆虫,比如跳远高手螳螂、开糖果店的蜜蜂、贵小姐蝴蝶……使孩子在这些儿歌中实现了学习语言和认识世界的愿望。

第七章 幼儿寓言

> 　　寓言是一个魔袋,袋子很小,却能从里面取出很多东西来,甚至能取出比袋子大得多的东西。寓言是一个怪物,当它朝你走过来的时候,分明是一个故事,生动活泼;而当它转身要走开的时候,却突然变成了一个哲理,严肃认真。寓言是一座奇特的桥梁,通过它,可以从复杂走向简单,又可以从单纯走向丰富。在这座桥梁上来回走几遍,我们既看到五光十色的生活现象,又发现了生活的内在意义。寓言是一把钥匙,这把钥匙可以打开心灵之门,启发智慧,让思想活跃。
>
> ——严文井

本章要点

1. 了解幼儿寓言的概念与发展。
2. 掌握幼儿寓言的特点。
3. 把握幼儿寓言的作用。
4. 学会分析鉴赏寓言。

第七章　幼儿寓言

第一节　幼儿寓言概述

一、寓言及幼儿寓言

寓言是通过一个个生动有趣的小故事,告诉人们一些深刻道理的文学体裁。它是人民的智慧、经验和知识的结晶,来源于古代人民的口头创作,借助某种自然物(动物、植物、无生命物体)或人的活动现象,表达对某种人或社会现象的评价或赞扬,或批判,或讽刺或劝诫。

"寓言"一词中的"寓"指寄托,"言"指道理。法国著名寓言作家拉·封丹这样阐释寓言:"一个寓言,可以分作身体与灵魂两部分,所述的故事好比身体,所给予人的教训好比灵魂。"可见,一个寓言故事就是一个大的比喻,寓意为本体,故事为喻体。

通常意义上的寓言是一个文体学或风格学的概念,属于修辞学的范畴。从文体学角度说,寓言是一种独立的文学样式,即通过叙述含有一定教训意义的故事,塑造某种特定的艺术形象,从而说明一个深刻的道理。寓言注重道德内蕴及伦理批评的社会内涵,讲求固定的形式结构,因其形式短小精悍,语言生动活泼,构思新奇巧妙,蕴无限寓意于有限文字的包容力,千百年来赢得读者和文学家的喜爱;作为一种风格学概念,它又因其深刻的讽喻、隐喻、暗示等功能而具有复义性和多义性。

幼儿寓言是寓言的组成部分,是借助对成人寓言的幼儿化改编、反映幼儿生活经验、符合幼儿理解和接受能力的一种幼儿文学体裁。幼儿寓言在形式和内容上更加浅近易懂,哲理上更加明晰透彻,易于幼儿理解。

二、我国寓言的发展

寓言作为一种独立的文学样式,在我国悠久的历史上堪称源远流长、根深叶茂。根据白本松在《试论中国寓言的产生及其早期的发展》一文的阐释,中国寓言至少在殷商中后期即公元前13世纪左右就产生了。

春秋战国时期,寓言迎来了它最初的繁盛期。这一时期,我国古代寓言大量产生并蓬勃发展。它们穿插在政治哲学、历史著作中,或阐述理论主张,或总结历史经验,被后世称为说理寓言,如《庄子》《列子》《韩非子》《战国策》等。说理寓言多是以寓言作为它们主要的言说方式,为的是用这些假托的故事或自然物的拟人手法来说明某个道理或教训,常常具有讽刺或劝诫的性质。

魏晋以来,寓言大都沿袭先秦寓言的风格,无新的进展,甚至出现了难以为继的局面。两汉之际印度佛经寓言的传入,促成唐宋时代中国寓言创作的第二个高潮。17世纪初,模仿《伊索寓言》创作的寓言集《物感》,开创了中西合璧的寓言创作局面。也正是基于欧洲寓

言的影响,这一时期,我国寓言作品开始注意儿童寓言的写作,并把寓言大量引入学校教材。

现代寓言的滥觞,是从明末出现的模仿《伊索寓言》的作品开始的。晚清至五四运动时期的寓言创作,成为现代寓言的预备阶段,特别是五四运动时期,出现了鲁迅、胡适、茅盾、郑振铎、郭沫若等著名的寓言创作者。1927~1949年,我国经历了国内革命战争、抗日战争和解放战争,寓言获得深入发展,出现了现代的长篇寓言小说和寓言戏剧等新的体式,涌现出老舍、张天翼、张恨水、钱锺书等寓言小说家,熊佛西、白薇、徐言于、陈白尘等寓言戏剧家,叶圣陶、苏苏、仇重等童话式寓言创作家。

1954年到1964年的寓言创作,以儿童寓言为主,出现了严文井、金江、湛卢、舸夫(仇春霖)、韶华、申均之等寓言作家,艾青等人也有寓言创作。特别是1978年以后,中国寓言创作进入复兴繁荣阶段,fable型寓言(大多是拟人化的动物故事)、寓言小说、寓言戏剧大量出现,寓言的翻译、整理、研究也获得了全面丰收,在思想深度和表现水平上取得了显著成绩,出现了金江、黄瑞云、凝溪、林植峰、方崇智、吴广孝、凡夫、薛贤荣等fable型寓言作者。

第二节 幼儿寓言的特点

幼儿寓言的意义不是在现实性、理性、教育性上,而是在更深的层面上影响着阅读者的心理,在内在潜质与外在环境的影响之外影响着个人人格的发展与完善。符合幼儿阅读能力的寓言既具有寓言本身的特点,又具有区别于成人寓言的独特性。

一、鲜明的教训和讽刺

幼儿寓言大多以教训和讽刺为主,通过哲理性小故事,或阐明道理,或以讽喻教,达到寓教于乐的目的。作者运用比喻、夸张等手法借此喻彼,借远喻近,借古喻今,借小喻大,讽刺和嘲笑某些人的自私、虚伪、愚蠢、懒惰等缺点,使幼儿在笑声中受到深刻的道德教育。

寓意的表达方式有两种:一种是将寓意隐含于作品中,由读者自己去思索挖掘。我国的古代寓言大多如此。如《守株待兔》就是通过宋人愚蠢可笑的行为给人们讲明了这样一个道理:绝不能把偶然出现的事情当成规律性的东西而心存侥幸,企图不劳而获,那样做的结果只能成为别人的笑柄。另一种是在开篇或结尾时直接点明寓意,如寓言《南辕北辙》的最后一段中就直接点明了"车上的朋友不明白,方向错了,马好、旅费多、车夫技术高,这几个条件越好,他离要去的楚国就会越远"的寓意。寓言的寓意所体现出来的哲理性和训诫性是十分强烈而明显。

二、凝练的篇幅和语言

在叙事类文学作品中,寓言应称得上最简洁、最精巧的一种。寓言的篇幅短小,情节简单,语言朴素。它的人物、事件是高度集中的,一般不要求塑造性格鲜明的拟人化形象,常常蕴深刻哲理于浅显语言和生动故事中。寓言作者总是力图抓取生活中最富代表性的片断、场景或人物不经意间流露的言行,或者根据自己对生活的观察、积累等进行概括、加工、提炼,将深刻的道理浓缩在一个短小的故事里。寓言重在揭示道理,并不注重对细节的描写。有时,作者甚至只用片言只语就把要阐明的事理或要讽刺的对象的本质充分揭示出来。如《伊索寓言》中的《母狮与狐狸》,全文由狐狸和狮子的两句对话构成。狐狸夸耀自己的孩子多,狮子冷冷地答道:"我只有一个(孩子),不过它是狮子。"仅仅几十个字,既表现了狮子的机智,又精练地阐明了"价值不能单以数目来计算,须看那德行"的深刻寓意。

三、合理的幻想和虚构

寓言故事或根据事实,或编造故事给人以启发,从而阐明一个道理,不要求故事有真实的根据,只要符合简单的逻辑发展即可。它的故事情节多为虚构,主角多是人格化了的动物、植物或者自然界的其他事物。它通过故事的"外衣",阐释"穿着外衣的真理",即蕴涵在故事中的道理和生活经验等。如《狐狸和葡萄》中的狐狸,垂涎于葡萄,改变了原来食肉的习性。这个寓言赋予了狐狸以"人"性,却违犯了狐狸的"物"性。在《蚊子和狮子》中,赋予蚊子和狮子以人的感情和性格,并抓住两者的自然特征,比拟得逼真神似、生动有趣。如把蚊子的叫声说成"吹喇叭""唱凯歌",以表现其得意忘形之态,十分新鲜贴切。《浓烟和烟囱》运用了拟人手法,抓住了事物本来的特点。烟囱是建筑物,抓住其"静止"的特点,赋予它从不自吹自擂、永远默默工作的性格;浓烟,则抓住它扩散的形态,赋予它自我扩张的个性。浓烟和烟囱,经过拟人化处理,俨然成了具有不同性格的形象。寓言中也有以人为角色的,但这些人的特点,尤其是缺点,往往是被夸大了的,以便突出主题。如大家所熟知的《揠苗助长》中的宋国人,其缺点就是被夸大了的。

第三节 幼儿寓言的作用

每个儿童都是艺术家,刻舟求剑、守株待兔……那些充满智慧与哲理的寓言故事,与儿童的精神世界合拍,深深地打动了儿童的心灵,成为儿童成长中不可或缺的元素。寓言短小简洁,寓意鲜明突出,是成人向儿童学习后,送给儿童的精神礼物,使儿童从中得到智慧的启迪和爱的滋养。

一、帮助幼儿掌握知识

幼儿时期,正是一个人长知识的时候。这个时期,人的好奇心很强,对周围的一切都感到新鲜,小脑袋中有着千千万万个"为什么"。而知识类的寓言作品能从各个角度和方

面,满足儿童探索、认识事物的愿望。如卢培英的寓言《七星瓢虫》:

七星瓢虫是捕捉害虫的能手,一天能消灭一百多只蚜虫。它的壳上有七个美丽的斑点。

二十八星瓢虫是坏东西,经常偷吃菜叶。它的壳上有二十八个美丽的斑点。因为它俩都穿着花衣服,所以外号都叫花大姐。

一天,益虫界的领导们聚集在树上开会,确定灭害能手的名单。念到七星瓢虫的名字时,有的说它穿得花里胡哨的,捕害虫的技术再高也不能评为灭害能手;有的说七星瓢虫和二十八星瓢虫长得很像,穿得也差不多,又都叫花大姐,肯定也不是好货……

读了这篇寓言,幼儿在了解了七星瓢虫和二十八星瓢虫知识的同时,也对现实生活中那些对人才吹毛求疵、主观片面看问题的做法有了进一步的认识。

二、帮助幼儿增长智慧

给幼儿看或听的寓言,能够引导幼儿多观察、多思考,从而促进幼儿智力的发展、智慧的增长。比如寓言《枫树、银杏和小松树》:

秋天到了。秋风婆婆拿着画笔,给树叶着色来了。

枫树说:"我要红色,火红火红的。"于是,秋风婆婆便把枫树染得似一片红霞。

银杏说:"我要黄色,金黄金黄的。"于是,秋风婆婆便把银杏染得像一树金子。

秋风婆婆来到小松树跟前,问:"小松树,你要什么颜色呢?"

小松树望着秋风婆婆认真地说:"谢谢您,秋风婆婆!我很喜欢这朴实的绿色,就先不染了吧!"

秋风婆婆轻轻地吻了一下小松树的脸,飘然而去。

……

这篇寓言引导幼儿认识了解树木随季节的变化而生长变化的情况,让小朋友知道:并不是所有的树叶到了秋天,都会变成黄色;有的树叶不会变色,依然是绿色;有的却会变成红色。

由于幼儿活泼好动,逻辑思维能力不强,注意力不够集中,选择一些篇幅短小、故事性强、具有童话色彩的寓言读给他们听,或结合幼儿爱玩游戏的特点,把寓言故事穿插在游戏中,寓教于乐,使他们既玩了游戏,又懂得了道理,增长了智慧。

三、培养幼儿运用语言

语言和思维是互相储存、互相促进的。儿童正处于发展语言和思维的关键阶段。寓言作品语言优美规范,故事短小生动。儿童通过阅读优秀的寓言作品,能有效提高运用语言的能力。如邝金鼻的寓言《谁跑得最出色》:

清晨,兔妈妈出门采蘑菇,临行前嘱咐两个在家的孩子要好好练习跑步。晚上,兔妈妈提着一大篮蘑菇回来,对它们说:"你们今天谁跑得最出色,我奖励它一个最大的蘑菇!"

"今天我参加跑步比赛,成绩最佳!"小黑兔抢先答道。

"今天我参加跑步比赛,成绩最差!"小白兔跟着说。

"你们都跟谁比赛啦?"兔妈妈问。

"我跟乌龟赛跑,所有的乌龟都跑不过我!"小黑兔又抢先答道。

"我跟千里马赛跑,所有的千里马都快过我!"小白兔也跟着说。

"我亲爱的孩子",兔妈妈从篮里挑出一个大的蘑菇递给小白兔,"这是给你的奖品啦!"

"我今天得了冠军,为什么不给我大蘑菇,却给了那个倒数第一的?"小黑兔不满地说道。

"给你?"兔妈妈用严肃的目光望了望小黑兔,意味深长地说:"有志气的敢跟高手比,只有那些没出息的才跟低手比,赢了乌龟,倒不如输给千里马呀!"

这则寓言语言朴实精练,寓意深刻新颖,具有很浓的儿童情趣。幼儿通过这则寓言,学会了辩证的思维方式,懂得了"勇敢"的真正含义。如果让幼儿扮演自己喜欢的角色,创设情景相互对话,势必会提高语言的运用能力。

第四节 幼儿寓言的赏析

作品赏析一

狐假虎威

有一天,一只老虎正在深山老林里转悠,突然发现了一只狐狸,便迅速抓住了它,心想今天的午餐又可以美美地享受一顿了。

狐狸生性狡猾,它知道今天被老虎逮住以后,前景一定不妙,于是就编出一个谎言,对老虎说:"我是天帝派到山林中来当百兽之王的,你要是吃了我,天帝是不会饶恕你的。"

老虎对狐狸的话将信将疑,便问:"你当百兽之王,有何证据?"狐狸赶紧说:"你如果不相信我的话,可以随我到山林中去走一走,我让你亲眼看看百兽对我望而生畏的样子。"

老虎想这倒也是个办法,于是就让狐狸在前面带路,自己尾随其后,一道向山林的深处走去。

森林中的野兔、山羊、花鹿、黑熊等各种兽类远远地看见老虎来了,一个个都吓得魂飞魄散,纷纷夺路逃命。

转了一圈后,狐狸对老虎说:"现在你该看到了吧?森林中的百兽,有谁敢不怕我?"

【赏析】寓言中的老虎并不知道百兽害怕的正是它自己，反而因此相信了狐狸的谎言。狐狸不仅躲过了被吃的厄运，而且还在百兽面前大抖了一回威风。小朋友们读了这则寓言，要学会识破那些像狐狸一样仗势欺人的人，也要告诫自己，正确地认识自己，不要被别人欺骗和利用。

作品赏析二

痴心妄想

有个城里人非常贫穷，每天都过着吃了上顿不知道下顿的生活。可他还是不愿意脚踏实地地干活，一天到晚做着发财的梦。

一天，他出去的时候偶然在草堆里拾到一个鸡蛋，这下他大喜过望，兴冲冲地奔回去，还没进门就大叫："我有家产了，我有家产了！"

妻子忙问："家产在什么地方？"他小心翼翼地拿出拾来的鸡蛋给妻子看，说："喏，这个就是。只不过必须等到十年之后，家产才能有呢。"

于是，他便和妻子商量说："我拿这个鸡蛋去找邻居，借他家正在抱窝的母鸡孵它。等小鸡孵出来，我从中挑个母鸡。小鸡长大后可以下蛋，一个月又可以孵出15只鸡。两年之内，鸡生蛋，蛋生鸡，这样可以得到300只鸡，300只鸡能够换来10金。我用这10金可以买来5头母牛，母牛又生母牛，3年以后可以得到25头母牛。母牛生下的小母牛，又可以再生母牛，再过3年又可以得到150头牛，这样，又可以换得300金了。我拿着这300金去放高利贷，3年之中又可以得500金。这500金中，用三分之二买田产房屋，用三分之一买僮仆、小妾，我便可以与你一起快乐自在地度过晚年了，这不是很快活的事吗？"

妻子开始还好，听到末几句话，不由勃然大怒："什么，你还敢买小妾？"她气不打一处来，趁着丈夫不注意，扑过去一下把鸡蛋打碎了，说："那就不要留下这个祸根！"

丈夫一看鸡蛋和梦想一起被打碎了，气极了，取过鞭子狠狠地抽打妻子。打完了还不解气，又到衙门去告状，说："这个恶妇，偌大的家业败得一文不剩，我请求杀了她。"

官老爷奇怪地问："你的家业在哪里呢？现在又败成了什么样子？"

这个人便从拾到一个鸡蛋说起，一直说到要买小妾，原原本本地告诉了官老爷。

官老爷想了想，就命令衙役把他妻子抓了起来，呵斥她说："这么大的一个家业，被你这个恶妇一拳就毁尽了，不杀了你不足以抵罪！"接着就下令架起油锅，将油烧得滚开。

那妻子见了，号啕大哭道："官老爷啊，你可得替我做主啊，我是冤枉的啊！"

"说,你还有什么冤枉?"

"我丈夫说的一切都是还没有成为事实的事,为什么要烹我呢?"

官老爷说:"你丈夫说买妾,也是没有成为事实的事,你为什么要嫉妒呢?"

妻子说:"道理是这样,但是铲除祸根要趁早啊!"

官老爷听了,笑了笑,放她走了。

【赏析】本来就只是痴心妄想罢了,一个像煞有介事地将虚妄当作现实,一个还以此为依据大发脾气,愚蠢可笑的丈夫和妻子上演了一出滑稽的搞笑戏。我们不管做什么事,都要脚踏实地,从实际出发,不能学这对夫妻把虚幻的东西作为根基,成为别人的笑柄。

作品赏析三

还是盲人好

有两个人,生下来就是瞎子,从没有见过火红的太阳和翠绿的树木。可是他们并不觉得有什么不好。相反,他们听说了世道的艰难、劳作的辛苦后,倒觉得做瞎子不错,可以不用去尽一个正常人应尽的责任。

有一天,这两个瞎子出去有点事,相约同行。一边走一边聊着天,慢慢地又说到自己身上来了。他们议论说:"这个世界上,还有人比盲人更好吗?看得见的人从早到晚奔忙,农夫更是忙得厉害,哪里能像我们盲人一样清闲自在呢?"说话间,语气颇为得意。

正好有几个农夫走在这两个盲人旁边,无意间听到了他们的对话,非常生气,纷纷说:"这两个瞎子,实在太不知好歹,不但不懂得多加努力来弥补天生的不足,还要嘲笑我们农夫不如他们。一定得给他们个教训,让他们瞧瞧做盲人到底好不好。"

这么商量着,几个农夫便假装成官家的人,大呼小叫地对着两个盲人闯过去,一路喊道:"官老爷来了,快闪开让道!"

到了两个盲人面前,一个农夫大喝一声:"大胆刁民,官老爷来了,竟敢不回避!"然后几个农夫一起上去,把两个盲人用锄头各打了一顿,叫骂着把他们赶到一边。

农夫出了气,在一起暗笑说:"这回,那两个盲人该知道厉害了吧。且让我们去悄悄地听一听他们还能说些什么。"

盲人平白无故地挨了一顿打,狼狈不堪,摸着痛处叫苦不迭。一个盲人说:"唉,毕竟还是盲人好啊!如果刚才是换了看得见的人,看见了官老爷不回避,那不仅要挨打,打完以后还要问罪呢,你我多幸运啊!"

【赏析】盲目自信的人往往安于现状,不思进取,成为精神上的残疾者。这样的人就像这两个盲人盲目地自满自足,自动地降低了对自己的要求,这比他们身体的缺陷更加可悲。我们要学会客观地认识自己,不断地丰富自己,否则,就算是正常人,又和这两个盲人有什么不同呢?

作品赏析四

三人成虎

魏国大夫庞恭和魏国太子一起作为赵国的人质,定于某日启程赴赵都邯郸。临行时,庞恭向魏王提出一个问题,他说:"如果有一个人对您说,我看见闹市熙熙攘攘的人群中有一只老虎,君王相信吗?"

魏王说:"我当然不信。"

庞恭又问:"如果是两个人对您这样说呢?"

魏王说:"那我也不信。"

庞恭紧接着追问了一句道:"如果有三个人都说亲眼看见了闹市中的老虎,君王是否还不相信?"

魏王说道:"既然这么多人都说看见了老虎,肯定确有其事,所以我不能不信。"

庞恭听了这话以后,深有感触地说:"果然不出我的所料,问题就出在这里!事实上,人虎相怕,各占几分。具体地说,某一次究竟是人怕虎还是虎怕人,要根据力量对比来论。众所周知,一只老虎是决不敢闯入闹市之中的。如今君王不顾及情理,不深入调查,只凭三人说虎即肯定有虎,那么等我到了比闹市还远的邯郸,您要是听见三个或更多不喜欢我的人说我的坏话,岂不是要断言我是坏人吗?临别之前,我向您说出这点疑虑,希望君王一定不要轻信人言。"

庞恭走后,一些平时对他心怀不满的人开始在魏王面前说他的坏话。时间一长,魏王果然听信了这些谗言。当庞恭从邯郸回魏国时,魏王再也不愿意召见他了。

【赏析】常言道:"众口铄金,积毁销骨。"很多时候,谣言惑众,流言蜚语多了,的确足以毁掉一个人。随声附和的人一多,白的也可能会被说成黑的,从而造成是非颠倒的现象,所以我们对待任何事情都要有自己的判断力,能够坚持客观的分析,不要人云亦云,被假象所蒙蔽。

作品赏析五

下金蛋的鸡

从前,有一对懒惰的夫妻,生活十分贫困,却整日想着不劳而获,希望天上掉馅饼下来。有一天,神奇的事情发生了,他们家的母鸡居然下了一个金蛋!

这对夫妻把金蛋拿到市集上去卖,换了一大笔钱。竟然不费吹灰之力就得到了这么一大笔钱,夫妻二人心里都喜滋滋的。就这样,他们每天都拿一个金蛋到市集上卖,不久便发了大财,买下了很多田地,又盖起了漂亮的大房子,还请了许多仆人,日子过得舒服极了。

但是他们依旧很贪心,对这一切不满足。有一天,妻子对丈夫说:"既然那只母鸡每天可以下一个金蛋,那它的肚子中一定有很多的金蛋,说不定还藏着一个大金库呢!"

丈夫听了,十分赞同地说:"没错!我们干脆把它杀了,把所有的金蛋都取出来,这样我们就不用天天那么麻烦去捡蛋了。"

说干就干,夫妻俩兴冲冲地走向鸡窝,把母鸡杀了。但结果让他们大失所望:母鸡的肚子里根本没有什么金蛋,更别提金库了!夫妻俩非常后悔,但为时已晚,他们本来每天能有一个金蛋,现在什么都没有了。

很快,夫妻俩把所有的财产花光了,又过回了贫困的生活。他们住回了原来的破屋子,哀叹道:"要是我们珍惜原有的财富该多好啊!如果我们不杀那只下金蛋的母鸡,现在每天还能有一个金蛋呢!"

【赏析】这篇寓言故事告诉我们,一个人要懂得满足,如果不懂得满足,贪得无厌,就会失去已经拥有的东西,就像这对夫妻一样,最后当然一无所有,遭到了应有的报应。

作品赏析六

驴和哈巴狗

主人在集市上买来了一头拉磨的驴和一条可爱的哈巴狗。主人把驴安排在磨坊里,每天给它喂难以下咽的草料,还用鞭子抽着它拉磨;而主人却把哈巴狗带回家,每天喂它吃各种好吃的零食,还常常在花园的草坪上逗它玩。

驴看了很不服气,就问哈巴狗:"你都干了些什么,主人怎么那么喜欢你呢?"

哈巴狗摇着尾巴回答道:"哈哈,这很简单啊,我每天在主人面前跳一跳、摇摇尾巴就可以了呀!"

"这样就行了吗?"驴听了十分羡慕,"你每天只做这些事,就能过得这么舒服啊!"

"当然啦,"哈巴狗得意地说,"我每天都是这么做的呢!"

听完哈巴狗的话,驴不免心动了:如果我每天像哈巴狗那样做,说不定主人也会非常喜欢我呢!

第二天,驴挣脱缰绳,飞快地跑进主人的屋里,又是跳又是蹦,还不停地摇尾巴。可是还没跳几下,驴就把主人最心爱的瓷花瓶踢碎了,还把屋子里弄得一团糟。驴学着哈巴狗的模样,轻轻地舔舔主人的脸,结果把主人吓得大呼救命。

佣人们听到屋里的吵闹声,带着棍棒冲了进来,把驴打得嗷嗷直叫。最终,驴被打得半死,连磨坊也待不下去了。这时,驴才哀叹道:"我真是自作自受,每天拉磨有什么不好呢?我为什么偏偏要去学一只无所事事的哈巴狗呢?"

【赏析】这个故事告诉我们,每一个人都有各自的特点及适合自己的工作,也有不适合自己的工作,干好自己的工作才是最重要的。与其盲目地模仿别人,不如干好自己的本行。

作品赏析七

画蛇添足

古时候,楚国有一家人,祭完祖宗之后,准备将祭祀用的一壶酒,赏给手下的人员喝。参加的人很多,这壶酒如果大家都喝是不够的,若是让一个人喝,那能喝个痛快。这一壶酒到底给谁喝呢?

大家都安静下来,这时有人建议:每个人在地上画一条蛇,谁画得快又画得好,这壶酒就归他喝。大家都认为这个办法好,都同意这样做。

于是,大家在地上画起蛇来。

有个人画得很快,一转眼就画好了。他就端起酒壶要喝酒,但是他回头看看别人,还都没有画好呢。这时,他心里想:"他们画得真慢。"想再显示自己的本领,于是,他便左手提着酒壶,右手拿了一根树枝,给蛇画起脚来,还洋洋得意地说:"你们画得好慢啊!我再给蛇画几只脚也不算晚呢!"

正在他一边画着脚,一边说话的时候,另外一个人已经画好了。那个人马上把酒壶从他手里夺过去,说:"你见过蛇么?蛇是没有脚的,你为什么要给他添上脚呢?所以第一个画好蛇的人不是你,而是我了!"

那个人说罢就仰起头来,咕咚咕咚把酒喝下去了。

【赏析】这个故事告诉人们,蛇本来没有脚,先画成蛇的人,却将蛇添了脚,结果不成为蛇。后遂用画蛇添足,比喻节外生枝,告诉人们做任何事都要实事求是,不卖弄聪明,否则非但不能把事情做好,还会失去一些东西,得不偿失,弄巧成拙。这个故事还告诉我们,做事要有具体的要求、明确的目标和清醒坚定的意志,不要被胜利冲昏头脑。

作品赏析八

农夫和蛇

一个农夫在寒冷的冬天里看见一条蛇冻僵了,觉得它很可怜,就把它拾起来,小心翼翼地揣进怀里,用自己的身体温暖它。

那条蛇受到了暖气,渐渐复苏了,又恢复了生机。等到它彻底苏醒过来,便立即恢复了本性,用尖利的毒牙狠狠地咬了恩人一口,使他受到了致命的创伤。

农夫临死的时候痛悔地说:"我可怜恶人,不辨好坏,结果害了自己,遭到这样的报应。如果有来世,我绝不怜惜像毒蛇一样的恶人。"

【赏析】这个寓言故事告诫人们,对恶人千万不能心慈手软,即使对恶人仁至义尽,他们的邪恶本性也是不会改变的。它告诫小朋友在没有知道别人身份,不知道别人的心地是否善良的情况下,不要轻信和帮助别人,坏人永远不会因为你的悲悯而感动。我们应该谨慎小心,但不要吝惜对好人的帮助。

思考链接

1. 举例分析幼儿寓言的特点。
2. 举例分析幼儿寓言的作用。
3. 赏析一则你所喜爱的寓言。

好书推荐

1. [古希腊]伊索 《伊索寓言》

伊索(公元前620年~公元前560年),是公元前6世纪古希腊的一个寓言家,生活在小亚细亚。他与克雷洛夫、拉·封丹和莱辛并称世界四大寓言家。他曾是萨摩斯岛雅德蒙家的奴隶,曾被转卖多次,但因知识渊博,聪颖过人,最后获得自由。

《伊索寓言》是世界上最早的寓言集,原书名为《埃索波斯故事集成》。它是在古希腊民间流传的讽喻故事的基础上,经后人加工而成的。《伊索寓言》中的角色大多是拟人化的动物,它们的行为举止都是人的方式。作者借拟人化的动物形象化地说出了某种思想、道德意识或生活经验,使读者得到相应的教育。这些故事形式短小精悍,文字凝练生动,比喻恰当形象,想象丰富夸张,饱含深刻哲理,融思想性和艺术性于一体,通常在结尾以一句话,画龙点睛地揭示了蕴含的道理。有的教导人们要正直、勤勉;有的劝人不要骄傲,不要说谎;有的说明办事要按照规律,量力而行;有的反映了强者虽凶残但却常被弱者战胜以及各种寓意深刻的人生道理。《伊索寓言》内含对社会不平等的抨击;讽刺懦弱、懒惰,赞美勇敢斗争;教人如何处事,辨别是非好坏。它们篇幅小而寓意深刻,语言不多却值得回味,艺术上成就很高,对后代影响很大,是古希腊民间流传的讽刺喻人的故事。其中《农夫和蛇》《狐狸和葡萄》《狼和小羊》《龟兔赛跑》《牧童和狼》《农夫和他的孩子们》等已成为全世界家喻户晓的故事。今天,《伊索寓言》已成为西方寓言文学的范本,亦是世界上流传最广的经典作品之一。

2. [法]让·德·拉封丹 《拉封丹寓言》 [法]布特·德·蒙维尔/图 吴愉萱/译

让·德·拉封丹(1621~1695),17世纪法国文学的杰出代表,法国古典文学的代表作家之一。他一生写过许多作品,但最为出名、流传最广的是他的寓言。拉封丹1683年进入法兰西学院。他的作品对后来的欧洲寓言作家有很大的影响。他的代表作有《普绪赫和库比德的爱情》《故事诗》《寓言诗》。

布特·德·蒙维尔(1851~1913),法国画家,尤以儿童书籍水彩画而闻名,是19世纪儿童文学作品插画界的重要人物。美国知名的编辑、儿童文学评论家AnitaSilvey 将他与凯特·格林纳威、伦道夫·凯迪克

第七章　幼儿寓言

并列为19世纪儿童插画界黄金时期的领军人物。他的代表作品有《圣女贞德》等。

《世界名著插图本:拉封丹寓言全集》主要取材于古希腊《伊索寓言》、古罗马《费德鲁斯寓言》和古印度《五卷书》以及民间故事,拉封丹化陈旧为新鲜,文风灵活,格律多变,将寓言这一传统体裁推至了新高度。作品表面上描写的是各类动物在生物链上的爱恨纠葛,实际上写的却是17世纪封建社会趋向没落的法国社会。拉封丹十分重视《寓言诗》的结构,把诗集看作"一部巨型喜剧,幕数上百"。他将每一篇短短的诗歌都写成一部小小的剧本,有开场、发展和结局,既简练集中,又富于戏剧性。正是由于采取了戏剧形式,对话便必不可少。他善于在诗中穿插性格化、拟人化的动物对话,跌宕起伏,显得别致有趣。

《伊索寓言》具有很高的文学价值和教化作用,在法国文学史上占有重要的地位,在世界教育文化史上也有很高的知名度。拉封丹用诗歌体改造散文体寓言,使之富有音韵感和节奏感,便于朗诵和记忆,因而更富有艺术表现力,便于流传。他创造了一种自由的"长短句"诗体,不拘一格,诗行、音节、韵律变化多端,朗朗上口,夹叙夹议,生动活泼,很适合不同层次的读者背诵、朗读、表演和欣赏。拉封丹在本诗集中创造了约496个人物,其中动物125个,人123个,神话人物85个,构成了一个虚拟的大千世界,同时也构成了拉封丹时代的"人间喜剧",被法国文学评论家泰纳誉为"法国的荷马"。寓言故事里的主要角色约有12类,如男人、女人、神、鸟类、狼、狐狸、狮子、老鼠、驴、猴子和水生动物等;它们活动的主要地点也有12个左右,如森林、田野、悬崖、河流、大海、道路、城市街道、店铺、宫殿、茅屋等。这些寓言形成了一个由人和动物组成的世界,构成了以宇宙为背景、以人类为角色的"百幕大喜剧",似乎可以说是巴尔扎克《人间喜剧》的雏形和先声。

第八章 幼儿童话

世界上没有人不喜欢童话,这是童话的无限力量。在安徒生的时代,很穷的人在河边洗衣服时,愿意听安徒生的童话。当时负有盛名的音乐家、最有钱的王公贵族们、最有权力的国王,照样喜欢安徒生的故事。没有人会拒绝童话,尤其是贫穷的人,因为在童话里,才有贫穷的人心里向往的日子。贫穷的童年更需要阅读,更需要童话……

——梅子涵

本章要点

1. 了解幼儿童话的发展历史。
2. 掌握幼儿童话的特点。
3. 把握不同题材的幼儿童话。

第八章　幼儿童话

第一节　幼儿童话概述

周作人在《童话研究》一文中说："童话是一种奇妙的艺术,也是最富儿童文学特点的一种文体。在儿童文学领域的诸多体裁样式中,它最能体现儿童文学的审美特征,因此受到小读者的普遍欢迎,成为儿童文学的主体。"

一、童话与幼儿童话

有关童话概念的界定,我们先来看看新版《辞海》及《儿童文学辞典》《美学百科全书》等对童话所下的定义。1979年版的《辞海》认为:"童话是儿童文学的一种,通过丰富的想象、幻想和夸张来塑造形象、反映生活,对儿童进行思想教育。一般故事情节神奇曲折,生动浅显,对自然物往往作拟人化的描写,能适应儿童的接受能力。"《儿童文学辞典》将童话界定为:"童话是儿童文学的重要体裁,是一种具有浓厚幻想色彩的虚构故事,多采用夸张、拟人、象征等表现手法去编织奇异的情节。幻想是童话的基本特征,也是童话反映生活的特殊艺术手段。童话主要描绘虚拟的事物和境界,出现于其中的人物,是并非真有的假想形象;所讲述的故事,也是不可能发生的。但是童话中的种种幻想,都植根于现实,是生活的一种折光。童话创作一般运用夸张和拟人化手法,并遵循一定的事理逻辑去开展离奇的情节,造成浓烈的幻想氛围以及超越时空制约,亦虚亦实,似幻犹真的境界。此外,它也常常采用象征手法塑造幻想形象以影射、概括现实中的人事关系。"1990年版的《美学百科全书》对童话的解释为:"以儿童为主要对象、内容常带有魔法和神奇色彩的文学样式。童话往往采用拟人化手法描写动物、植物等,经常以'从前……'这一套话开头,使得故事背景在时间、地点上均无法确定……童话不注意性格描写,且具有神奇幻想的特点……"郑荔在《教育视野中的儿童文学》中说:"就童话对幼儿的适宜程度来说,可以说除了专门为成人或少年创作的童话,几乎所有的童话都是适合幼儿欣赏的,世界上只要有人类,就有儿童;而只要有儿童,就一定会有童话。"

可见,童话是众多幼儿文学体裁中,最有特色、最受幼儿喜爱的文学样式,其内容丰富、唯美,并通过丰富的想象、幻想和夸张来塑造形象,反映生活,引起儿童审美响应,满足儿童的精神及情感需要,对儿童进行知识教育、思想教育。为了适应儿童的接受能力,童话一般故事情节神奇曲折,引人入胜,对自然物往往采取拟人化的描写,把自然界"社会化",把社会生活"童话化",举凡鸟兽虫鱼、花草树木,乃至整个大自然以及家具、玩具都可赋予生命,注入思想感情,使它们人格化,语言通俗浅显、生动有趣。

幼儿童话作为童话的重要组成部分,在语言、篇幅、内容和情节等方面更加简单易懂,更适合幼儿的听赏习惯。幼儿童话的主要读者是儿童,因为童话的情节与人物形象相对简单而又具有趣味性,这些特点与儿童成长阶段的某些独特心理是吻合的。但是,值得注意的

是,童话并非专为儿童而创作。正如安徒生曾经的自述:"我写的童话不只是给小孩子们看的,也是写给老头子和中年人看的。小孩子们更多地从我的童话故事情节本身体味到乐趣,成年人可以品尝到其中包含的深意。"

二、童话的起源和发展

(一)童话最早的表现形式——民间童话

童话与神话、传说有着密切的联系,三者具有同源性。很多的民间童话直接从神话和传说演变而来的。部分民间童话甚至是"活物论"时期产生的第一批描述人类和动植物打交道、动植物之间的各种活动,以及自然力和自然现象等等的故事。民间童话是童话这种体裁最早的表现形式。

神话是关于神灵和神化了的英雄的故事,是童年时期的人类对自然现象的一种天真的解释。童话是在古代神话的基础上产生和发展起来的。周作人认为:"童话本质与神话、世说实为一体。……童话者……意主传奇……以供娱乐为主。盖约言之,神话者原人之宗教,世说者其历史,而童话则其文学。故有同一传说,在甲地为神话者,在乙地则降为童话,大抵随文化之变而为转移,故童话者不过神话、世说之一支,其流行区域非仅限儿童。"

随着社会的文明进步,人类在控制自然、改造自然方面逐步取得主动权之后,神话作为对自然力的解释,就逐渐失去了它的价值,神话创作也就停止了,代之而出现的就是童话。但童话中的神奇力量已经不是人们敬畏的对象,而是人们理想愿望的象征。它是以自觉的方式对现实生活和人们的理想愿望所进行的艺术概括,因而童话的现实性较强。它揭露黑暗,展现光明的未来,表达人类的理想,并且代代相传。

传说是与一定的历史人物、历史事件及地方古迹、自然风物、社会习俗有关的具有较强的历史性的故事。传说也是在神话流传演变的基础上产生的,最古老的传说在内容与形式上和神话接近,既可以称为神话,也可以称为传说,如"大禹治水"的故事。随着民间创作的发展,它们的界限愈来愈分明。神话以超自然的神的形象作为叙述的中心,传说则以历史上真实存在的著名人物,特别是具有奇才异能的神勇超人和英雄作为赞颂对象,虽有虚构和夸张的成分,却总是包含着实在的历史因素,以自觉的艺术方式,从不同角度来叙述历史的面貌,评述有关历史事件和人物。在记录评价中,人们出于对英雄们的敬仰和热爱,用幻想夸张了他们的本领和业绩,使传说中的人物事件加上了神化色彩,如"鲁班的故事"等。这种自觉性的幻想的创造为童话的产生奠定了基础。

神话和传说都是远古时代特定历史阶段的产物,都已成为历史的一部分。而脱胎于神话、传说的童话从它产生的那天起,就永远与时代同步发展。只要人类存在,只要人类的幻想存在,童话就必然存在。

阿拉伯的民间故事集《一千零一夜》与德国的《格林童话》被尊为民间童话的代表作品。《一千零一夜》从公元八九世纪就开始在阿拉伯地区流传,直到16世纪在埃及定型成书,经历了七八个世纪的漫长过程。不过它一直是以说书的形式口头流传,这点让这部故事集

多了一些明快、简洁的诗性特征。漫长的流传历史、巨大的故事含量,使《一千零一夜》相对于《格林童话》保存了更多、更全面的民间童话。

(二)童话成熟的表现形式——文学童话

在我国古代和世界各国都有很多脍炙人口的优秀童话故事。如《田螺姑娘》《狼外婆》《蛇郎》等,在我国各民族广为流传;《小红帽》《灰姑娘》《狼和七只小山羊》《蓝色的灯》等童话,在欧洲大陆产生过广泛的影响。这些故事都属于民间童话,它们有的流传了上千年,有的流传了几个世纪。一些文人学者被它奇异的光彩所吸引,先是搜集记录,继而加工整理,并以书面形式发表,使它们得以在更广阔的范围流传。17世纪法国的贝洛尔最先从事民间童话的搜集工作,1677年出版了《我的鹅妈妈的故事》,其中就收录了《林中睡美人》《小红帽》《仙女》《小拇指》等8篇民间童话。19世纪初期,德国著名的语言学家格林兄弟先后花了40年时间,忠实地记录了200多篇民间童话。他们出版的《儿童和家庭童话》这部集子,有人评价"在德国文化史上的贡献仅次于马丁·路德翻译的《圣经》",至今早已誉满全球。格林童话的代表作有《小红帽》《白雪公主》《灰姑娘》《狼和七只小山羊》。贝洛尔和格林兄弟记录了一些同样的故事。可见当时这些民间童话曾经不胫而走,传遍欧洲各国。

到19世纪中期,民间童话已不能满足人们对这种艺术的热情。人们在讲述古老童话的同时,已经开始进行创作新童话的探索。丹麦的安徒生是文学童话的创始人,他最先有意识地把自己的美好理想和愿望用童话的形式表现出来。他一生写了168篇童话,如《皇帝的新装》《丑小鸭》《卖火柴的小女孩》《海的女儿》。他为世界文学童话的创作奠定了基础。从安徒生开始,民间童话完成了向文学童话的过渡。以后世界文学范围内出现了许多优秀的童话作家和作品,如意大利科洛狄的《木偶奇遇记》、英国王尔德的《快乐王子》、金斯莱的《水孩子》,还有我国叶圣陶的《稻草人》等。文学童话的出现给作家的创作提供了一个全新的天地,也给读者展现了一个奇妙的世界。

(三)童话当代的表现形式——艺术童话

进入现代社会,新的文艺体裁不断涌现,尤其是电影、电视。它们向一切传统的文艺提出了挑战,一些艺术种类逐渐走过了它的全盛期。但童话发展至今,丝毫没有显出龙钟老态。它奇特的幻想特征加上现代科技的有效利用,使其简直如鱼得水,更加充满活力——童话很快适应并借助了电影、电视这种新的载体。大批艺术家也创造了很多充满幻想色彩和奇异情节的童话故事片,象《机器人在纽约》《神灯》等等。还制作了无数童话艺术片,如美国的《太空堡垒》《猫和老鼠》《木偶奇遇记》《狮子王》,日本的《机器猫》《圣斗士》,我国的《黑猫警长》《熊猫乐园》。这些影视童话,不仅把传统的故事搬上银幕和屏幕,而且大多数是与现实生活息息相关的新创佳作。几乎每一个电视台,每天都定时定量地播放着形形色色的卡通节目,这些节目多数都是童话故事,因而童话艺术走进千家万户,走进每个人的生活。由于运用了新的表现手段,童话从文学童话又发展到了艺术童话。从民间童话到文学童话再到艺术童话,童话艺术走过了一个漫长的发展历程。

三、我国童话的产生

"童话"一词为外来词,在我国的历史文献中都不曾出现,但我国传统的童话散落在各种志怪、传奇小说当中。中国古代虽无"童话"之名,却有"童话"之实。在我国古代文学典籍中,就收录着许多优秀的童话故事。如《诗经》中的《鸱鸮》,就是一首动物拟人化的童话诗;晋代的志怪小说集《搜神后记》中的《白衣素女》中的白衣素女就是民间流传的"田螺姑娘"故事的原型;《搜神记·卷二十》中"董昭之·蚁王托梦"的故事,就是一篇完整的童话故事。

童话文体的发展,经历过从神话、传说、民间故事到作家创作的过程。1923年,中国新文化运动和国外翻译童话催生了中国第一本作家创作童话集《稻草人》,从此"给中国童话开出了一条自己的创作之路"。晚清及民国初年,我国开始创办供儿童阅读的报纸杂志,《小孩日报》《童子世界》《少年世界》是其中有影响的几种。这些杂志上登载的文章,内容比较庞杂,纯文学作品所占比例不大。五四运动后,儿童文学备受关注,许多综合性杂志如《教育杂志》《妇女杂志》及《早报》《京报》《民国日报》等著名报纸副刊,纷纷设栏目,出专号,刊登儿童文学作品,参与儿童文学讨论。原有儿童报刊也竞相改版,扩大儿童文学园地。值得一提的还有茅盾于1921年开始编《小说月报》,同年就在上面开设了儿童文学专栏,造成较大声势。1922年,郑振铎创办了我国第一家纯文学儿童周刊《儿童世界》。它与中华书局创办的《小朋友》遥相呼应,成为当时儿童文学创作的重要园地。

童话已是五四运动后儿童文学刊物重点推介的体裁。《小说月报》《儿童世界》等杂志从理论到翻译,从改写到创作,全方位倡导童话,直接促成了中国文学童话的诞生。叶圣陶最初创作童话就是应郑振铎《儿童世界》的约稿而作。他的第一篇童话作品《小白船》发表在《儿童世界》第1卷第9期上。1922年,他共在该刊发表了19篇童话。这些童话1923年集成《稻草人》出版,成了我国文学童话的开山之作。1929年,朱自清在其编写的《中国新文学研究纲要》中,曾在文学研究会名下推出"儿童文学运动"。因此,五四运动后兴起的儿童文学热潮被称为以文学研究会为中心的儿童文学运动。这一运动发生于20世纪20年代,中国文学童话随之应"运"而生。

第二节 幼儿童话的特点

陈伯吹在《儿童文学简论》中说:"童话是文学部门中比较特殊的艺术形式和一种体裁。它植根于现实生活,在现实生活这一基础上,通过幻想,用假想的或象征性的形象来表现事物和现象的'超自然'力量;在艺术表现手法上,一般多采用拟人的手法,也就是让动物、植物、矿物等等披上了人类的外衣,并且赋予了人类的思想和意识,像人类一般的生活着、活动着。它是个体创造出来的假想的故事。"奇特的幻想、拟人的表现手法和曲折的故事情节是幼儿童话的基本特点。

一、符合幼儿心理特点的艺术幻想

童话是一种完全虚拟的文学。童话中的一切都是幻想的产物,它借助于神奇的幻想,突破时空和现实,营造出美妙的梦幻世界。幻想是想象的一种,是将生活的本质方面通过想象的形式加以集中、概括、提炼、升华,给以折光的反映。幻想性是幼儿童话的根本特征,也是童话用来表现生活的一种特殊手段。但幼儿童话的幻想具有符合幼儿特殊的心理、情感和思维方式等的特殊性,而且这种幻想从根本上讲是不能脱离现实生活。童话是幻想和现实的有机结合。幼儿童话利用幻想这种奇妙的方式去表达真实的生活。可以说幻想是童话的核心和灵魂,没有幻想就没有童话。

幼儿童话的创作者根据对生活的观察和认识,把幻想作为一种创作手段,按照自己的需要来虚构形象,表达感情,虚构一个现实生活中不可能存在的世界,以此对生活进行观照和审美判断。这个世界植根于生活,又对生活进行夸张,使得幻想中的事物显得更生动和丰富多彩。然而,不论童话中的幻想多么荒诞和不可思议,它都是现实的映像。他们并非简单地再现幼儿的生活,而是经过选择、加工、提炼,表达出幼儿纯真美好的感情,作品富于美感,让幼儿在思想上得到启迪,情操上受到陶冶。在童话故事所创造的那种世界里,牛羊会说话,人死能复生,桌布可以生出山珍海味,衣服能刀枪不入……这些都符合儿童的幻想心理。而且童话当中那些极具幻想的事物无不吸引着幼儿,使他们感到好奇、有趣。童话中的主人公的行动,可以不依照自然的法则和科学的规律,但是它又是曲折地反映着现实生活的本质。如《丑小鸭》的故事,就通过丑小鸭的不幸遭遇,反映了被剥削、被压迫者的不幸,同时又反映了他们对于摆脱被歧视和冷遇的渴望。又如童话诗《我和小雪人》,描写了孩子们堆成的小雪人在朝阳的照射下融化了,于是孩子们跑去问太阳公公,得到的回答是:"小雪人太怕热了,她跳进小河洗澡去了。"诗歌通过富有童话般的奇幻描写,将自然界中冰雪消融的现象作了生动的解释,满足了孩子对气候变化这一自然现象的好奇和不解。其他的科幻小说、童话故事正是用同样的方法,展开想象矫健的翅膀飞向儿童的心灵的。

二、符合幼儿审美情趣的表现手法

幼儿童话的奇特构思是通过夸张、拟人、象征等表现手法得以实现。

1. 夸张

夸张是故意言过其实,对客观的人、事物作或夸大、或缩小、或超前等描写,对事物的某方面特征加以合情合理的渲染,使人感到不真实,却胜似真实。夸张能深刻地表现作者对事物的鲜明态度,从而引起读者的强烈共鸣;夸张通过对事物的形象渲染,可以引起读者丰富的想象,有利于突出事物的本质特征。在幼儿童话中,夸张是必需的。没有夸张,想象就不能腾飞。童话通过一种极度强烈的夸张将事物引向极端,把生活中某一部分极度放大,甚至到了变形的地步,给人以深刻的印象。在童话故事中,主人公的眼泪可以流成一条小河,某种玩具会具有神奇的魔力,一句咒语可以毁灭世界,等等。一切看似荒诞不经,在现实生活中根本不可能出现,却在童话世界里存在,因为童话本来就是幻想的文学。没有夸张,就不能超脱于现实之上,创造一个奇异的想象世界。张沪的《三只小猪》对于小猪的描述就是采用了强烈的夸张甚至变形的手法,如"老大全身都是泥,又不肯洗脸,洗澡,臭得要命",为了突出"臭"这一特征,作者写道:"所有的车开到一号路口,都被老大的臭气熏得翻了个大跟斗,哎呀,摩托车翻到大卡车里,大卡车压在小汽车上。"老二不肯吃饭,"只肯喝汽水和吃巧克力","越长越小"。为了突出"小"这一特征,作者将它的"小"形容成"小得像一颗小蚕豆站在十字路口,谁也看不见他"。老大的"臭"和老二的"小"被极度地放大了。正是这种夸张甚至变形手法的应用,使得小读者们印象深刻。又如圣野的《百宝糖》,糖果姑娘送给好宝宝一盒百宝糖,盒子里跳出一块泡泡糖,吹着吹着成了一只大气球,带着宝宝飞上了天。好宝宝从盒子里抖出一团棉花糖,裹在身上就像穿了一件大棉袄。棉花糖还可以当作降落伞,让好宝宝落到一座猴山上。盒子里跳出一大把酒心巧克力,猴子们都醉了,好宝宝趁机逃出猴山,回到自己家。泡泡糖可以吹成大气球,棉花糖可以当棉袄和降落伞,酒心巧克力可以醉倒猴子。这些夸张手法的运用大大拓展了幼儿的想象力,使得他们能够挣脱现实的束缚,形成创造性思维。这种创造性思维,不仅可以丰富他们的童年生活,还可以提高他们的创造力。

2. 拟人

拟人是物的人化,具有思想的跳跃性,能使读者展开想象的翅膀,感受到作者对事物的强烈感情,从而引起共鸣。幼儿对于世界有自己的一种独特理解,在他们的眼里,无论是山川草木,还是鸟兽虫鱼,都是"人"化了的。所以,在幼儿童话中,拟人化是很普遍的。童话往往让动物、植物、矿物等等披上人的外衣,赋予它们以人的思想和意识,能够像人一样地生活着、活动着。例如《古代英雄的石像》中的石像,本来都是没有生命的,但是在童话中,它们居然像真人一样会说话,有思想。拟人化的手法,成为童话创作中一种常用的方法。如在宗二兵的《火娃和水娃》里,火娃就是火,水娃就是水,然而作者在赋予它们"人"性的同时,并没忘记对它们"物"性的把握:火娃会喷火,水娃会发水。所以,水娃会为做面包的爷爷递水,火娃会点烟,当火娃和水娃被强盗邦邦抱走后,火娃把邦邦当作面包烤熟了,水娃用水把邦邦冲到阴沟里去了。郭明志的《没用的小老鼠》运用拟人化的手法,将童话中的小动物塑造成各有特色的形象,既充分发挥了想象力,又符合动物的"身份":小灰老鼠小巧灵活,所以会挖洞,会啃口袋和老狼的脚后跟;小刺猬全身都是刺,所以用"又尖又硬的长针扎得老狼乱蹦乱跳";红公鸡嘴尖,"啄瞎了老狼的眼睛";蓝脖鸭有着扁扁的嘴巴,所以"叼住了老狼的半截尾巴"。这些符合事物自身特点的拟人就显得合情合理,可听可信。

3. 象征

象征是童话把幻想和现实结合起来的一种重要方式,也是童话创造典型事物的一种常用的方法。童话中的人物形象常常是象征性的。为了表现某种性格或说明某个事理,作者从生活中找出某些人、物、现象,甚至某种社会观念的性格、性质和特征,集中到童话人物的身上,然后又赋予他们以个性,并使之依照这一个性去说话、行动,从而达到象征的目的。如《风筝找朋友》中的"风筝",象征着现实社会中孤独而迷茫、不断寻找真正朋友的人;太阳和月亮对风筝的态度,也象征了某些人对友谊和爱情的态度;而小星星们对待朋友的友好、热情、一视同仁,也反映了作者博爱的理想。

童话的象征,是通过童话形象或是由人物的全部活动甚至整个故事内容来表现的。反映在童话中的生活并非人们实际生活本身。童话中象征性的人物、事物,虽与被象征的人物、事物在某一特征上有互相类似之处,但彼此之间绝不是在任何意义上都是贴切、一致的。不能简单地把童话形象的特征、行动、语言或某个细节拿到社会生活中去加以臆测或类推,以为必有所本,从而去判定某一形象代表什么人,某个情节影射什么,甚至和某些政治概念、阶级关系联系起来。这是一种形而上学的方法,它曾给我国童话创作带来极大的危害。其实,童话中的象征性形象只能概括某一特征,并不包括被象征者的全部特征。我们应从童话作品所塑造的形象、性格,所叙述的故事情节的全部含义去看这个童话要说明的主旨,看它歌颂什么、讽刺什么、暗示什么、揭露什么,要看作者是否抓住了所要象征的某些人和事物的重要特征或性质,看他所采取的象征手法有无积极意义,这样才能正确理解童话的象征手法和象征意义。

三、符合幼儿理解能力的叙事方式

作为一种叙事文体,幼儿童话的内容都是通过讲述故事——叙事表现出来的。受幼儿的智力水平和审美特点的限制,幼儿童话的叙事方式,一般都十分简洁、明快和富有趣味。

幼儿童话的语言大多是浅显、活泼、生动的,具有情感性、形象性、含蓄性和音乐性等特征,符合幼儿的身心特点,更符合幼儿的世界。幼儿在阅读童话时也很容易进入童话创设的情境中,与童话中的人物同步成长,与童话作者和作品人物进行思想情感的交流。

幼儿童话的情节大多简单、曲折、紧凑,符合幼儿的欣赏趣味。童话基本是写给孩童看的故事,情节往往曲折反复,以便迎合并吸引儿童的阅读兴趣。童话中相类似的情节经常反复出现,相同的词语也经常重复出现,这些都有利于孩子掌握情节。理解故事。故事中涉及的人物、情节和背景,都是较为单纯的,如善良的小白兔、聪明的小花猫、憨厚的小黄狗、懒惰的小黑熊、狡猾的狐狸、凶恶的老狼等等类型化的人物性格。幼儿童话的情节,也总是只作单纯的线性展开,情节生动有趣,但不复杂;曲折变化,但条理清楚;设置悬念,但不悬置太长;有冲突有高潮,而结尾总是比较圆满。幼儿童话的背景也很单纯,一般都是虚化的时间和地点,如"从前""有一次""在一座森林旁边"等等。

幼儿童话的篇幅大多短小,内容完整,一个童话就是一个小故事、一场小小的游戏,往往有一条主人公的活动线索贯穿始终,将主人公所经历的一个个小故事串联起来,而每一个小故事又有相对的独立性。幼儿童话大多采用三段式、循环式、对照式等叙述方式。三段式将性质相同而具体内容相异的三个或三个以上的事件连贯在一起。这种叙述方法使故事的人物性格和主题思想得到完整鲜明的表现,给人留下深刻的印象。由于这些事件同中有异,异中有同,所以并不使人感到单调,反而具有一种特殊的情趣。如《格林童话》中的《灰姑娘》、阿·托尔斯泰的《金鸡冠的公鸡》都运用了三段式的叙述方式。循环式也称循环反复式。这种叙事方式的特点是:故事情节的展开仿佛转了一个圆圈,周而复始,即以某个形象为起点,产生一连串基本相同的情节,从一个形象转到另一个形象,最后又回到起

点。在循环的叙事过程中,有反复的因素在内。例如,我国方轶群的《萝卜回来了》,写小白兔在雪底下找到两个萝卜,就想到小猴也很饿,去送给小猴,小猴去送给了小鹿,小鹿送给了小熊,小熊又去送给小白兔。在送萝卜的过程中,不仅情节一次次反复,几个小动物的心理活动也一次次重复。在反复中,故事中互相关心、爱护的主题得到了深化和突出。对照是用对比的方式展开故事情节,通常有两种情况:一种是以性格截然相反的人物为中心,在相同环境下,出现不同的遭遇和结局,形成鲜明的对比,用反面人物对照出正面人物,用假恶丑对照出真善美,如法国贝洛的《仙女》;另一种对照是前后对照,以同一人物前后不同的表现和遭遇来组织故事情节,从而突出人物性格的变化以及变化的原因,英国王尔德的《自私的巨人》(又译《巨人的花园》)用的就是前后对照的手法。

第三节 幼儿童话的分类

幼儿童话的样式丰富多彩,根据不同的划分标准,可以分为不同的类型。

一、表现方法上的分类

从表现方法来看,幼儿童话大致分为超人体童话、拟人体童话和常人体童话三种。

1. 超人体童话

这类童话所描写的是超自然的人物及其活动,主人公常为神魔仙妖、巨人侏儒之类,他们大都有变幻莫测的魔法和种种不平凡的技艺,多见于民间童话和古典童话之中。不过,在一些现代童话作家的童话创作中,也常常采用这种表现方法。如在《五彩云毯》中,白衣仙女、太阳神、雨神等都是超自然的人物;七仙女采集各色云朵,编织云毯等等行为,在现实社会中是无法找到的,但作品中所表现的思想感情又是人类所共有的。再如王尔德的《巨人的花园》描写了一个从自私到无私的"巨人"形象。

2. 拟人体童话

这类童话的主人公多是人类以外的各种人格化的有生命或无生命的事物,例如猫、狗、鱼、虫、鸟、树、石、风等等。幼儿童话常采用拟人体的写法,将这些事物赋予人的生命特征,如小猫会钓鱼、小溪会唱歌等等。在《小象滑梯过生日》中,小金丝猴、小兔、小松鼠、小狗等动物以及本来没有生命的大象滑梯等都会讲话,都有各种行为和感情。《小老虎吃巧克力》中,小老虎想吃巧克力,虎妈妈哄他吃肉,小猴上树去摘梨,等等,这些情节在动物世界和人类世界中都能找到影子,但又不尽相同。

3. 常人体童话

这类童话中的人物,看起来与常人完全一样,但其性格、行为、遭遇都极度夸张,往往具有某种讽刺性和象征性。如《国王的新衣》中,国王没穿衣服,很多大臣却害怕做"蠢人",不

敢直言,甚至夸赞新衣的美丽漂亮。《怪电视》中,"我"是普通孩子,但我的遭遇却十分特别:我家的电视中,狮子居然会跑出来;电视里的人居然头朝下,脚朝上,还反过来嘲笑"我"是倒过来的;我还跟电视里的小偷搏斗;等等。《胖子学校》不管是歪歪校长也好,主考老师也好,或是圆圆、球球、团团也好,虽然都是普通人,但在现实世界中,却又无法找到这样的人。

值得注意的是,这三者并非截然分开的,有时互有联系。也就是说,在一篇童话中,可能既有常人体表现方法,也有拟人体等表现方法。

二、作品来源上的分类

从作品来源看,幼儿童话可分为民间童话和文学童话。

1. 民间童话

民间童话是民间创作和流传的适合儿童阅读的幻想故事。其故事情节奇异动人,具有浓厚的幻想和丰富的想象,为读者所欢迎。民间童话的幻想有两种:一种是幻想情节贯穿全篇,另一种是幻想情节只表现在局部。

民间童话中幻想情节的发展通常有两个方向:一是歌颂劳动,帮助朴实的劳动者;二是热爱善良穷苦的被压迫者。两个方向都反映了善良的人们向往美好生活的愿望。童话的结局,总是正直、善良、朴实、被污辱被压迫的人得到好结果,而一切坏人最后都遭到失败。在人物配置上,多用鲜明的对照法,如品德相反的两兄弟、心地不同的主和仆等。故事经过多次反复和种种纠葛,好人和坏人最终得到相反的结局,表现了人们对善良、正直、勤劳等品德的热情歌颂和对贪婪、自私、残暴等丑恶行为的尖锐批判。

民间童话的思想内容十分丰富,常见主题有:对劳动和劳动者的颂扬,对未来美好生活的追求,使美好生活和胜利的结局跟劳动、智慧联系在一起。在情节发展中,经常出现神奇的宝物或动物作为主人公的助手和武器。它们只有掌握在品格善良的主人公手里才有效验;如果坏人掌握了它,它不是失去作用,就是坏人得到惩罚。

民间童话的主人公并不限于劳动者,有时还有仙女、国王、公主、王子等等。他们往往被描绘成勇敢、多情的善良人物,时而和人民一起去战胜妖魔,时而成为人民的伙伴。在他们身上,常常看到一些好的品质,表现出人民的憧憬和希望。民间童话的结构有单纯型和复合型两种:前者只讲一个线索单一的故事,表现一个单一的主题;后者多为复合连缀体,有情节事件的多次反复,如三个难题、三次考试、三层对照等。特别是后者虽然层次较多,但故事紧凑有趣,便于记忆和流传。有的民间故事还有固定韵语的运用,它适合儿童接受能力。许多民间童话已进入作家文学中,成为一个重要的儿童文学体裁,出现了不少伟大的童话作家和不朽的杰作。格林兄弟、安徒生、王尔德等的童话作品,就是这方面的代表。民间童话为作家提供了多方面的营养,童话作家也大大地提高了民间童话的表现力。

2. 文学童话

文学童话又称创作童话、品德童话,简称为童话(狭义的"童话")。称它为创作童话是与民间童话相对而言的,而称品德童话则是与科学童话相对而言。它是由作家个人创作的童话,具有文学作品的书面色彩。文学童话的创作方法一般分为两种:一是以民间流传的童话为素材,进行加工、改写或再创作,如普希金的《渔夫和金鱼的故事》;二是完全从现实生活中取材创作的作品,如孙幼军的《怪雨伞》、周锐的《梦游的朋友》、杨楠的《彩梦俱乐部》等。需要特别说明的是有的作家在创作童话时,从民间童话吸取营养,但很大成分上仍是个人创作的,仍属创作童话,如杨楠的《五彩云毯》等。古典童话也是文学童话中的一类,泛指各民族古代作家创作的童话,有时也专指其中某些优秀的作品,如 19 世纪丹麦作家安徒生创作的童话、意大利柯洛迪的《木偶奇遇记》、英国卡洛尔的《爱丽丝漫游奇境记》等。

此外,从表现题材上看,又有科学童话(又称"知识童话")和文学童话(又称"品德童话")两类。而平时所说的"童话"则默认为"文学童话"。科学童话又称知识童话、自然童话,是童话(广义的童话)的一个分支。它具备童话的各种特点,以严格的科学理论和实践为依据,把神奇的科学世界或科学发展的未来远景,用童话故事表现出来,以引起孩子们的浓厚兴趣。

科学童话与文学童话(狭义的童话)是一对孪生姐妹,但它与一般文学童话的区别在于:科学童话具有一定的知识性,是以科学知识为内容的,所表现的主题也与自然科学有关。科学童话把科学内涵和童话构思结合起来,即把科学的理性概念化作为幻想的感性形象,既富于科学的启迪,又具有艺术的美感。科学童话所涉及的知识内容一般较为单纯。它并不负有普及科学的任务,但能培养读者对自然科学的兴趣,启迪少年儿童的智慧,例如杨楠的《胖子学校》《五兄弟闯关》。

第四节　幼儿童话的赏析

作品赏析一

卖火柴的小女孩　(安徒生)

天冷极了,下着雪,又快黑了。这是一年的最后一天——大年夜。在这又冷又黑的晚上,一个乖巧的小女孩赤着脚在街上走着。她从家里出来的时候还穿着一双拖鞋,但是有什么用呢?那是一双很大的拖鞋——那么大,一向是她妈妈穿的。她穿过马路的时候,两辆马车飞快地冲过来,吓得她把鞋都跑掉了。一只怎么也找不着,另一只叫一个男孩捡起来拿着跑了。他说,将来他有了孩子可以拿它当摇篮。

小女孩只好赤着脚走,一双小脚冻得红一块青一块。她的旧围裙里兜着许多火

第八章　幼儿童话

柴,手里还拿着一把。这一整天,谁也没买过她一根火柴,谁也没给过她一个硬币。

可怜的小女孩!她又冷又饿,哆哆嗦嗦地向前走。雪花落在她的金黄的长头发上,那头发打成卷儿披在肩上,看上去很美丽,不过她没注意这些。每个窗子里都透出灯光来,街上飘着一股烤鹅的香味,因为这是大年夜——她可忘不了这个。

她在一座房子的墙角里坐下来,蜷着腿缩成一团。她觉得更冷了。她不敢回家,因为她没卖掉一根火柴,没挣到一个钱,爸爸一定会打她的。再说,家里跟街上一样冷。他们头上只有个房顶,虽然最大的裂缝已经用草和破布堵住了,风还是可以灌进来。

她的一双小手几乎冻僵了。啊,哪怕一根小小的火柴,对她也是有好处的!她敢从一大把火柴里抽出一小根,在墙上擦燃了,来暖和暖和自己的小手吗?她终于抽出了一根。哧!火柴燃起来了,冒出火焰来了!她把小手拢在火焰上。多么温暖多么明亮的火焰啊,简直像一支小小的蜡烛。这是一道奇异的火光!小女孩觉得自己好像坐在一个大火炉前面,火炉装着闪亮的铜脚和铜把手,烧得旺旺的,暖烘烘的,多么舒服啊!哎,这是怎么回事呢?她刚把脚伸出去,想让脚也暖和一下,火柴灭了,火炉不见了。她坐在那儿,手里只有一根烧过了的火柴梗。

她又擦了一根。火柴燃起来了,发出亮光来了。亮光落在墙上,那儿忽然变得像薄纱那么透明,她可以一直看到屋里。桌上铺着雪白的台布,摆着精致的盘子和碗,肚子里填满了苹果和梅子的烤鹅正冒着香气。更妙的是这只鹅从盘子里跳下来,背上插着刀和叉,摇摇摆摆地在地板上走着,一直向这个穷苦的小女孩走来。这时候,火柴又灭了,她面前只有一堵又厚又冷的墙。

她又擦着了一根火柴。这一回,她坐在美丽的圣诞树下。这棵圣诞树,比她去年圣诞节透过富商家的玻璃门看到的还要大,还要美。翠绿的树枝上点着几千支明晃晃的蜡烛,许多幅美丽的彩色画片,跟挂在商店橱窗里的一个样,在向她眨眼睛。小女孩向画片伸出手去。这时候,火柴又灭了。只见圣诞树上的烛光越升越高,最后成了在天空中闪烁的星星。有一颗星星落下来了,在天空中划出了一道细长的红光。"有一个什么人快要死了。"小女孩说。唯一疼她的奶奶活着的时候告诉过她:一颗星星落下来,就有一个灵魂要到上帝那儿去了。

她在墙上又擦着了一根火柴。这一回,火柴把周围全照亮了。奶奶出现在亮光里,是那么温和,那么慈爱。"奶奶!"小女孩叫起来:"啊!请把我带走吧!我知道,火柴一灭,您就会不见的,像那暖和的火炉、喷香的烤鹅、美丽的圣诞树一个样,就会不见的!"

她赶紧擦着了一大把火柴,要把奶奶留住。一大把火柴发出强烈的光,照得跟白天一样明亮。奶奶从来没有像现在这样高大,这样美丽。她把小女孩抱起来,搂在怀里。她们俩在光明和快乐中飞走了,越飞越高,飞到那没有寒冷、没有饥饿,也没有痛苦的地方去了。

第二天清晨,这个小女孩坐在墙角里,两腮通红,嘴上带着微笑。她死了,在旧年的大年夜冻死了。新年的太阳升起来了,照在她小小的尸体上。小女孩坐在那儿,手里还捏着一把烧过了的火柴梗。

"她想给自己暖和一下。"人们说。谁也不知道她曾经看到过多么美丽的东西,她曾经多么幸福,跟着她奶奶一起走向新年的幸福中去。

【赏析】这则童话讲述了一个向往美好生活的小女孩,在现实生活中过着饥寒交迫的生活。在那个世态炎凉的社会,没有人在意小女孩的凄惨遭遇。小女孩无法忍受现实生活的痛苦,在一个寒冷的飘雪的夜晚,孤寂地在街上死去。这个故事教育小朋友要从小女孩的悲惨遭遇中懂得珍惜现在的幸福生活。与小女孩比较起来,我们已经幸福很多很多了,我们能吃好穿好,能与同学愉快玩耍,能有家人时时陪伴。我们珍惜现在所拥有的,不去抱怨、苛求,只有这样才能获得最真正的幸福。

作品赏析二

会长鱼的树 (郑春华)

咪咪是一只小猫,是一只整天想吃鱼的小猫。可是咪咪又最怕自己钓鱼,因为钓鱼要坐在河边,一动不动待上半天,那多难受呀!咪咪坐不住。那么咪咪想吃鱼怎么办呢?它就跟在别的小猫后面,吃它们剩下的鱼头、尾巴。这样,咪咪就老是吃不饱。

有一天,咪咪饿得厉害,也不肯去钓鱼,还想找点现成的吃。没有鱼尾巴,有点鱼骨头也好啊!它转来转去,转到果园里来了。呀,果树上挂满了水果,红一片、黄一片……这时,正好来了几个小朋友,看果园的老爷爷摘了苹果又摘梨,小朋友接过水果,谢了老爷爷,张嘴就吃,真甜真甜,吃得真开心!咪咪看得嘴好馋。可是咪咪不会吃水果,就想:要是有一棵会长鱼的树,那就好了。

咪咪走出果园。它一边走,一边老是想着会长鱼的树。咪咪走啊,想啊,看见前面一棵大树,树上的一片片叶子可真像一条条鱼,就站住了,叹口气说:"你这棵树光长叶子,要是能长出鱼来,我真要高兴死了!"

"嘻嘻——"谁在笑?咪咪抬头一看,是一只松鼠,"它敢笑话我咪咪,哼!"咪咪捡起一粒石子,正要朝松鼠扔去,小松鼠叫起来:"别,别这样!咪咪!听我说,你只要朝大树鞠一百个躬,保证明天大树就会长出鱼来。"松鼠坐在树枝上荡着秋千,说出来的话也是荡来荡去的。

咪咪听了,赶快放下石子:"真的吗,不许骗我!"

"不——骗——你——"松鼠跳下来,说:"来,开始吧,我给你数着:一,二,三……"咪咪朝着大树,认认真真鞠起躬来,鞠呀,鞠呀,好不容易鞠完了一百个。咪咪头昏眼花,差点晕过去,可一想到明天这棵大树上就会长出一条条鱼来,就高高兴兴地回家了。

第八章 幼儿童话

　　第二天,天还没亮,咪咪就往大树那儿跑。跑啊,跑啊,远远地,咪咪看见大树上真的长出许多鱼。咪咪高兴极了,拼命跑起来。它一到大树跟前,就往树上爬,先摘一条扁扁的鱼吃,咦,咦,味道不对？好像是纸做的。

　　呸,呸,呸——咪咪吐了它,又摘下一条厚厚的鱼吃。咦,怎么咬不烂？好像是布做的。

　　呸,呸,呸——咪咪吐了它,又摘下一条最粗最大的鱼吃。谁知"砰"的一声响,炸得咪咪呜呜哭起来。原来那是气球做成的鱼……

　　"嘻嘻——"又是松鼠,它待在一根树枝上,正在笑话咪咪。咪咪气得冲过去,使劲摇着那根树枝,想把松鼠摔下地。

　　"嘻嘻——懒咪咪加傻咪咪——嘻嘻——"松鼠笑着说着,跳到另一棵树上逃走了。

　　呜呜呜——咪咪越哭越伤心。炸疼了它的嘴不说,还让松鼠骂了"懒咪咪""傻咪咪"……咪咪哭着,走着,来到河边。河里的小鱼蹿上蹿下,好像都在偷看咪咪。咪咪赶快擦干眼泪,找了根钓鱼竿,坐在河边上。这回咪咪一动不动,钓了许多鱼,吃得又饱又香。第二天,第三天,咪咪还是这样钓着鱼,又钓到许多鱼。咪咪吃饱了,鱼儿还剩三大桶。咪咪想了想,就把剩下的鱼,一条一条挂到那棵大树的树枝上。让风吹干了,鱼就不会臭了,咪咪就可以一直吃。

　　咪咪每天钓呀钓,一直钓到冬天。看,咪咪钓了满满一树鱼。冰封住了河,不能钓鱼了,咪咪就吃树上的鱼,咪咪一直吃得饱饱的。

　　有一天,松鼠回到这儿,它一看树上挂满鱼,呆住了,好半天才捂住嘴巴大声说:"啊,世界上真有会长鱼的树呀！"

　　【赏析】这则童话讲的是一只小猫咪咪想吃鱼,可又不能安心坐下来钓鱼,幻想有一棵会长鱼的树的故事。后来,咪咪听了松鼠的戏笑,对大树鞠了一百个躬,大树果然长出了许多鱼,但都不能吃,因为全是纸、布或气球做成的鱼。最后,咪咪认认真真地坐到河边钓鱼,钓到的鱼不仅吃不完,它还将剩下的鱼挂在大树上。大树真的成了会长鱼的树。这篇童话通过咪咪前后行为的变化对比,教育小朋友世上没有免费的午餐,只有幻想是不行的,要想取得收获就要付出劳动。听完童话,孩子们也许会悟到些做事的道理。

作品赏析三

岩石上的小蝌蚪 （谢华）

　　一个绿油油的小山坡上,有一块光秃秃的大岩石。

　　一天,下了一场大雨,岩石上一个凹下去的地方积了水,就像一个浅浅的水塘。在这水塘里,忽然来了两只小蝌蚪,身子一扭一扭,尾巴一摆一摆,游过来又游过去。

"小东西,我这儿是你们玩的地方吗?"

谁在说话?两只小蝌蚪吓了一跳。啊,原来就是这块大岩石,它的岁数很大了,得叫他岩石老公公。

"小东西,你们是怎么到我这儿来的?"

"我们嘛,"两只小蝌蚪一齐回答,"我们是一个圆脸蛋的小哥哥带来的,他可喜欢我们了,就要把我们养起来,看我们变成大青蛙。"

"哦,小哥哥就把你们养在我这儿吗?"

"不,不!"一只小蝌蚪说,"他把我们装在小玻璃瓶里,他不小心,把小玻璃瓶打碎了,只好让我们在您这儿待一会儿……"

另外一只小蝌蚪抢着说:"小哥哥会来接我们的,他去拿一只漂亮的杯子,还装上水草,让我们住在里面。"

"嗯,是这样。"岩石老公公抬头看看天上的太阳,"可是,等一会儿,太阳会把这点儿水晒干的,你们的小哥哥可得赶快来呀。"

小哥哥没来,来了一只小花狗。小花狗口渴了,看见大岩石上有个浅浅的小水塘,就伸出了舌头。

"不行,不行!你不能喝这儿的水。"岩石老公公叫了起来。

小花狗这才看见小水塘里有两只小蝌蚪,就不喝水了。他对小蝌蚪说:"呀,这点儿水很快就给晒干了。让我带你们下山坡去吧!"

"不,小哥哥说好来接我们的,我们在这里等他。"

小花狗听了点点头,跑下山坡去了。小河里有的是水够他喝的。

太阳晒得更厉害了,水慢慢地给晒热了。小蝌蚪浑身不舒服起来,只好一个劲地扭着身子。

岩石老公公看见他们这样子,心里真着急,这时候正好有只小花鸭,从他跟前走过。他急忙叫住小花鸭:"小花鸭,帮个忙,把小蝌蚪送下山坡去吧。"

"好啊!"小花鸭说,"我正要到河里去洗澡,我带他们去。"

可是小蝌蚪不愿意,一只小蝌蚪说:"小哥哥说过要来的呀!"另外一只小蝌蚪说:"是啊,要是小哥哥来了,找不着我们,他多难受啊!"

"真是一对小傻瓜!"小花鸭叹了口气,摇摇摆摆走了。

小水塘里的水越来越烫了,越来越少了。小蝌蚪把身体紧紧地贴在岩石老公公的身上,一动也不动。

"你说,小哥哥这会儿是在找杯子,还是在捞水草?"一只小蝌蚪轻轻地说。

"他一定走在路上了,拿着漂亮的杯子,盛着清凉的泉水,那水好清好甜哟!"另一只小蝌蚪想把头抬起看一看,可是已经抬不动。

山坡上静悄悄的,一个人影也没有。

快到中午了,太阳晒得好厉害!小水塘里的水给晒干了。岩石老公公难受极了,不停地叹气。小蝌蚪觉得浑身像着了火,一会儿就什么也不能知道了。过了好久,真有

130

一个圆脸蛋的小哥哥上来了,手里拿着一个漂亮杯子,杯子里盛着清清的泉水,还装着很多水草。

可是他没跑到大岩石跟前来,就在山坡下的一条小河边,捉起小蝌蚪来。

只有岩石还记得两只可怜的小蝌蚪,它们已经变成两个小黑点了,紧紧地贴在它的身上。它们在做梦呢,梦见漂亮的杯子、清清的泉水、绿色的水草、圆脸蛋的小哥哥。

【赏析】童话讲述的是在炎热的一天,两只小蝌蚪被一个小哥哥带到了岩石上,小蝌蚪冒着被晒干的危险,拒绝了小花狗、小花鸭和岩石老公公的好意,坚决等待小哥哥来接它们。小哥哥却没有遵守他对小蝌蚪的承诺,到小河边捉另外的小蝌蚪去了。两只小蝌蚪终于被太阳晒干,变成了两个小黑点,永远贴在岩石老公公的身上。濒死的它们一直在做梦,梦见"漂亮的杯子、清清的泉水、绿色的水草、圆脸蛋的小哥哥"。这篇童话以幼儿文学中少见的悲剧色彩打动了孩子稚嫩的心灵,在小蝌蚪无声的诉说中,让孩子懂得了诚信的重要。这正是文学所蕴含的深意,这感觉将带给孩子们心灵的特殊震撼。

作品赏析四

梨子小提琴 (冰波)

从前,有一片茂密的森林,到处都有音乐。也许你会问:森林里哪来的音乐呢?说起这件事,里面还有一个美丽的故事呢。

在一个很平常的早晨,小松鼠与往常一样,出门去找食物吃。它在树枝上跳来跳去的,希望能发现什么。突然,一样黄黄的东西进入了它的眼球。小松鼠仔细一看,原来是一个大梨子。它马上把大梨子带回了家。

回到家后,小松鼠把梨子切下一半,做成了一把小提琴。一拉,一个接一个的音符跳起了优美的舞蹈。动听的琴声传得很远很远,动物们纷纷议论着:"这可是森林里没有过的音乐啊!""就是啊,太好听了。"……

狐狸正在捉小鸡,听到优美的琴声,忙停下来:"我不捉你啦,我要去听音乐!"小鸡说:"我也去!"狮子正在捉兔子,听到琴声忙停下来:"我不捉你啦,我要去听音乐!"小兔子说:"我也去!"……

音乐,把一切变得又安静又祥和。

提琴上突然掉下一粒东西。"这是一个小音符呀!"小松鼠高兴极了。第二天,地上长出了一个小绿芽,它多么像一个小音符呀!伴着琴声,小绿芽长大了,长成了一棵大梨树。大家把梨子做成了提琴。

从此,森林里到处都有音乐,到处都充满了快乐。

【赏析】冰波的《梨子小提琴》是一个意境优美、充满诗意、引人遐思的童话故事。这篇童话讲述的是在一片大森林里，住着许多小动物，有狐狸、狮子、小鸡、小兔、小松鼠等等。狐狸很坏，他喜欢欺负小鸡；狮子很凶，他喜欢追小兔。但是，有一天，当他们听了小松鼠用梨子做的小提琴拉出来的好听的音乐以后，就再也不欺负别人了。该故事短小优美，意境柔和，篇幅短小，思路清晰，容易记忆。在柔美婉约的小提琴独奏曲中，让我们随着小松鼠的梨子提琴声，漫游在美丽的森林中，目睹着小动物们在琴声中的变化。在这样的音乐之旅中，我们分明感受到了音乐的力量与神奇。虽然这只是梦境中的祥和图景，但是美本来就是栖居在诗意之上，何况幼儿纯洁无瑕的心里原本就有一方和平安静的空间。

作品赏析五

小猴子吃水果　（刘心武）

小猴跑到西瓜地里，他头一次见识西瓜，感到很有趣，摘下西瓜就要吃。

旁边一只小牛见他把滚圆的西瓜往嘴里送就对他说："你大概不会吃西瓜吧，来我教你——"

小猴很不耐烦地打断小牛的话说："不用你教！"说着一口咬下一大块西瓜皮，嚼嚼吃掉了，生气地把咬破的西瓜往地上一扔撇着嘴说："不好吃！不好吃！"小牛告诉他："谁让你吃皮了？吃西瓜应该吃里头的瓤啊！"小猴一蹦一蹦地跑掉了，边跑边说："吃瓜要吃瓤这谁不知道？"小猴跑到了香瓜棚里，伸手摘下一个香瓜，一拳把香瓜砸成两半，掏出里头的瓜瓤就往嘴里塞。旁边的小驴告诉他："吃香瓜应该吃皮肉，瓜瓤里尽是滑溜溜的籽，不好吃！"小猴几口就把滑溜溜的籽吐出来，生气地把香瓜肉扔掉，一蹦一蹦地跑了，边跑边嘟囔："这回我记住了，应该吃皮肉！应该吃皮肉！"

小猴蹦到了一棵核桃树旁，树上正结着绿油油的核桃果，他蹦到树上，伸手就摘果子。一只喜鹊飞来告诉他："这核桃可不能乱吃啊——"小猴马上自以为是地说："不用你多嘴啦！我知道，得吃皮肉！"说者"吭"就咬了一口核桃的绿皮，这回小猴嘴里又麻又涩，难过得他一跟头翻下树来，赶忙跑到小河边漱口。小喜鹊飞过来告诉他："吃核桃，应当吃里面的桃核仁！"

小猴漱完口，又一蹦一蹦地跑了，这回他跑到一棵梨树边，蹦到树上，摘下一棵大梨，在树上七磕八碰，把果肉全部碰烂掉，只剩下一个梨核儿，这才放到嘴里吃。哎呀！他不由得又把嚼烂的渣子吐了，酸得直咬牙。喜鹊飞来问他："这回好吃了吧！"他气得摘下一个鸭梨朝喜鹊扔去，翻身下树，一蹦一蹦地朝远处跑去，边跑边嘟囔："西瓜没味儿，香瓜净是籽儿，核桃麻嘴儿，鸭梨酸牙儿……我从今再不吃这些瓜果儿！"

你说小猴错在哪里了呢？

【赏析】故事讲述了这样一个故事：小猴不虚心向别人学习，不懂装懂，不懂如何吃瓜果，以至于闹出一连串的笑话。通过小猴吃瓜果的反面例子，童话对幼儿进行了一番常识教育：吃西瓜应该吃里头的瓤，吃香瓜应该吃皮肉，吃核桃应该吃核仁，吃梨应该吃果肉。这篇童话在生动有趣的故事中给幼儿以教育，可谓是达到了寓教于乐的效果。

作品赏析六

白脖儿和白尾儿 （汤素兰）

白脖儿和白尾儿是两只麻雀，又是邻居，还是一对形影不离的好朋友。

有一天，白脖儿对白尾儿说："我得去看看我的一个亲戚，冬天就要来了，我怕那时大雪纷飞，出门不方便。"白尾儿问："要我帮忙吗？"白脖儿拜托白尾儿帮它看家，好天的时候帮它晒晒白面。白尾儿答应了白脖儿的要求。白脖儿放心地出门了。

一天，天气很好，白尾儿把白脖儿的面拿出来晒。白尾儿发现白脖儿的面又白又亮，还比自己的面好。心想："这面要是做成包子该多好吃呀！白脖儿不在家，如果它在家一定会送我白面的，还不如现在我自己拿一些又有什么关系呢？"于是，它大大方方拿着白面做包子，一看自己家的糖罐没有糖了，要是白脖儿在家，知道我没糖了，一定会把糖借给我用的。它既然会借给我，我自己去拿又有什么关系呢？于是，它就大大方方地拿了白脖儿的糖，唱着歌儿做包子。很快美味的包子就做好了，多好吃呀！

过了几天，它又想吃包子了，这回白尾儿直接跑到白脖儿家里做包子，还住到白脖儿家。冬天来了，白尾儿在白脖儿的床上呼呼大睡。

一天，白脖儿回来了，把正在睡觉的白尾儿吵醒了，白尾儿去开门。白脖儿以为自己走错了房间。白尾儿说自己梦游到这儿的。当白脖儿发现家里的东西不见了很伤心，认为东西也都梦游去了。白尾儿羞愧地睡不着觉又不好意思说出真相。于是，它想了一个好办法，每当白脖儿想吃包子时，白尾儿就会把做好的包子悄悄放在门口，白脖儿也认为东西会梦游，很惊喜。两个人依然是好朋友。

【赏析】这则童话讲的是两只麻雀朋友之间发生的事。白脖儿要去看远房的亲戚，请白尾儿帮忙看家。因为羡慕和自私，白尾儿吃光了白脖儿出门探亲时托他帮着晒太阳的一缸白亮亮的面粉。白脖儿回来，发现自己家的白面没有了，很伤心。白尾儿羞得满脸通红，想和白脖儿解释，但又不敢。整个冬天白尾儿都给白脖儿送包子。这个故事教育小朋友，不管是好朋友，还是亲近的人，不经别人的同意就擅自做主是不对的；如果真的做了对不住朋友的事，就应用真诚去弥补过错，让真挚的友情净化心底的污垢，弥合彼此间的裂痕。

思考链接

1. 试述童话、神话、传说三者之间的关系。
2. 阐述幼儿童话的特点。
3. 举例分析幼儿童话的作用。
4. 选择一则自己喜爱的幼儿童话和大家一起分享。

好书推荐

1.《格林童话》

《格林童话》,又称《儿童与家庭童话集》,是德国格林兄弟(雅各布·格林和威廉·格林)通过科学的方法收集、整理、加工德国民间的童话、神话、传说,完成出版的一部著名的童话集。《格林童话》一方面保持了民间文学原有的特色和风格,同时又进行了提炼和润色,赋予它们以简朴、明快、风趣的形式。《格林童话》自1812年问世以来,在近两百年的时间里,已被译成世界上一百四十余种文字,其中《青蛙王子》《灰姑娘》《白雪公主》《不来梅城的乐师》《睡美人》等都是脍炙人口、家喻户晓的名篇,许多还被改编成各种戏剧、歌剧和芭蕾剧搬上舞台,拍成电影和电视剧。可以说,《格林童话》以一种特有的文学风格传遍了世界的每个角落,它的影响超越了国界,也超越了时代。

2.《安徒生童话》

《安徒生童话》是丹麦作家安徒生的童话作品集,也是世界上最有名的童话作品集之一。汉斯·克里斯蒂·安徒生(1805～1875)是一个将民间传说、道德说教和幽默诙谐与他自己的非凡想象力结合起来的丹麦作家。他创作的童话故事尽管创作体裁属于童话,但是作品中蕴含了丰富的人生哲理,不仅对儿童而且对成年人同样具有重要意义。他出生在Odense城的贫民窟,但受过良好的教育。他最著名的童话故事有《海的女儿》《小锡兵》《冰雪女王》《拇指姑娘》《卖火柴的小女孩》《丑小鸭》和《红鞋》等。

第九章 幼儿故事

> 我们经常听着妈妈的故事,进入甜美的梦乡。在多姿多彩的故事中,我们聆听花开的声音;在想象奇特的故事里,我们感受梦幻的气息;在美轮美奂的故事里,我们吸取知识的养分。美妙的故事,就像一幅幅诱人的画卷展现在我们面前;有趣的故事,就像清晨的一缕缕阳光滋润着我们的心田。

本章要点

1. 了解幼儿故事的发展。
2. 掌握幼儿故事的特点。
3. 把握幼儿故事的分类。

第一节 幼儿故事概述

世界上没有不爱读故事的孩子,故事是孩子们认知世界的一扇窗口。它能为孩子编织一双想象的翅膀,让孩子在爱的世界里任意驰骋。阅读优秀的故事,孩子会变得更聪明、更快乐、更懂事,也更积极向上、更开朗乐观。

一、幼儿故事的概念

《现代汉语词典》对"故事"的解释为:第一,真实的或虚构的用做讲述对象的事情,有连贯性,富有吸引力,能感染人;第二,文艺作品中用来体现主题的情节。实际上,从故事的发展概况和诸多典籍对故事的诠释来看,一个人的所作所为以及所遭遇的一切都叫作故事。"故事"实际并不受时间的约束,它概括了古往今来一切的事,它还是构成各种形式的文艺作品的素材。从古今流传下来的故事作品看,"故事"也是一个宽泛的概念:凡是运用通俗口语,侧重于描写事件的过程,强调情节的生动性、连贯性,适合于口头讲述的文学作品,都可以称为故事。

故事是一种以叙述事件为主,侧重于事件过程的描述,强调情节的完整性、连贯性、生动性和趣味性,比较适宜于口头讲述的文学体裁。幼儿故事的概念有广义和狭义之分。广义的儿童故事是泛指神话、传说、童话、儿童故事等体裁的作品,即人们口头上常说的"神话故事""传说故事""童话故事";狭义的儿童故事是指具有故事基本特征的内容单纯、篇幅短小、与儿童的接受相适应、供儿童阅读和聆听的叙事性文学体裁。

幼儿故事不同于幼儿童话。广义的幼儿故事包括童话。五四时期,"童话"一词在相当长的一段时期内被译为"专备儿童阅读的故事书",与"文学故事"混用。发展到后来,童话才专指故事中"带有浓厚幻想色彩"的故事。狭义的幼儿故事与童话并列:童话专指有浓厚幻想色彩的故事,幼儿故事则专指写实性强的作品。幼儿故事取材广泛,但主要还是以幼儿生活或相关生活为主。故事中的人物或情节可以是真人真事,也可以是生活中经过提炼加工的虚构化的人物或事件,但不像童话那样想象奇特丰富。幼儿故事虽然有艺术夸张和虚构,还是要比童话更合乎常理。

幼儿故事在适合幼儿阅读的同时,更倾向于适合幼儿听读。故事必须考虑到能够口头表达、口头流传的因素,否则就失去"故事"这种体裁的本质性。现代故事的口头性主要表现在语言通俗易懂、故事情节吸引人、读者易于讲述、听者易于理解上。幼儿故事以极简练的笔墨勾勒人物、渲染环境,具有主题单纯、内容浅显、篇幅短小、人物集中、情节生动、故事性强、结构完整、层次清楚、语言口语化等显著特征,是幼儿文学中运用最普遍、流传最广泛、最受幼儿喜爱的一种艺术形式。

二、幼儿故事的发展

听故事是幼儿的天性,每一个孩子都是在"故事的王国里"慢慢长大的。几千年来,故事里的王子、公主、精灵、猛兽等各种形象陪伴孩子一起成长。除了一些神话、传说、寓言外,动物故事或民间生活故事往往成为幼儿最熟悉的故事,如猫和老鼠的故事、长工斗财主的故事、巧媳妇的故事,以及女婿的故事等等。此外,赞扬古代儿童聪明智慧的故事也常被编入一些启蒙读物中,如元代卢韵的《日记故事》、明代萧良友的《蒙养故事》。其中的"曹冲称象""灌水浮球""司马光破缸救小儿"等故事,成为脍炙人口的历代名篇,广为流传。

1909年,我国最早的以学龄前儿童为对象的刊物《儿童教育画》创刊。此后,各种比较适合幼儿欣赏的故事,特别是生活故事陆续在报刊上刊登,如1922年陆费逵的《我小时候的故事》、1930年陈伯吹的《破帽子》、1934年叶圣陶的《小蚬回家了》等。

中华人民共和国成立后,幼儿故事的创作开始增多,经典幼儿故事不断涌现,如杲向真的《小胖和小松》、方轶群的《小碗》、任溶溶的《人小时候为什么没胡子》等。

改革开放以来,随着社会对幼儿自身关注度的显著提升,幼儿故事的创作进入繁盛阶段,幼儿故事的作家队伍不断壮大,特别是来自幼儿园和小学的一线教师,如胡莲涓、任霞苓、倪冰如、郑春华、谭小乔等等。他们更熟悉幼儿的生活兴趣及阅读喜好,创作出大量贴近幼儿、为幼儿所喜爱的故事。

第二节 幼儿故事的特点

故事作为一种最受幼儿喜欢的文字形式,对于孩子来说有特殊的吸引力。对一些好的故事,他们可以百听不厌。故事优美的语言、典型的人物形象塑造、生动的故事讲述,深深地吸引着幼儿,使他们从中受到感染和教育,既增长了知识、发展了智力,又懂得什么是真善美、假丑恶,从而培养爱憎分明的情感,并把学到的好思想付诸行动。听故事还可以帮助孩子学习语言,增强和提高孩子的记忆力,丰富和发展他们的想象力。幼儿故事是故事的一个分支,它具有故事的一般特征,如注重故事性、讲究情节的连贯性、以叙述为主的表现手法等。但由于读者对象年龄特征上的差异,幼儿故事也相应拥有了自己所独有的一些艺术特征。

一、情节曲折,故事完整

情节生动、富于悬念、可读性强是所有故事都应具有的共同特点,幼儿故事对这一点的要求尤为突出。幼儿的心理特点是无意注意占优势,注意力容易分散和转移。平淡无味的故事难以引起他们的注意,更难以把他们引入到故事的特定情景之中。所以,给幼儿看的故事,一定要注意可读性。

　　幼儿故事往往通过设置悬念,形成波澜曲折的情节来引起幼儿阅读兴趣。悬念,即在情节发展的开头或发展过程中,设置一个个"谜团"或矛盾冲突,引起读者急切了解情节发展和揭开谜底的愿望。幼儿的好奇心很强。悬念的出现,会立即吸引他们的注意,使他们急切地顺着情节发展追踪下去。任霞苓的《一亮一暗的灯》是一个运用悬念很成功的例子。这篇文章讲述了一个这样的故事:爸爸妈妈不在家,天黑了,小晴怕起来了。咦,阁楼的灯怎么一亮一暗?(悬念出现了)可是小晴刚刚跨出一步,就听到"窸窸窣窣——扑托"的声音,她吓得转身就逃。(悬念进一步加深)小晴叫来了好朋友兰兰,两人一起去。可两个人都害怕了。忽然,阁楼里"扑托"一声,灯灭了,吓得俩人一起转身往外逃。(悬念又进一步)她们又找来好朋友虎娃。虎娃本来很神气,但听两人一说也害怕起来。(悬念更进一步)最后,三个孩子手拉手并排走上楼梯,从阁楼的门缝里往里一瞧,原来是小花猫咬住电灯的拉线开关"扑托"跳了一下,灯暗了;"扑托"再跳一下,灯又亮了。(揭晓答案)故事悬念迭出,情节曲折,引人入胜,又在结尾处揭晓答案,呈现完整的故事情节,既引起幼儿阅读的兴趣,又满足了幼儿的探究心理。

二、想象丰富,构思巧妙

　　故事能借助于幻想去塑造并不存在于现实生活之中却有现实意义的形象,间接地反映生活。幼儿期是人一生中最富幻想,也是最喜欢模仿和活动的时期。因而,想象丰富、角色生动、富有表现动作的故事自然能引起幼儿的兴趣。幼儿愿意沉浸在有变化情节、重复性强和音韵美的语句中,去追随事态的跌宕起伏,也愿意在运动和冲突中。在大胆的夸张中去获得自己认为满意的结果。

　　精巧的构思同样会令故事的可读性增强,而且常常会形成出人意料的阅读效果。如薛卫民的《小猫叫,小狗叫》:如来和米多两个玩捉迷藏。米多先藏。如来去找米多,正想开大橱的门,听见里面有小猫"喵——喵——"叫,如来想:"小猫在里面捉老鼠呢。"如来找不到米多。最后,米多"喵喵"叫着走出来了。噢,原来米多装小猫叫把如来骗了!该如来藏了。米多听到一个大纸箱子里传出来"汪——汪——"的小狗叫,米多把纸箱子一掀,就见如来在里面蹲着呢!如来很委屈:为什么米多不上当!米多说:"……我一想就知道是你了。我学猫叫,是因为家里养了猫;你学狗叫,咱们家根本就没有狗哇!"你瞧,好办法不一定在什么条件下都适用,如来被发现不是因为像诸葛亮的空城计——不能用第二次,而是因为他没有考虑到实际情况。

　　再如庄大伟的《可爱的客人》:玲玲请皮皮来做客,玲玲用一只刻花玻璃杯,给皮皮冲了一杯很甜很甜的麦乳精。皮皮甜甜地喝着,两个好朋友甜甜地说着话。过了好一会,皮皮要回家了。玲玲把皮皮送出门,刚关上门就听到"砰砰砰"的声音。皮皮转回来说:"我的帽子忘了。"他拿起沙发上的帽子,走了。"砰砰砰",皮皮又转回来说:"我的围巾忘了。"他拿起椅背上的围巾,走了。"砰砰砰",皮皮又在敲门。玲玲笑着问:"这回又掉下什么了?"皮皮结结巴巴地说:"我忘了告诉你,我正在感冒,刚才那只杯子,可得好好消毒。要不……"

他突然转身,对着墙角"阿——嚏"地打了个大喷嚏。

另外,在故事的大框架中加入荒诞的因素,也是很独特的构思方法。如周锐的《动物园的猴子变成了人》。希儿听说,猴子会变成人,再去动物园的时候,就特别注意猴子们。"妈妈,猴子像是少了几只了。……它们,"希儿压低嗓门,"会不会变成人了?"接下来,希儿再也没有心思看动物了,她很仔细地在看那些看动物的人。过了一会,希儿说:"我想找已经变成人的猴子。"妈妈正在和希儿讨论这个问题,忽然,希儿追上了一个既不矮也不瘦的人,大声问:"你是猴子变的吗?"……"第一次,不怪你。"希儿边说边将橘子皮拾进废物箱,"给刚变成人的猴子做个榜样。"故事在这里戛然而止,留给人很多的回味空间。开头希儿的好奇心和想象力让人觉得有趣而佩服,而结尾处希儿的认真又让人体味到了感动,还有一点让人感到辛辣的讽喻意味。

类似这样的构思方式就好像相声里的"抖包袱"。到最后,包袱抖开了,给你一个完全出乎意料又颇有余味的结局。巧妙的构思方式还有很多,还可以在现实的叙述中插入幻想的成分。《希儿把爸爸从牢里救出来》就是这样的一个有趣的故事。还可以巧妙地运用前后对比和转折的方式安排故事情节,如刘谦的《丹丹老师》、陆弘的《谁要我帮忙》等作品。

三、细节突出,趣味性强

细节是故事的重要组成部分,尤其是情节较简单、篇幅较短小的幼儿故事,更要善于捕捉细节。幼儿故事不能像成人故事那样——以高度概括和浓缩的方式实现大的时间、空间的转换以及事件的简略交代。给成人看的故事,时间跨度可以是数年,甚至数十年,空间上可以转战千里;而幼儿故事往往是撷取生活中富于生气的一个片段、一个场景,演绎成一个活泼动人的故事。因此,细节在幼儿故事中尤为重要。写活细节,会使整个故事顿然生动起来,鲜活起来。

幼儿故事,主要是提供给孩子听赏的。作为幼儿故事细节之一的语言运用,必须做到生动明快、通俗浅显。生动明快是吸引幼儿注意的一种手段,通俗浅显则是故事作为口头文学的本质特点。幼儿故事的词汇多用动词、形容词以及拟声词和叠音词;句式多用短句、比喻句,以增加语言的亲切感,拉近讲述者与孩子们的距离。

寻求快乐是幼儿的天性,孩子总是希望从故事中得到出人意料、妙趣横生的快乐。那些幽默滑稽的故事情节以及与之相适应的语言表达是儿童故事趣味性的重要因素。同样一个故事,用不同的语言写出来,可以收到不同的效果。语言不生动,孩子们听了就不会有什么反应;语言生动,他们听了会发出愉快的笑声。比如詹政伟的《吃铁鸟》一开头这样写道:

> 草籽,鸟儿喜欢不喜欢吃?喜欢!
> 小米,鸟儿喜欢不喜欢吃?喜欢!
> 碎肉,鸟儿喜欢不喜欢吃?喜欢!
> 铁钉子,鸟儿喜欢不喜欢吃?也喜欢!

这首幼儿故事诗,开头韵律整齐,朗朗上口。在大家熟悉的鸟食"草籽、小米、碎肉"之后

突兀地加上"铁钉子,鸟儿喜欢不喜欢吃?也喜欢"的句子,乍一听似乎是在利用人们的思维惯性逗乐子,一下子就会引起孩子的好奇。接下来这样写:"咦,错了?没错。"拟声词"咦"形象地抓住孩子的心理,使故事一下子转入对特别的"吃铁鸟"的介绍中。而后面"吃铁鸟"趁鞋匠睡觉时,偷偷吃完他补鞋的铁钉后,还在他头上淘气地叫个不停。另外,到处找铁钉的铁匠自认倒霉的情节既出人意料又特别风趣、有意思。

第三节 幼儿故事的分类

根据不同的视角划分幼儿故事,其类型是多种多样的。例如从创作者来划分,可分为民间故事、改编故事和创作故事;从表现形式来划分,可分为纯文字故事和图画故事;从艺术手法来划分,可分为散文体故事、诗体故事和谜语故事;从题材来看,可分为童话故事和生活故事。下面介绍几种常见的幼儿故事。

一、幼儿民间故事

关于民间故事,学术界有两种不同的定义:一是广义的民间故事,即与民间韵文体文学相对的民间散文体叙事作品,包括民间神话、传说、童话,以及其他散文叙事作品;二是狭义的民间故事,即民间神话、传说之外的其他散文叙事作品,如民间童话、民间笑话、民间寓言、民间生活故事等。因为民间神话、传说及狭义的民间故事中均有适合并深受幼儿喜爱的文学作品,所以这里所指的民间故事为广义民间故事,包括民间神话、民间传说及狭义的民间故事三类。

民间神话是远古时代的产物,是远古人类探索世界、解释世界的知识体系,是以"神"为主要形象的故事,具有浓厚的想象成分与象征意义。中华民族的神话主要包括宇宙起源神话、人类起源神话、洪水再生神话、族群起源神话、文化发明神话、战争神话等几大类,如盘古开天地、女娲造人、神农尝百草、炎黄之争等等。

民间传说亦产生于人类早期,是劳动人民创作的,与一定历史人物、历史事件和地方古迹、自然风物、社会习俗有关的故事,是关于人类自己早期的故事,具有一定的真实性和历史性,但在流传的过程中又具有了幻想和传奇色彩。我国民间传说主要包括人物传说、史事传说、风物传说等内容,如大禹治水、梁山伯与祝英台的传说、年的传说等等。

狭义的民间故事包括民间幻想故事、民间写实故事、民间笑话、民间寓言等,主要以描写百姓实际生活的故事为主。民间幻想故事即民间童话,是以超自然的事物与事件构成故事主干,以娱乐而非宗教为讲述旨趣的民间口头叙事,包括神奇人物、神奇经历、神奇精灵、神奇宝贝等。民间写实故事取材于现实生活,故事中的人物及情节都来自民众真实的生活,具有现实性,如长工和地主的故事、巧女的故事等。民间笑话是幽默短小的故事,常

用夸张、风趣的言辞讽刺社会和人的缺点,如懒人的故事、笨人的故事等。民间寓言是具有哲理和教训意味的短小故事,如拔苗助长、掩耳盗铃等。

二、幼儿生活故事

幼儿生活故事以现实的幼儿为主要人物,以他们的日常生活、活动为题材,以写实手法反映幼儿家庭、学校、社会生活的各个方面。幼儿生活故事在幼儿故事中数量最多,最贴近幼儿生活,是幼儿故事中的主要形式。

幼儿生活故事主要是表现幼儿自身的生活,是经过艺术加工的幼儿生活的真实写照。幼儿生活故事大多取材幼儿在家庭或幼儿园的生活。也有幼儿生活故事以某些真人真事为原型,通过对幼儿情感、性格、思想等的逼真描写,让幼儿产生真实感和亲切感,引导幼儿对照自己的思想行为,认识思考自己的生活。

幼儿故事的情节生动曲折,悬念丛生,充满情趣,容易激发幼儿的阅读兴趣。其主题或引导幼儿辨别是非,领悟正确的思想认识或行为,激发勇气和信心;或培养幼儿道德意识,养成良好的行为习惯;或教育幼儿认识自身的缺点错误,启示他们加以改正;等等。如杨庆福的《谁勇敢》:

枣树上有个马蜂窝。小松指着马蜂窝说:"谁敢把它捅下来,就算谁勇敢!"他问小勇:"你敢吗?"小勇摇摇头:"别捅,马蜂蜇人可疼啦!"小松指着小勇的鼻子说:"得啦,胆小鬼!瞧我的。"小松找来一根长竹竿,使劲一捅。"啪!"马蜂窝掉下来,马蜂一下子炸了窝!小松丢下竹竿,捂着脑瓜就逃。大家也吓得跑开了。钢钢年纪小,跑得最慢,眼看马蜂扑过来,他"哇"的一声吓哭了。小勇回头一看,急忙跑回去,把钢钢拉到身后,抡起手中的小褂,拼命抽马蜂。马蜂赶跑了。小勇让马蜂蜇了一下,半边脸肿起老高,疼得他直掉眼泪。小勇哭了,可是,大家都说他勇敢。小松捅马蜂窝,谁也没说他勇敢。

这个故事鲜明地划分出什么是莽撞、什么是真正的勇敢,教育孩子不要做小松那样好强逞能、没有责任心的孩子。

如安伟邦的《排队上车》:

大成最爱坐汽车,喜欢找个靠窗口座位,坐下来向窗外望。每回他坐汽车都不排队,等下车的人从前门下完了,就急蹦上去抢座位。听了雷锋叔叔在火车上帮助别人的故事后,大成就想:"我一定要学习雷锋叔叔,以后要排队从后门上车。"

一天,大成去看电影。时间快到了,他赶紧往车站跑。跑到车站的时候,汽车正好开到。大成趁下车的人刚下定,就从前门钻了进去。他一进去,前门就关了。他在车厢中间找到一个座位,刚要坐下,忽然听见售票员阿姨喊:"请大家排队上车,不要抢先。"大成回头一看,后门那儿,有好多人正排着队上车呢。大成想起了雷锋叔叔,也想起了自己保证的话。"哎呀,我怎么又忘了呢?"他赶紧跑到前门去,对司机叔叔说:"叔叔,请您开开门,我要下车!"前门开了。大成跳下车,跑到后门那儿,排在队伍的最后面。大成最后一个上了汽车,售票员阿姨笑着摸摸他的头。一位解放军叔叔拉着他的手说:"来,我搂着你吧,你真是个好孩子!"

这个故事写出了大成在向雷锋叔叔学习过程中,严格要求自己,遵守公共秩序,讲文明、礼貌的思想行为,也讲了追求进步、改正缺点要从现在做起的道理,教育幼儿在日常生活中遵守规则,做文明人。

再如列夫·托尔斯泰的《谢谢你》:

一个小男孩玩的时候,不小心打碎了一只漂亮的碗儿。谁也没看见碗儿是他打碎的。爸爸回来,问道:"谁打碎的?""我。"爸爸说:"谢谢你,因为你说了真话。"

故事写一个小男孩不小心打碎碗并勇于承认的事,教育孩子不要撒谎,做错了事,就要说真话,做诚实的孩子。

三、幼儿动物故事

动物故事以拟人化的动物为描写对象,将动物世界赋予人类社会的某些特点,或描写动物的生活习性、行为习惯、外部特征等,生动有趣地介绍各种动物,让幼儿了解认识不同的动物;或借动物形象,隐喻人类社会生活、社会关系,增加幼儿辨别真假、善恶、美丑的能力,学习到做人的道理。如《伊索寓言》里一只贪心狗的故事。这个故事讲的是一只狗嘴里叼着一块肉,正准备把它带回家,但路上它必须渡过一条小溪。当它往水里看的时候,它看见了自己的影子。它认为那是另一只叼着一块肉的狗,于是决心要弄到那一块。它朝水里的那一块肉猛地咬去。当它张开嘴的时候,真正的那块肉掉下来被溪水冲走了。这只狗因为贪心,结果什么也没得到。这个故事告诉小朋友不要贪心,要懂得知足,把握好已经得到的,切莫因为贪心而失去本来拥有的。《笨狼阿灰》也讲了一个动物的故事。笨狼阿灰经常想歪点子欺负其他小动物,还得意扬扬。这一天,笨狼阿灰又吓唬小公鸡,说要吃掉它。小公鸡请求阿灰晚上再来,笨狼同意了。小动物们知道了,一起来帮小公鸡想办法。大家在小公鸡的家里布置了一些特别的陷阱。小狗说:"小公鸡,这下你可不用害怕了。"笨狼阿灰一走进小公鸡家就掉进了陷阱里,大家高兴得拍手称快。这个故事教育幼儿在遇到危险时,要像小公鸡一样,学会动脑筋,运用智慧化险为夷,保护自己。同时,引导小朋友要乐于帮助他人,战胜邪恶。

四、幼儿历史故事

历史故事是历史和文学相结合的产物。它以史实为依据,或以讲述历史事件为主,或以介绍历史人物为主,编写适合儿童欣赏和聆听的故事。英国人培根说:"读史使人明智。"幼儿在阅读历史故事时,不仅可以了解中华民族光辉灿烂的历史,还可以从中受到启发,增长智慧,获得知识。比如通过"孝感动天""精忠报国""岳母刺字""二十四孝"等许多可歌可泣、震撼人心的历史人物故事,引导教育幼儿选取什么样的人物榜样,树立怎样的人生志向,如何修炼人生的品格,怎样学习他们的优良品质,培养自己的浩然正气。而"司马光砸缸""曹冲称象"等聪明勇敢、机智果断的历史人物故事,又会使幼儿自然生起仰慕之心,学会遇到问题时,运用智慧,果断处理。

第四节 幼儿故事的赏析

作品赏析一

鸟树 （李其美）

幼儿园的院子后面，有一排篱笆，篱笆上爬满了花儿。

早晨，冬冬和扬扬正在篱笆旁边玩儿，忽然，"扑"的一声，什么东西打在扬扬头上，又落到地上，把扬扬吓了一跳。他们一看，啊，原来是一只黄绒绒的小鸟。

小鸟扑腾扑腾地扇着翅膀，一蹦一跳，向篱笆逃去。

"不好了，小鸟要逃走了！"冬冬张开小手，扑了过去，像捉蚱蜢一样，把小鸟捉住了。

小鸟急得"唧唧唧唧"地叫。

扬扬着急了，说："快放开手！小鸟会给你捏死的。"

冬冬也很着急："放开手，它会逃走的，怎么办？"

扬扬从口袋里掏出一个哨子，把哨子上的绳子解下来，拴住小鸟的腿。

他们把小鸟放在草地上，小鸟叫了一阵，扑腾了几下，就安静下来了。冬冬和扬扬看看小鸟，小鸟眼睛圆溜溜的，也看看冬冬和扬扬，好像要对他们说什么，可是什么也没有说出来。

扬扬埋怨冬冬："你太使劲了，把小鸟捏伤了。"

"才不呢，你看它直喘气，是太累了。"

"对，对，你看，小鸟闭上了眼睛，想睡觉了！"

"早上它怎么会睡觉呢？"冬冬说，"一定是饿了，饿了就不愿意动了。"

"那我们就给它吃东西。"

扬扬又在口袋里掏了掏，掏出一块碎饼干，还捉了几只蚂蚁，放在手心里，对小鸟说："快吃，快吃，爱吃什么，就吃什么。"

可是，小鸟闭着眼睛，连看都不看一眼。

"哦。我知道了，它一定想妈妈了。"冬冬想了一想说，"小鸟的妈妈一定在找小鸟。它找不到小鸟多着急啊，还会哭的。"

第九章 幼儿故事

扬扬说:"对,上一回在公园里,妈妈找不到我,就哭了,我也哭了。"

正在这时候,飞来几只鸟儿,停在篱笆上,朝着冬冬和扬扬叽叽喳喳地叫。

冬冬和扬扬一起喊:"小鸟妈妈,快来,你的小鸟在这儿呢!"

可是,鸟儿叫了一阵就飞走了。

扬扬摇摇头说:"它们不是小鸟的妈妈。"

冬冬说:"小鸟是自己出来玩的,它的妈妈怎么知道它在这儿呢,我们把它放了,让它自己去找妈妈。"

"好,好,我们把它放了!"

冬冬小心地把绳子解开,对小鸟说:"小鸟,小鸟,你别生气了,快去找妈妈吧!"

可是,小鸟还是一动也不动——啊!它死了!

冬冬和扬扬心里很难过。他们对小鸟那么好,小鸟为什么死了呢?

冬冬转了转眼珠,突然说:"大班的哥哥把几颗花生埋在泥里,就能长出好多花生来,我们把小鸟埋在泥里,一定也会长出好多小鸟来的,你说对吗?"

扬扬点点头。

他们挖了一个坑,把小鸟轻轻地放在坑里,又轻轻地给它盖上一层土,还从篱笆旁边的葡萄树上,折了一根枝条,插在那儿。

日子一天一天过去了。春天,雨淅沥淅沥下个不停。小草从泥里悄悄地伸出了绿色的脑袋。冬冬和扬扬插的那根枝条,也长出了绿芽。

这就是鸟树呀!冬冬和扬扬告诉他们的小朋友:这棵树长大了,会开出很多很多鸟花,鸟花又会结成很多很多鸟果,鸟果熟了,裂开来就跳出了很多很多小鸟。到那时候,小鸟每天从树上飞下来和我们玩。

后来,这棵"鸟树"真的长大了。冬冬和扬扬呢,也长大了。他们在戴上红领巾的那天,高高兴兴地到幼儿园来,看望老师,看望他们种的那棵"鸟树"。他们已经知道,那不是一棵"鸟树",是一棵葡萄树。葡萄树爬在架子上,没有鸟花,也没有鸟果,身上挂着的是一串串亮晶晶的葡萄。可是,瞧!真的有一群小鸟停在树上,在快乐地唱歌呢!

【赏析】这是一篇生活气息浓郁的幼儿生活故事,流露出了幼儿爱护生灵的纯真愿望。幼儿园的冬冬和扬扬捉住了一只小鸟。他们喂小鸟东西,帮小鸟找妈妈,解绳子放小鸟飞,可小鸟已经死了。他们很难过,想不通为什么对小鸟那么好,小鸟还会死掉。一连串的细节把两个孩子天真、纯洁、善良、富于同情心的纯真感情真切自然地表现出来。他们埋葬了小鸟,折了一根葡萄藤插在土堆上。春天,藤上长出了绿芽。他俩认为那就是鸟树,鸟树长大后会开鸟花结鸟果,鸟果裂开会跳出很多小鸟。作品真实地写出了幼儿天真无邪的童心和属于他们那个年龄的独特的想象,真实而感人。

作品赏析二

金鸡冠的公鸡　（阿尔克谢·托尔斯泰）

从前，有一只猫、一只画眉鸟，还有一只公鸡——一只金鸡冠的公鸡，一起住在树林子的一间小房子里。

有一天，猫和画眉鸟到树林子里去砍柴。他们临走的时候，叮嘱公鸡说："我们走得很远，你在家好好看门，一声也不要响。要是狐狸来了，你可千万不要把头探到窗子外面去。"

猫和画眉鸟刚走，狐狸就来了。他坐在窗子下面唱起歌来："公鸡呀公鸡，金鸡冠的公鸡，你的脑袋油光光，你的胡须丝一样，你把头探出窗口，我给你吃颗小豆。"

狐狸唱了一遍又一遍，公鸡忍不住了，把头探出窗口。狐狸一把抓住它，飞快地往狐狸洞跑去。

公鸡"喔喔"大叫："狐狸抓了我，走过黑幽幽的森林，跨过急腾腾的河流，翻过高耸耸的山头，猫啊，画眉鸟啊，快来救救我吧！"

猫和画眉鸟听见了，急忙追来，从狐狸手里把公鸡救回来。

过了些时候，猫和画眉鸟又要到树林子里去砍柴。临走的时候，他们严厉地叮嘱公鸡说："你待在家里，千万别把头探到窗子外面，我们这次走得远，听不见你的叫喊声的。"

他们刚走，狐狸又来了。他坐在窗下唱道："公鸡呀公鸡，金鸡冠的公鸡，你的脑袋油光光，你的胡须丝一样，你把头探出窗口，我给你吃颗小豆。"可是公鸡一声不响。

狐狸就接着唱："孩子们跑啊跑，麦子撒了一地，母鸡把它们捡起来，就是不给公鸡……"公鸡忍不住了，把头探出窗口："喔喔喔！干吗不给？"狐狸一把抓住他，要带回狐狸洞。

公鸡"喔喔"喊救命："狐狸抓了我，走过黑幽幽的森林，跨过急腾腾的河流，翻过高耸耸的山头，猫啊，画眉鸟啊，快来救我吧！"

猫和画眉鸟听见了，转身就来追赶。猫在地下跑，画眉鸟在天上飞。他们赶上了狐狸，猫用爪子抓，画眉鸟用嘴啄，把公鸡救回来了。

过了些时候，猫和画眉鸟又要到树林子里去砍柴。临走的时候，他们非常严厉地叮嘱公鸡说："你千万别听狐狸的话，千万别把头探到窗子外面，我们这次走得更加远，听不见你的叫喊声的。"

猫和画眉鸟这回去砍柴，走得很远很远。狐狸又来了，他坐在窗下唱道："公鸡呀公

鸡,金鸡冠的公鸡,你的脑袋油光光,你的胡须丝一样,你把头探出窗口,我给你吃颗小豆。"可是公鸡一声不响。

狐狸就接着唱:"孩子们跑啊跑,麦子撒了一地,母鸡把它们捡起来,就是不给公鸡……"可是公鸡一声不响。

狐狸就接着唱:"孩子们跑啊跑,核桃撒了一地,母鸡把它们捡起来,就是不给公鸡……"可是公鸡忍不住了,把头探出窗口:"喔喔喔!干吗不给?"狐狸一把抓住他,又要带回狐狸洞。

公鸡"喔喔"喊救命:"狐狸抓了我,走过黑幽幽的森林,跨过急腾腾的河流,翻过高耸耸的山头,猫啊,画眉鸟啊,快来救我吧!"

猫和画眉鸟听见了,转身就来追赶。猫在地下跑,画眉鸟在天上飞。他们赶上了狐狸,猫用爪子抓,画眉鸟用嘴啄,狐狸痛得逃走了。他们救出了公鸡,用树皮篮子捧回家去。从此以后,他们太太平平地过日子,狐狸再也骗不了公鸡啦!

【赏析】这则童话故事是幼儿非常喜欢的一部文学作品。故事中的人物情节生动形象,符合幼儿的年龄特点。故事选择了孩子们最熟悉的动物公鸡做主人公,赋予了这只金鸡冠的公鸡以轻信的性格。故事在简单的情节里设置悬念,紧紧地抓住了幼儿的好奇心,使他们在听讲时注意力屡次形成紧张点。这种犹如身历其境的参与性听讲、阅读,不仅使故事情节,也使故事的寓意深深地印在幼儿心中。狐狸对公鸡的诱惑告诉孩子:平时要提高警惕,不可随便听信陌生人的话;要改掉贪吃、爱听好话的习惯,要不然最后受伤害的是自己;要学会自己思考,学会懂得保护自己。

童话的情节严格地按照层层推进的方式进行。它的每一层内容基本相同:猫和画眉鸟叮嘱公鸡,公鸡受骗被抓住,朋友们去营救他。但后一层的内容又比前一层有所推进。如猫和画眉鸟第一次是"叮嘱公鸡",第二次是"严厉地叮嘱公鸡",第三次是"非常严厉地叮嘱公鸡";公鸡受骗,第一次是贪吃小豆,第二次是贪吃小麦,第三次是贪吃核桃。这种层递式的、反复的细节叙述方法是幼儿最易把握的。

作品赏析三

拔萝卜(阿尔克谢·托尔斯泰)

老公公种了个萝卜。他对萝卜说:"长吧,长吧,萝卜啊,长得甜呐!长吧,长吧,萝卜啊,长得大啊!"萝卜越长越大,大得不得了。

老公公就去拔萝卜。他拉住萝卜的叶子,"嗨哟,嗨哟",拔呀拔,拔不动。老公公喊:"老婆婆,老婆婆,快来帮忙拔萝卜!"

幼儿文学教程

"唉！来了，来了。"老婆婆拉着老公公，老公公拉着萝卜叶子，一起拔萝卜。

"嗨哟，嗨哟"，拔呀拔，还是拔不动。老婆婆喊："小姑娘，快来帮忙拔萝卜！"

"唉！来了，来了。"小姑娘拉着老婆婆，老婆婆拉着老公公，老公公拉着萝卜叶子，一起拔萝卜。

"嗨哟，嗨哟"，拔呀拔，还是拔不动。小姑娘喊："小狗儿，小狗儿，快来帮忙拔萝卜！"

"汪汪汪！来了，来了。"小狗儿拉着小姑娘，小姑娘拉老婆婆，老婆婆拉着老公公，老公公拉着萝卜叶子，一起拔萝卜。

"嗨哟，嗨哟"，拔呀拔，还是拔不动。小狗儿喊："小花猫，小花猫，快来帮忙拔萝卜！"

"喵喵喵！来了，来了。"小花猫拉着小狗儿，小狗儿拉着小姑娘，小姑娘拉着老婆婆，老婆婆拉着老公公，老公公拉着萝卜叶子，一起拔萝卜。

"嗨哟，嗨哟"，拔呀拔，还是拔不动。小花猫喊："小耗子，小耗子，快来帮忙拔萝卜！"

"吱吱吱！来了，来了。"小耗子拉着小花猫，小花猫拉着小狗儿，小狗儿拉着小姑娘，小姑娘拉着老婆婆，老婆婆拉着老公公，老公公拉着萝卜叶子，一起拔萝卜。

"嗨哟，嗨哟"，拔呀拔，大萝卜有点动了，再用力地拔呀拔，大萝卜拔出来啦！他们高

【赏析】这篇幼儿儿歌讲的是老爷爷一家人拔萝卜的故事。老爷爷种出了一个巨大的萝卜，用力拔呀拔呀，就是拔不出这个大萝卜，他不得不找人来帮忙。他首先找来了他的妻子，然后找来了小姑娘，最后又找来了小狗儿、小花猫儿、小耗子。在大家的齐心合力下，这个大萝卜终于被拔了出来……

故事中他们相互呼唤的语言："老婆婆，老婆婆，快来帮忙拔萝卜。""哎，来了，来了。""嗨哟，嗨哟"拔呀拔的情状，也都与年纪幼小的孩子相通，这自然引起幼儿读者极大的兴趣。童话还把"拔呀拔，还是拔不动"这一动作不断加以反复，从而构成一幅活泼生动、让人十分开心的情景，形成欢快、热闹的气氛。作者通过这一循环往复的情节，又揭示出了"团结就是力量"的道理。

作品赏析四

爱笑的小花

公园里有朵花，真好看，看见小天天，总是笑眯眯的。

天天问花儿：你叫什么名字？

花儿只是笑，不说话。

天天伸出小手，要采这朵花。

外公摆摆手说："天天别采！你不采她，花儿总是对你笑，你一采下来，花儿就哭了。"

天天不想看到小花对他哭,天天没有采。

这时,小花笑得更可爱了。她成了天天的好朋友。

天天回家以后,告诉外婆公园里有一朵花,很乖很乖,对他一直笑,一直笑。

外婆说:"天天也很乖,你也是一朵爱笑的小花。"

【赏析】这则小故事通过拟人的手法,将花朵描写成爱笑会哭的小生命。在外公告诉天天不要采花,花儿才会笑的过程中,幼儿明白微笑是一种美,微笑也是一种力量,微笑可以让人开心快乐,微笑会让大家喜欢;花草也有生命,爱护花草的孩子更让人喜欢。同时,也要告诉小朋友们一句悄悄话:我们要时刻记得微笑,快乐才不会离开我们。

作品赏析五

想飞的小象

有一只小象,刚刚生下来。

第一天,他看到了许多小动物。

到了第二天,他认识了许多花儿、草儿。

第三天呢,妈妈带他到河边,他看见了河水和高山。

小象说:"世界真大呀!"

这时,一只小鸟在天空中飞来飞去。

小象想:"要是我也会飞,可以看更多的东西,多好呀!"

小象爬到树上学飞,"哎哟"一声,摔了一个大跟头。

蛇看见了说:"小象,我们有自己的本事。我不会飞,可是我会在树上睡觉。"狮子说:"我也不会飞,可是,我能跳过宽宽的大河。"

老虎说:"我不会飞,可是,我会游泳。"

爸爸妈妈对小象说:"我们大象力气大,这是小鸟不能比的。"

小象明白了,他跟着爸爸妈妈运木头。他用长鼻子一钩,大木头就搬走了。大家都喜欢他。

小象说:"我是小象真幸福。"

【赏析】故事通过新颖的构思,描写了一只刚刚出生、活泼可爱的小象,由于自己生活经验不足,对外界充满了好奇,从一开始想要学习飞翔,到在学习飞翔的过程中遇到困难,再到与朋友及爸妈的交谈中懂得这样一个道理:每一个人都有属于自己的本事,不应该总是羡慕别人,小看自己。

作品赏析六

乌鸦喝水

有一年的夏天,气候特别干旱,小河里的水都干了。一只乌鸦飞到井边,想找水喝。

井边有一个大瓦罐,瓦罐太深,水太浅,乌鸦伸长脖子,还是喝不着水。

乌鸦想把瓦罐撞破,这样就可以喝到水了。可是瓦罐太重,乌鸦撞了几次,瓦罐一动也不动。乌鸦望着瓦罐,急得干瞪眼。

井边有一堆小石头。聪明的乌鸦想出了一个好办法。它一次一次用嘴衔石头,投进水罐,水罐里的水慢慢往上涨。乌鸦终于可以喝到水了。

它站在瓦罐上,一口一口地喝着水,多痛快,多舒服啊!它觉得这水特别甜,因为这是它用智慧得到的水。

【赏析】这是一个蕴含科学内容的童话故事。作品语言朴素简练,内容通俗易懂。作者运用拟人的手法,描写乌鸦想办法喝到水的经过,展现了一个聪明机智的乌鸦的形象。故事寓科学现象于情境之中,符合幼儿的认知特点。教师可以通过开展学习作品、为乌鸦想办法喝水等讨论活动,激发幼儿探究科学现象的兴趣,教育幼儿懂得自食其力的道理。

思考链接

1. 举例分析幼儿故事的特点。
2. 选择一则有关幼儿生活的故事,谈谈幼儿故事对幼儿的意义。
3. 选择一则你喜欢的幼儿故事与大家一起分享。

好书推荐

1. [英]毕翠克丝·波特 《彼得兔的故事》

毕翠克丝·波特(1866~1943)生于伦敦一个富有的家庭。她一直是一个害羞、内向的人。今天,全世界的人知道她的名字是因为她创作的小动物童话受人欢迎,彼得兔、本杰明兔子、格拉斯特市的小老鼠、松鼠提米脚尖儿、平小猪、杰米玛鸭子等等都是她塑造的经典人物形象。

《彼得兔的故事》以波特女士作品中最为知名的几种小动物形象为主题,由精选的比翠克丝·波特最脍炙人口、插画最精美的12个故事编辑而成。淘气的小兔彼得、没有礼貌的小松鼠纳特金、钓不到鱼的青蛙杰里米、爱干净的点点鼠夫人、一心想自己孵蛋的水鸭杰迈玛、助人为乐的刺猬夫人、捣蛋鬼小猫汤姆等故事都在入选之列……这些故事充满了童心童趣，极为贴近孩子的内心世界。孩子会亲密地把这些故事中的主人公当成自己的小伙伴，在故事中找寻自己的影子，在爱的美德与智慧中学习和成长，使自己在阅读中潜移默化地受到启发和熏陶。

2. 汤素兰 《阁楼精灵》

汤素兰，女，湖南宁乡人，中国作家协会会员，国家一级作家，民进中央委员。1985年本科毕业于湖南师范大学中文系，1988年考入浙江师范大学中文系儿童文学研究所，1991年毕业，获硕士学位。《阁楼精灵》讲的是一群与众不同的精灵，因为一直居住在人类家中的阁楼里，被称为"阁楼精灵"。由于人类生活环境的不断变化，阁楼变得越来越少，这些精灵不得不离开人类，长途跋涉，去寻找他们的新家园——精灵谷。在搬家的过程中，由于路途遥远和食物越来越少，年老的精灵宁愿自己饿死，也要节省下食物给年轻的精灵。然而，就在这时，一个必须将精灵们吃掉、才能再次获得魔法的笨巫婆格里格，来到了他们身边……在精灵奶奶的带领下，历尽千辛万苦，精灵终于来到了美丽的精灵谷。然而，在精灵谷，阁楼精灵们却遇到了单眼皮幽灵和双眼皮幽灵。幽灵们千方百计要消灭所有的精灵，建立幽灵王国。精灵们与幽灵斗智斗勇……为了躲避幽灵的追捕，变成了乌鸦的格里格驮着小精灵阿三和小西，连夜飞离精灵谷，飞到了星沙城一个名叫木里的小学生的家里。木里的生活一下子变得神奇无比，许多意想不到的事情发生了……但木里的家也并不是精灵们最后的乐园，新的危险在等待他们……最终，"当太多美好的东西进入他们体内的时候，也会抵消他们的邪恶，这种抵消会改变他们的形态，让他们慢慢消失"。那个本要吃掉精灵奶奶以再次获得魔法的笨巫婆格里格被感化了，最终还担起了保护小精灵阿三和小西的任务。在《阁楼精灵》中，你能强烈地感受到阁楼精灵的关怀与爱，他们正是靠着自己对人类的关怀与爱获得了永生。

第十章 幼儿散文

> 我们要培养孩子读诗歌和读散文的兴趣,让优美的幼儿诗歌和幼儿散文逐步渗入孩子的心灵深处,成为其感情的营养。
>
> ——金波

本章要点
1. 掌握幼儿散文的特点。
2. 把握幼儿散文的分类。
3. 学会鉴赏幼儿散文。

第十章 幼儿散文

第一节 幼儿散文概述

一、幼儿散文的概念

散文是抒发作家的情绪感受,以文字为创作和审美对象的"集诸美于一身"的一种文学体裁形式。幼儿散文是散文的一个分支,它短小优美、生动有趣、文情并茂,适合抒发幼儿的生活情趣和心灵感受,符合幼儿的审美需求和欣赏水平。

二、幼儿散文的特点

由于幼儿的年龄心理特征不同于成人,幼儿散文不同于成人散文,甚至不同于儿童散文。幼儿散文在继承散文传统的同时,着重发展了自身"幼儿化"和"散文化"的特征。"幼儿化"使幼儿散文区别于其他年龄段的散文,要求幼儿散文富于幼儿情趣,符合幼儿的年龄特征,用幼儿的思维去考察世界;"散文化"则使幼儿散文区别于其他体裁的幼儿文学。幼儿散文既可以像诗歌那样抒情写意,而不必讲究音律节奏;又可以像童话、故事那样记人叙事,而不必拘泥于情节结构的完整。因此,幼儿散文在行文上更自由,在内容上更广泛。

(一)富于幼儿情趣的意境与韵味

所谓的幼儿情趣,是指幼儿眼里观察的、幼儿思维方式理解的外部世界,是幼儿心灵特有的稚嫩、单纯和善良的反映,具有在幼儿心理世界的绝对的合理性,却往往不被成人所理解和接受。幼儿散文是介于幼儿故事和幼儿诗歌之间的一种文体,具有诗的特质,除了注重故事性外,还要像幼儿诗歌那样构造意境。所谓"意",是指作者主观内在的思想感情;所谓"境",是指作者所描绘的客观外在事物。幼儿散文的诗意美总是糅合着浓郁的幼儿情趣,即作者通过幼儿情趣化了的情景交融、物我结合的艺术描写,把幼儿引导到一个想象空间的优美境界。幼儿情趣强化了幼儿散文的诗意美,是幼儿散文的基本要素。如郑青山的《苞米娃娃的大胡子》:"苞米娃娃,还没有一岁呢,为啥就长出了大胡子?你想装老爷爷吗?不像,不像,你还没有我大呢。明天我拿爷爷的剃头刀,一根一根都给你刮去。"在这篇不足百字的文章中,作者从幼儿对苞米娃娃装老爷爷的怀疑,到想去给它刮胡子,揭开真相,将幼儿好奇天真的性格刻画得活灵活现,使全文浸润着浓浓的幼儿情趣。郭风的散文诗《蝴蝶·豌豆花》里有一句写道:"一只蝴蝶从竹篱外飞进来,豌豆花问蝴蝶:'你是一朵飞起来的花吗?'"诗人从幼儿的思维方式思考问题:豌豆花因为自己是花,因而认为蝴蝶也是花,是一只会飞的花。把孩子的天真化作诗人大胆而奇特的想象,融入诗歌的创作中。而吴珹在《晚霞》中写道:

阿姨说:太阳是世界上万物的母亲。她为了看望自己的儿女,从东海里出来,走了整整一天,现在,又要到西山后面去休息了。看!她正在举起红头巾,向儿女们告别。这红头巾,映红了山,映红了水,也映红了村边的树林。小鸟在树林里叽叽喳喳地唱着:"太阳妈妈,再见!太阳妈妈,晚安!"那路边的向日葵,依依不舍地望着那晚风中飘动的红头巾,不知道在想些什么……

作者把晚霞比喻成太阳的红头巾,这一比喻新奇独特,足以引起幼儿的注意,而后作者又极富美感地描述了晚霞笼罩下的大地景色,生动而优美,犹如一幅淡墨水彩画。幼儿在"听赏"作品时,眼前也会映现出这幅美丽的晚霞图。以浓郁的幼儿情趣美化诗的意境,以优美的意境展示童稚童真的情趣,是幼儿散文的魅力所在。

(二)富于浪漫气息的构思与想象

烂漫奇特的想象与构思是幼儿散文的特点之一。幼儿散文具有幼儿才有的那种稚拙的、优美的想象,并具有符合幼儿思维逻辑的奇妙构思,易于幼儿接受。幼儿散文中的形象都幼儿化了,渗透着孩子的情感与想象,孩子们通过这些具体可感的形象进入情景交融的艺术境界,获得美的享受。如鲁兵的《春娃》:

春天是个娃娃,喜欢图画,又喜欢音乐。他走过树林,给树林涂上嫩绿色;走过小溪,教会小溪唱歌。今天,春娃来了,看见我们,高兴极了。他说:"你们都长高了。"我们问:"是吗?"他说:"真的,你们比去年高得多了!明年我来的时候,你们一定长得更高了。哎呀,十年以后,你们都是小伙子、大姑娘了。可是我,还是个娃娃。"

作者从孩子的角度出发,将春天描绘成和孩子们一样天真活泼的娃娃形象,再将春天的一些季节特征自然地融入这个形象中,易于被幼儿接受。

但是,幼儿的年龄和心理特点——他们的思维形式还处在直觉行动思维到具体形象思维阶段,抽象逻辑思维只是刚刚萌发,决定了幼儿散文篇幅短小、内容单纯,而想象与构思只有高度凝聚在短小单纯的文章中,才能够满足孩子心灵深处的想象心理,所以烂漫的想象,奇特的构思就显得尤为重要。比如夏辇生的《项链》,将孩子落在沙滩上的脚印想象成挂在大海胸前的金色项链;李文雁在《天上的葡萄园》里,把天空想象成一座葡萄园,星星就是亮晶晶的葡萄;方园在《小朋友》里写道,孩子们因为学校里没有树而听不到小鸟的歌唱,就制作了一个特大特大的"大树风筝",引来了鸟儿在它身上做窝。如此新颖奇特的想象和构思,是幼儿散文深受幼儿喜爱的主要原因。

(三)富于童稚童真的语言与情感

散文的美很大程度上依赖于它的语言美。幼儿散文的语言要在略显成熟的生动、具体、形象的特点之外,保留幼儿语言稚气、天真、纯净的特点,以符合幼儿的话语特点和阅读习惯。叠词、拟声词等富有绚烂色彩又生动逼真的词语,是幼儿散文里最常见的语言,如"红红的花,绿绿的树,清清的水""滴答,滴答""哗哗,哗哗""啪答,啪答""嘀嘀嘀,吐吐吐"等等。幼儿散文的作者一般是成人,往往是生活中的人物、景物、事物触发了作者的某种情思,使之或激动,或感奋,或沉思,从而诉诸文字。但是,作者在创作幼儿散文时,要充分考

第十章　幼儿散文

虑到幼儿的情感体验和阅读能力。如冰心在歌颂母爱时,这样说道:"小朋友!当你寻见了世界上有一个人认识你、知道你、爱你,都千百倍地胜过她自己的时候,你怎能不感激、不流泪、不死心塌地地爱她,而且死心塌地地容她爱你?"这种依恋母亲,又被母亲宠爱的情感对许许多多的小读者来说并不陌生,小读者读到这样的语句,会不自觉地伴着作者情感的抒发而领悟到深深的母爱,因为懂得这份母爱,小读者也会自然而然地与作者的情感产生共鸣。

童稚童真的自然流露是幼儿散文的生命,它所创设的独特的氛围和独特的情愫是幼儿欣赏作品时的精神寄托。望安的《飞吧,我的金丝雀》,写"我"在"六一"这天做了一件好事:

打开鸟笼,让金丝雀飞了出去。金丝雀飞向绿草坪,飞向玫瑰丛,飞向白杨树,到处自由地飞,我是多么高兴呀!

这段独白简洁而情真意切,道出自己因金丝雀获得自由而愉悦的心情。当金丝雀不再飞回来时,作者写道:这当然是"我"没想到的。这句描写语言质朴,感情真挚,将孩子因失去金丝雀而惆怅惋惜的情感真实地表达出来。当然孩子是快乐的,他放飞金丝雀原来是要做"一件好事",因此,"当我来到节日的乐园",听见小鸟的歌,看见小鸟的舞,"我明白了,我的金丝雀,你一定是飞到这儿,来参加小鸟的歌舞会,祝贺我们的节日"。晚上,"我"甚至梦见,金丝雀"衔来一棵又一棵柔软的小草,在这花园城里筑起了温暖的窝"。所有这些,都是那么真实,那么符合孩子们的心理特征和感情特征。幼儿那晶莹的童心,纯洁的童真,蕴含在"我"对金丝雀的爱和眷恋中!

第二节　幼儿散文的分类

从幼儿散文与成人散文不同的个性特征来看,幼儿散文除了抒情散文、叙事散文和写景散文三大类之外,还有童话散文、知识散文等。

一、抒情散文

幼儿抒情散文,以抒发幼儿对生活中的人、事、物等的纯真美好的感情为主,或托物言志,或直抒胸臆,以明朗、欢快、蓬勃向上的基调,将幼儿隐约感知到的自然美、生活美显现出来,让孩子们受到美感的熏陶,以引起他们对大自然和生活的热爱。

如金波《我心中的秋天》分别描写了"火红的枫叶""秋天的阳光"和"空空的燕儿窝"等秋天的景物,表达了对秋天的赞美、老师的敬爱和春天的憧憬。整篇散文充分调动了幼儿的视觉、触觉、听觉,将读者带入了一个充满生机、活力、欢愉和爱的境界。

再如张绍军的《瞧,我上街了》:

瞧,我上街了。我不是妈妈抱的,也不是爸爸抱的,是我自己走的。我把脚儿抬得高高的,让爷爷、奶奶、叔叔、阿姨,还有大哥哥、大姐姐看看,我用自己的脚走上街啦!

这篇散文不足七十字,却将幼童第一次挣脱大人的怀抱,自己走上大街的欣喜自豪之情抒发得淋漓尽致,生动地塑造了一个活泼可爱、豪气十足的幼儿形象。

二、叙事散文

叙事散文以记叙幼儿的生活为主,或叙述完整的情节,或描述事件的片断,但都情节简单,侧重抒情。叙事散文内容广泛,凡适合幼儿接受的生活情景皆可入题,所以幼儿叙事散文往往充满现场感和生活气息。比如屠再华的《雪人儿做早操》描述了珍珍在姐姐的带领下堆雪人,与雪人排起队来做早操这一充满幼儿情趣的生活场景,传神地勾勒出珍珍和姐姐的形象,写出了她们的精神面貌,抒发了珍珍和姐姐的愉悦心情。而望安的《小太阳》描写了一个小朋友陪伴刚刚病愈的姥姥晒太阳,请姥姥吃橘子的生活片断,展现了一幅"我"与姥姥浓浓深情的动人生活情景,抒发了小朋友因为关爱姥姥而获得幸福的快乐心情。

三、写景散文

幼儿写景散文以描绘自然风景、四季变化和季节特征等为主,让幼儿在美的熏陶中感受大自然的美好。这类散文在幼儿散文中占的比例不大,因为单纯的景物描写往往会缺少一点生活趣味,不易于幼儿接受。但有些幼儿散文像散文诗一样聚焦于一个小景点,尽量在小景点里挖掘出诗情画意,让幼儿从中受到潜移默化的美感熏陶。如望安的《夏天》:

夏天的雨是金色的。不信你看,场院里,脱粒机扬洒着麦粒,千颗,万颗,连成金色的雨。夏天的风是喷香的。不信你闻,村子里,家家户户磨了面,在蒸甜糕,飘出一阵阵香味。夏天的路爱唱歌。不信你听,小路"吐吐吐",大路"嘀嘀嘀",拖拉机、大卡车,一辆接一辆,忙着去卖粮。

这篇文章通过对夏天几个独特景物(雨、风、路)的描写,展现了夏天一幅生机勃勃的景象。

写景散文中,还有一种被人称为"游记体"的,这种散文主要是着重描述中外名胜风光、山水人情和幼儿在旅途中的见闻感受。与成人游记体散文复杂多变不同,幼儿散文要求单纯简练,着重于一物一事、一景一情的叙描,且经常是以孩子的口吻来写的。如刘兴诗的《我爱哈尔滨的冬天》,就以孩子的口吻叙述了看冰灯的情景,向小朋友展示了北国冬天的美妙景色:

公园里,一盏盏冰灯都亮了。高高的宝塔、神秘的城堡,还有桥呀、火箭呀,都是透明的冰块雕刻的,映出了黄澄澄、绿幽幽的灯光,真像一个童话世界。我最喜欢逛冰迷宫,在高高低低的冰墙里转圈儿。爸爸喜欢喷水池上的冰天鹅,瞧,它伸着长长的脖子,张开翅膀像是要冲天飞去……

再如望安的《大卧佛》以拟人的手法栩栩如生地介绍了北京卧佛寺里的大卧佛,让小朋友在欣赏文章的同时,对大卧佛这一景物的全貌有了清晰的认识。

四、童话散文

童话散文是童话与散文的结合体。它是借助童话的意境、想象与幻想,用散文的形式来描写拟人化了的童话形象。由于拟人化形象是孩童式的,所以更容易激发幼儿的想象,符合幼儿启蒙时期的审美心理。童话散文的情节比童话简单,语言新鲜活泼,形象亲切可爱,矛盾冲突也不激烈,兼具抒情性。如安武林的《太阳公公生病了》:

太阳公公生病了。瞧,他原来红彤彤的脸,变得灰乎乎的,多难看。小喜鹊把消息传给大家,啄木鸟医生连忙赶来了。啄木鸟医生看了看说:"太阳公公你感冒了,要盖上被子捂一捂。"到哪儿找一床能盖住太阳公公的大被子呢?风姑姑吹呀,吹呀,吹来好多好多云彩,厚厚的云彩盖住了太阳公公。太阳公公在云彩里捂呀,捂呀,捂得汗水哗哗地流下来。云散了,天晴了,太阳公公病好了,他的脸红彤彤的,放着明亮的光芒。

在幼儿的眼里,世界上的一切都是有生命的,他们总是不自觉地将内心的情感迁移到与之接触的任何对象上去。这篇文章正是从幼儿的视角,将太阳公公赋予生命,营造了"太阳公公生病,小喜鹊传讯、啄木鸟看病、风姑姑帮忙医治,太阳公公病好了"这一完整的童话情景。

五、知识散文

幼儿知识散文以介绍知识为主,将知识融入形象的描述之中。幼儿散文一般篇幅短小,语言浅近,写法灵活,以生动活泼的语言和抒情气息的笔调来吸引幼儿,达到传授知识的目的。如薛卫民的《月亮渴了》:

天空渴了,月亮和那些小星星渴了。太阳说:"我给你们舀些水来喝吧。"太阳从大地上、河里、江里、大海里,蒸起无数的小水珠儿;小水珠成帮结伙地升到天空,就这样,天空喝到了水,月亮和星星喝到了水,它们不渴了。喝剩下的水,月亮和小星星又还给大地,还给江河和大海,它们泼呀、泼呀……亮晶晶的雨丝从天上飘下来了,小朋友们看见了,他们拍着手喊:"下雨喽!下雨喽!"

作者运用拟人的手法,将雨水形成的过程融入文章中,赋予天空、月亮、太阳、星星以生命和情感。太阳的主动关心,月亮、星星、天空的知足与感恩,让幼儿学习知识的同时,感受到包含人情人性的美的熏陶。

第三节 幼儿散文的赏析

作品赏析一

小鹿 （金波）

花的影，叶的影，
给你披一件斑斓的彩衣。
你站在那儿，
和无边的森林融合在一起。
然而你还像一株飞跑的树，
高昂着你枝枝丫丫的角，
闪进密密的大森林里。
一会儿和这棵树，
一会儿和那棵树，
交谈着春天的消息。

【赏析】每一首散文诗歌，都是一处风景；每一处风景，都是一幅画卷；每一幅画卷，都是一个心境。用摇摇摆摆的花朵、颤颤悠悠的叶片，做一件五彩斑斓的衣服披上，这是一件多么具有童话色彩的神奇的事情啊！这首散文诗一开篇就展开一处隐约的风景，铺开一个童话色彩的梦境，每个读到这首散文诗的人都会去想：如果我置身那里，如果我身上披上一件花和叶子做的彩色的衣裳该多好啊！甚至眼前就会出现那种姹紫嫣红的花丛、那种绿涛波动的叶浪，然而一个精灵就在这花丛中、绿叶中，那花和叶的海洋把自己紧紧包围起来，自己就会情不自禁地陶醉在这样美丽的自然景色中了，可以随风起舞，可以随花摆动，可以随叶飘摇。

当你陶醉其中的时候，你就会忘记周围那些森林里的树木、那些飘香的花朵，和调皮的绿草融为一体。你也成了自然界的一处景物，一个记录和见证美丽自然风光的精灵。

当你沉浸在自然里，沉浸在森林里，沉浸在幻想里，幻想中看见有一棵树——会飞跑的树，拖着枝枝丫丫的树杈穿梭在森林里，这是多么奇妙！密密的森林里有多少充满诱惑的梦啊！有多少神秘的故事啊！有多少可爱的动物啊！

有多少更加新奇的想象会出现在读者的脑海里呢？只有每个读起这首散文诗的人自己才会知道。整篇散文诗中除了标题，没有出现一处小鹿的字样，却把小鹿的身影描写得十分可爱，充满醉人的色彩。直到我们读到"高昂着你枝枝丫丫的角"才会像猜谜语一样联想到那可能是一只可爱的小鹿，也许还是一只梅花鹿呢。小鹿先是静止地观望着森林的风景，和森里融为一处。如果你不近距离仔细去看，真的会以为那只小鹿就是一棵小树。也

许,只有小鹿的眼睛在机灵地转动,静静地观察着周围的一切。那目光会很安详,一点也没有惊恐和害怕。森林有风、有树、有花、有草,安宁而和谐,林间的风也许正吹奏着一曲舒缓怡情的曲调。

作者凭借奇幻的想象给孩子设计出一部动画片。孩子们慢慢进入文字,进入风景,进入画卷,进入想象的梦境。散文诗动静相宜,符合孩子的好奇心理。前两段是静,后两段是动。而贯穿动和静的是读者的想象,想象诗中的角色——那只慢慢地一笔一笔勾勒出来的恬静、活泼、好奇的孩子一样的小鹿。该作虽然语言很少,也没有华丽的辞藻,却像一幅工笔画一样展现在读者面前。那画里的每一根线条,都是作者与读者一起勾画出来的。

每一个小鹿精灵,就像每一个可爱的孩子,充满好奇,活泼调皮,又亲切友好。作者最后一段的描写,把整首散文诗推向一个新的心灵的境界。孩子一样的小鹿,穿跳在这棵树和那棵树中间,整个森林里都有了小鹿的身影,它们时而停留在这,时而停留在那,好像和自己的小伙伴们轻轻地交谈着开心的话题——那些关于春天的消息。

小鹿的眼光、小鹿的动作,像孩子一样可爱,这应该是作者心境的升华。因为,小鹿和树木迷恋春天,喜欢春天,作者心里也是如此。每个读者也会想象到生活当中处处是春天,处处是诗篇。

回头再看这首散文诗,每一个小节过渡十分自然,没有急速的跳跃,节奏舒缓,就像一首自然轻松的小乐曲。在最后一段,小鹿的活泼让整首曲子的节奏感略微加快,就像静静的森林里流出了一条欢快的小河,是一股清新,一种跃动,一个高潮。后面结束句"交谈着春天的消息"又把曲子引入意味延绵的妙不可言的意境中去了,是诗人以及读者心境的一个体现。

作品赏析二

春雨的颜色 (楼飞甫)

春雨,像春姑娘纺出的线,没完没了地下到地上,沙沙沙,沙沙沙……

一群小鸟在屋檐下躲雨,他们在争论一个有趣的问题:春雨到底是什么颜色的?

小白鸽说:"春雨是无色的。你们伸手接几滴瞧瞧吧。"

小燕子说:"不对,春雨是绿色的。你们瞧!春雨落到草地上,草儿绿了!春雨淋在柳树上,柳枝儿绿了……"

麻雀说:"不不!春雨是红色的。你们瞧!春雨洒在桃树上,桃花红了!春雨滴在杏树上,杏花儿红了……"

小黄鹂说:"不对,不对,春雨是黄色的。不是吗?春雨落在油菜地里,油菜花黄了;春雨落在蒲公英上,蒲公英的花儿也黄了……"

春雨听了大家的争论,下得更欢乐,沙沙沙,沙沙沙……它好像在说:"亲爱的小鸟们,你们的话都对,但都没说全面。我本身是无色的,但能给春天的大地带来万紫千红……"

【赏析】这篇散文通过"小鸟的对话"引发幼儿对春雨的好奇心,进一步激发了幼儿探究春雨、热爱春天的情感,让孩子们在享受语言美的同时,自然而然地了解春雨的特征及植物生长的自然知识;在感受"润物无声"的春雨中,感受"万紫千红"的美丽春天。文章语言优美,韵律和谐,情感舒缓,具有丰富的意境。

幼儿可以在阅读散文的过程中,感受春雨给大地带来的变化,跟随散文的引导学会细腻的欣赏和展开丰富的想象:

如丝的春雨,像春姑娘身上的薄纱,随风飘动;像春姑娘纺出的丝线,轻轻垂下;像春姑娘缝衣的细针,钻进刚刚苏醒的大地。

似水的春雨,蕴藏着巨大的力量,哺育着世间万物,使大地呈现出勃勃生机。

如画的春雨美,在不知不觉中染红了桃杏,漂白了柳絮,描青了山峰,绘绿了秧苗。

无色的春雨,带给我们五彩缤纷的世界,一个多姿多彩的美丽新世界……

作品赏析三

落叶

秋风起了,天气凉了,
一片片的树叶从树枝上飘落下来。
树叶落在地上,小虫爬过来,
躺在里面,把它当作屋子。
树叶落在沟里,蚂蚁爬过来,
坐在上面,把它当作小船。
树叶落在河里,小鱼游过来,
藏在底下,把它当作小伞。
树叶落到院子里,小燕子看见了说:
"来信了,催我们到南方去啦。"

【赏析】这首散文诗分为三个层次:第一层次以优美的诗句开头,向幼儿展现了秋天落叶飘舞的美丽景象,吸引幼儿走进秋天;第二层次,以工整重复的诗句讲述小虫、小鱼、小蚂蚁与落叶之间的趣事,充满着孩子天真童趣的想象;第三层次,写小燕子把落叶当作来信,告诉他们要准备去南方。第三层与第二层既有区别又有联系,在有规律的重复中增加了变化的语言,这种开放式的结尾,使散文诗的画面感更为生动活泼。

此散文诗歌充满想象、语言优美、意境深远,非常适合孩子的思维与情感特点,即使历经多年仍然绽放迷人的光彩。幼儿可以在阅读中展开想象的翅膀,大胆讲述落叶和小动物之间的趣事,也可以感知诗句语言的结构特点,感受散文诗的优美,体验想象的趣味与表达的快乐。

作品赏析四

四季的脚步

春天的脚步悄悄,悄悄地,她笑着走来——
溪水唱起了歌儿——叮咚,叮咚,
绿草和鲜花赶来报到。夏天的脚步悄悄,
悄悄地,她笑着走来——
金蝉唱起了歌儿——知了,知了,
给世界带来欢笑。秋天的脚步悄悄,
悄悄地,她笑着走来——落叶唱起了歌儿
——唰唰,唰唰,铺下一条条金色的小道。
冬天的脚步悄悄,悄悄地,她笑着走来——
北风唱起了歌儿——呼呼,呼呼,
雪花跳起欢快的舞蹈。

【赏析】这是一首非常优美的散文诗。该散文诗采用拟人的手法活化了四季,通过对春的溪水、夏的金蝉、秋的落叶、冬的雪花具有代表性的景物描写,展现了一幅幅优美的季节美景。全诗形象鲜明,意境优美,富有情趣。四季的变化特点,激发了孩子热爱大自然、观察大自然的兴趣。

孩子在阅读中感悟,原来四季的脚步就是这样"悄悄地"走过,它藏在溪水的咚咚声、金蝉的知了声、落叶的唰唰声、北风的呼呼声中,藏在绿草鲜花、金黄的落叶、起舞的雪花中。美丽如画的四季,让春天的小溪唱起了歌儿,绿草鲜花赶来报到;让夏天的金蝉唱起了歌,给世界带来欢笑;让秋天的落叶唱起了歌儿,铺起了一条条金色的小道;让冬天的北风唱起了歌儿,雪花在欢快的舞蹈。跟着四季的脚步走进美丽的四季,孩子的脚步仿佛也变得轻盈欢快。

诗歌通过重复的语言、循环的结构,营造出优美的节奏韵律,让小朋友在优美的旋律中感受着四季的美丽画卷,从而体会诗歌的语言艺术和散文的无穷魅力。

作品赏析五

金色花 （泰戈尔）

假如我变成了一朵金色花,只是为了好玩,长在那棵树的高枝上,笑哈哈地在风中摇摆,又在新生的树叶上跳舞,妈妈,你会认识我么?

你要是叫道:"孩子,你在哪里呀?"我暗暗地在那里匿笑,却一声儿不响。我要悄悄地开放花瓣儿,看着你工作。

当你沐浴后,湿发披在两肩,穿过金色花的林荫,走到你做祷告的小庭院时,你会嗅到这儿的香气,却不知道这香气是从我身上来的。

当你吃过中饭,坐在窗前读《罗摩衍那》,那棵树的阴影落在你的头发与膝上时,我便要投我的小小的影子在你的书页上,正投在你所读的地方。

但是你会猜得出这就是你的小孩子的小影子么?

当你黄昏时拿了灯到牛棚里去,我便要突然地再落到地上来,又成了你的孩子,求你讲个故事给我听。

"你到哪里去了,你这坏孩子?"

"我不告诉你,妈妈。"这就是你同我那时所要说的话了。

【赏析】这首散文选取贴近幼儿生活的情节,运用质朴的语言,描绘了一幅温馨甜美的画卷:活泼天真的孩子展开丰富的想象,幻想着自己跟美丽慈祥的妈妈做着捉迷藏的游戏;她要变成一朵金色花(一朵圣树上的花),长在树的高枝上,笑嘻嘻地在空中摇摆,暗暗地躲着,让妈妈寻找;她要悄悄地开放花瓣儿,看着妈妈工作,让妈妈做祷告时,嗅到这花儿的香气,却不知道这香气是从孩子身上飘来的;她还要在妈妈读古诗的时候,将影子投在妈妈所读的地方,让妈妈猜猜这影子是不是她的可爱的孩子……一天快要结束了,黄昏来临了,众鸟也归巢了,妈妈拿了灯到牛棚里去,孩子不再做捉迷藏的游戏了,她又成了一个孩子来到妈妈跟前,缠着要妈妈讲故事,妈妈则装着生气的样子说:"你到哪里去了,你这坏孩子?"孩子顽皮地说:"我不告诉你,妈妈。"

这幅充满童趣的乐天图,充满了母子无尽的欢爱之情,那金色花不就是这天真可爱的孩子吗?她有花一般美丽的外表、活泼鲜灵的身姿、温馨袭人的花香,还有点调皮,但她心灵圣洁,高尚无邪。在她的心灵里,在她生活的世界里,处处都是爱和美。文章主次分明地刻画了两个人物形象:一个是通过一系列充满情趣的情节凸显的天真、活泼、可爱的孩子,一个是通过一系列情节映射出的慈祥、善良、勤劳的妈妈。如描写孩子活泼时,孩子变成金色花,一会儿在高枝上跳舞,一会儿把影子投在妈妈的身上,一会把影子落在妈妈的头上等等;在描写妈妈的慈祥时,只是在最后说了句"你到哪里去了,你这坏孩子"。一句充满爱的责怪话将母亲的慈祥表现得淋漓尽致。孩子是一位天使,妈妈也是一位天使——一位爱的天使。文章通过一系列意象组合和高度凝练的典型事例,使孩子和母亲的形象得到升华,使文章生动有趣的画面和深邃的意境得到完美的统一。整篇散文洋溢着真挚的母爱和纯洁的童心,是美与爱的结晶。

作品赏析六

萤火虫 （贾祖璋）

满天的繁星在树梢头辉耀着;黑暗中,四周都是黑魆魆的树影;只有东面的一池水,在微风中把天上的星,皱作一缕缕的银波,反映出一些光辉来。池边几丛芦苇和一片稻田,也是黑魆魆的;但芦苇在风中摇曳的姿态,却隐约可以辨认。这芦苇底下和田边的草丛,是萤火虫的发祥地。它们一个个从草丛中起来,是忽明忽暗的一点点的白光,好似天上的繁星,一个个在那里移动。最有趣的是这些白光虽然乱窜,但也有一些追逐的形迹:有时一个飞在前面,亮了起来,另一个就会向它一直赶去,但前面一个忽然隐没了。或者飞到水面上,与水中的星光混杂了;或者飞入芦苇或稻田里,给那枝叶遮住。于是,追逐者失了目标,就迟疑地转换方向飞去。有时反给别个萤火虫作为追逐的目标了。而且这样的追逐往往不止一对,所以水面上,稻田上,一明一暗,一上一下的闪闪的白光与天上的星光同样的繁多。尤其是在水面的,映着皱起的银波,那情景是很让人感兴趣的。

这是幼年时暑假期中在乡间纳凉时所见的情景。当时与弟妹等一边听着在烈日中辛苦了一日才得这片刻安闲休息的邻舍们的谈笑,一边向萤火虫唱着质朴的儿歌:

萤火虫,
夜夜红;
飞到天上捉蚜虫,
飞到地上捉绿葱。

在这样的歌声中,偶然有几个飞到身边,赶忙用芭蕉扇去拍,有时竟会把它拍在地上。有时它突然一暗,就飞到扇子所能拍到的范围以外去了,这时就是追了上去,也往往是不能再拍着的。被拍在地上的,它把光隐了,也着实难以寻觅;或又悄悄地飞起,才再现它的光芒,也往往给它逃去。被捉住的最初是用它来赌胜负,就是放在地上,用脚一拖,在地上画起一条发光的线,比较哪个人画得长,就作为胜利者。不消说,这是一种残酷的行为,真所谓"以生命为儿戏"的了。后来那些幸运的个体不会这样被牺牲,它们被闭入日间预备好的鸭蛋壳里,让它们一闪一闪,作为小灯笼。就睡时就携到枕边,颇

有爱玩不忍释手的样子。但大人们以为萤火虫假如有机会钻入人的耳内，就会进去吃脑子，所以萤火虫又往往被禁止携入房间里的。

萤火虫是怎样发生的，乡间没有谈起；但古书上却说它是野草所化成的。去年那号称中国第一家的老牌杂志，竟发表过罗广庭博士的生物化生说，所以腐草化萤，大概是可靠的。但罗博士经广东方面几位大学教授要求进行严密的实验以后，一直到现在还未曾有过下文，至少那家老牌杂志，没有再把他的实验发表过，大抵罗博士已被他们戳穿"西洋镜"了，那么腐草化萤的传说也就有重行估定价值的必要了。

原来萤有许多种数，全世界所产能够发光的萤有两千种，形态相像。而不能发光的也有两千种。我们这里最常见的一种是身体黄色，而翅膀的尖端有些黑色的。萤火虫也有雌雄，结婚以后，雄的以为责任已尽，随即死去；雌萤在水边的杂草根际产生微细的球形黄白色卵三四百粒，也随即死去。这卵也能发一些微光，经过二十七八天，就孵化为幼虫，幼虫的身体有十三个环节，长纺锤形，略扁平；头和尾是黑色的，体节的两旁也有黑点。尾端有一个能够吸附他物的附属器，可代足用。尾端稍前方的身体两侧还有一个特殊的发光器官，也能放青色的光。幼虫日中隐伏在泥土下，夜间出来觅食。它能吃一种做人类肺蛭中间宿主的螺类，所以对人来说它有相当的益处。下一年的春天，幼虫长大成熟，在地下掘一个小洞，蜕了皮化蛹。蛹淡黄色，夜间也能发光，到夏天就化作能够飞行的成虫了。看了这一个简单的萤火虫的生活史，腐草为萤的传说，可以不攻自破了。

最令人感兴趣的萤火，是从哪里来的呢？在科学上的研究，以前有人以为萤火是某处发光性细菌与萤火虫共栖的缘故，但近来经过详细的研究，确定并没有细菌的形迹可寻，所以说萤火是一种化学作用的结果更为妥当。这种发光器的构造，随萤的种类和发育的时代而不同。幼虫和蛹大抵相似。

成虫的发光器一般位于尾端的腹面，表面是一层淡黄色透明质硬的薄膜，下面排列着多数整齐的细胞，形成扁平的光盘，细胞里有多数黄色细粒，叫作"荧光体"（Luciferase），遇着氧气就起化学作用而发光。这些细胞的周围又满布毛细管，毛细管连接气管能送入空气，使荧光体可以接触氧气。萤火虫的发光器上又分布着许多神经，能随意调节空气的输送，所以现出忽明忽暗的样子。与发光细胞相对应的还有一层含有多数蚁酸盐或尿酸盐的小结晶的细胞，呈乳白色，好似一面镜子，能够把光反射到外方。

荧光不含赤外线（热线）和紫外线（化学线），所以只有光而没有热，是一种理想的照明用的光。但现在的人类还不能明白这些荧光体的内容；既不能直接利用它，也不能仿照它的化学成分来制出一种人造的荧光。人类所能利用的方式，就如历史上有晋代的车胤，把它盛在袋里，以代烛火读书。

在外国，墨西哥地方出产一种巨大的萤火虫，其胸部有两个大发光器，放绿色的光；腹部下面也有一个发光器，放橙黄色的光；两色相映，极为美丽，妇人把它簪在发间，作为夜舞时的装饰品。还有，就是将它作为玩耍之物而已。对于萤火虫自身来说，萤火可以

第十章 幼儿散文

引诱异性,又可以威吓敌害,对于它的生活上是很有意义的。

在电灯、煤气灯和霓虹灯交映辉煌的上海,是没有机会遇到萤火虫的。故乡的萤火虫更是一年、二年,几乎十年没有见过了。最近家中来信说:三月没有雨,田里的稻都已枯死,桑树也有许多枯萎了。那么往时所见的一池水,当然已经干涸,一片稻田,看去一定像一片焦土,那黑魆魆的树影,也必定很稀疏了。我那辛苦工作的邻舍们已经无工可做,他们可以做长期的休息了,但是在纳凉的时候,在他们的谈话中,未知还能闻到多少笑声。

因为萤火虫,我记着了遭遇旱灾的故乡了。祝福我辛苦的邻人们,应该有一条生路可走。

【赏析】这篇散文将文学性与科学性有机地结合起来,既是介绍科学知识的小品文,又是一篇咏物的抒情散文。文章先描述了萤火虫生活的自然环境,继而介绍了萤火虫的生活史、种类和萤火虫发光的原理等科学知识,批驳了"腐草化萤"的错误说法,而且以生动的语言描绘了萤火虫飞蹿于田野上的乡村夜景和一幅幅江南农村的风情画,最后抒写作者的怀乡之情。

这篇散文无论是写乡间夜景、萤火虫的生活情景,还是阐述萤火虫发光的原理,都写得生动形象,做到了既有科学性,又有趣味性,语言生动优美,富有诗意,读来韵味无穷,具较强的艺术感染力,堪称科学小品的楷模。

作品赏析七

小白桦 (吴成)

小白桦喜欢风,风吹来,她就拍着绿色的小手,伸伸枝,弯弯腰,有时像做早操,有时像跳芭蕾。

小白桦也喜欢雨,雨一下,她就滴答滴答,好像在说悄悄话:下吧,下吧,我要喝水,我要长大。

小白桦喜欢太阳,在阳光下,她蓬勃向上,憧憬着一片蓝天。

小白桦也喜欢月亮,在月光下,她做了一个梦:梦见伙伴们一起为小鸟们编织绿色的童话。

【赏析】这篇散文使用比喻、拟人、排比等修辞手法,用词浅显生动,表达恰到好处。幼儿化的语言,浅易明畅,天真精练,合乎幼儿的口语与思维习惯,读起来朗朗上口,使人感到分外亲切。在孩子的心中,幻想与现实是融为一体的,它们可以在现实与幻想之间自由穿梭,没有任何障碍。散文中的小白桦像个快乐的孩子,与风儿嬉戏,同雨儿对话,在太阳下生长,在月光下做梦……这一切都是孩子成长的世界里,幼小心灵里憧憬的美好。此文丰富的想象力无拘无束,任意驰骋,使幼儿在阅读散文的过程中,进行了一次美好的心灵之旅。

作品赏析八

秋天的雨

秋天的雨,滴答滴答地唱着歌。它是一把钥匙,带着清凉和温柔,悄悄地打开了秋天的门。

秋天的雨,有一盒五彩缤纷的颜料。它把黄色给了银杏,红色给了枫树,金色给了田野,橙色给了水果,紫红的、雪白的、淡黄的颜色给了菊花。

秋天的雨,有着非常好闻的气味。不信啊,你闻,菠萝甜甜的,梨子香香的,小雨滴迎来了许多香味——烤山芋、糖炒栗子……小朋友的脚啊,常被那香味勾住。

秋天的雨,有一支金色的喇叭,它告诉大家该穿上厚厚的、漂亮的衣裳了。落叶树的树叶飘啊飘,飘到了大树妈妈的脚下,小动物们准备过冬了。

秋天的雨,带给大地的是一首丰收的交响乐,带给小朋友的是一首快乐的歌。秋天的雨,滴答滴答地唱着歌……

【赏析】这是一篇抒情性很浓的散文,名为秋雨,实际上在写秋天。文章的内容丰富多彩。作者抓住秋天的特点,从秋天的到来写起,写了秋天缤纷的色彩、秋天丰收的景象,还有深秋中各种动物、植物准备过冬的情景。全文语句优美,情感浓烈,将秋天众多的景物巧妙地串联起来,从整体上带出了一个美丽、丰收、欢乐的秋天,使幼儿感受秋天的美好,感受语言的优美,在感悟大自然的魅力中,受到美的熏陶。

作品赏析九

小河

我是一条明亮的小河。我不停地向前奔跑着。我望着晴朗的天空,它给我穿一件蓝蓝的干干净净的衣服。当我跑过田野,我看见绿茵茵的麦苗、金灿灿的迎春花,我又换上了一件鲜艳的花衣服了。

我是一条明亮的小河。我跑过果园,果园

第十章 幼儿散文

里桃花开了,杏花开了,梨花也开了。春风把花瓣儿撒了我一身。我带着花瓣儿,跑了很远很远的路,人们还闻得到香味哩!

我流过田野、山坡、工地、果园,到处都听到歌声。我又带着歌声流向远方。远方的小河也穿着鲜艳的花衣服,飘着香味,带着歌声。我们携起手来,向前跑啊,跑啊,一直跑向大海。

【赏析】这篇散文,故事情节没有童话那么曲折,幻想性也不是非常强烈,但是它篇幅短小,语言优美,并且用了拟人、拟物等修辞手法,通过小河一路上的所见所闻,给人们带来"春天已经来到"的消息,从而使人们了解春天的景色,感受大自然早春景色的美丽。幼儿思维具有具体形象性的特点,散文中词汇及事物间的内在联系也较为抽象。这篇散文用幼儿熟悉的具体形象的事物,启发幼儿大胆地去想象。以小河的口吻谈自己的经历,这本身就符合孩子的幻想性。同时又有很多画面感,如有很多花瓣飘到河面上,它穿上了一件鲜艳的花衣服,而"我们携起手来,向前跑啊,跑啊,一直跑向大海"又体现了一种动感。幼儿在欣赏散文时,容易抓住画面感,抓住感情的体验,抓住语言的优美。

思考链接

1. 举例分析幼儿散文的特点。
2. 选择你喜爱的幼儿散文与大家一起分享。

好书推荐

1. [印]泰戈尔 《新月集》

泰戈尔,印度近代著名诗人、哲学家,第一位获得诺贝尔文学奖的亚洲人。代表作品有《新月集》《飞鸟集》《吉檀迦利》《园丁集》等。泰戈尔生于加尔各答市的一个富有哲学和文学艺术修养家庭,13岁即能创作长诗和颂歌体诗集。他曾赴英国学习文学和音乐,十余次周游列国,与罗曼·罗兰、爱因斯坦等大批世界名人多有交往,毕生致力于东西文明的交流和协调。泰戈尔以诗人著称,创作了《吉檀迦利》等50多部诗集,被称为"诗圣"。他又是著名的小说家、剧作家、作曲家和画家,先后完成12部中长篇小说、100多篇短篇小说、20多部剧本、1500多幅画和2000多首歌曲。天才的泰戈尔还是一位哲学家、教育家和社会活动家。1913年,泰戈尔以诗歌集《吉檀迦利》荣获诺贝尔文学奖。1915年,陈独秀在《青年杂志》(《新青年》)第2期上发表他译的《赞歌》4首。作品中"信爱、童心、母爱"的思想,博大仁慈的胸怀,独具魅力的人格,赢得了无数中国读者的敬仰。

这部诗集是一部著名的儿童散文诗集,出版于1886年,也是他众多散文诗的第一本。当时,风华正茂的泰戈尔,正值春风得意。他的第一个女儿刚好降生,事业上也不断取得成功。温馨的家庭、锦绣的前程,使得青年诗人身心愉悦。正是在这样的背景下,他写了这本著名诗集。诗集问世之后,泰戈尔也因此被誉为"儿童诗人"。

《新月集》是一部以儿童生活和情趣为主旨的英文散文集。主题是歌颂儿童,表达诗人对儿童的热爱与同情。诗集里着力描绘的是一个个天真可爱的儿童,诗人致力讴歌的是人类生活中最为宝贵的东西——童真。他以天才之笔塑造了一批神形兼备、熠熠闪光的天使般的儿童艺术形象。这是诗人对世界儿童文学的一大奉献!诗人将自己的灵魂穿织于诗章词篇里,使诗句充满了灵性的芬芳。阅读这些诗篇,能陶冶性情,净化人格,美化心灵。

2. 金波 《和树谈心》

金波,1935年生,诗人,儿童文学作家,出版了童话集、散文集、诗歌集、评论集等60余册,代表作有长篇童话《乌丢丢的奇遇》《追踪小绿人》,短篇童话集《影子人》,散文集《和树谈心》,诗集《让太阳长上翅膀》等。其有多篇作品入选中小学语文、音乐教材,1992年获国际安徒生奖提名。

《和树谈心》是著名作家金波2007年自选的散文集,属于"金波儿童文学精品系列"之一,收录了作家积淀多年的散文名篇100余则,包括《阳光》《雨点儿》《做一片美的叶子》《火红的枫叶》《百泉村》《背课文》《尖尖的草帽》等。部分作品曾获中国图书奖,第六届全国优秀少儿读物一等奖、第六届宋庆龄儿童文学奖佳作奖。

书里写了很多金波对自己美好童年的怀念或感叹,一个个生动的故事滋润着孩子的心田,教会他们珍惜那只有一次的灿烂童年。在书中选录的一篇同名散文中,作者引用了这样一段话:"每当赫伯特·魏泽教授迈步经过森林的时候,树木觉得很有趣。因为这位德累斯顿的生物学家决心研究树木的语言和使树木的语言变得听得见。"作者还引用了另一位物理学家施特恩·海默的几句话:"在20年前也没有人相信鲸鱼会唱歌。现在鲸鱼的歌已被破译。我们也将在短期内使树木的联络声音变得能听见。"作者像赫伯特·魏泽教授、施特恩·海默教授一样,相信终有一天人类可以和树谈心!经典原创的散文,优美灵动的文字,带给孩子无尽的美的熏陶!

第十一章 幼儿戏剧

> 孩子们的心里总是演着好多小小的戏剧。父母不跟他们太亲近时，他们就会觉得伤心。可是，这些悲伤却像奏乐的豪雨，雨水中欢笑着初升的太阳。
>
> ——罗曼·罗兰

本章要点

1. 掌握幼儿戏剧的特点。
2. 了解幼儿戏剧的作用。
3. 把握幼儿戏剧的分类。
4. 学会赏析幼儿戏剧。

第十一章　幼儿戏剧

第一节　幼儿戏剧概述

著名美学家李泽厚先生曾经说:"戏剧,通常是指以舞台的演出形式而存在的综合艺术。戏剧包括多种因素,有文学、音乐、美术、雕塑、舞蹈、灯光等。剧本是戏剧中的文学成分,固有戏剧文学之称。"幼儿戏剧是戏剧的一个分支,具有自己的特点和发展过程。

一、幼儿戏剧的概念

戏剧是指以表演为中心,融合文学、音乐、美术、舞蹈等多种成分的综合性舞台艺术。当它与诗歌、小说、散文并列时,是指一种文学体裁,既剧本。

幼儿戏剧是戏剧的一个分支,是适合幼儿接受能力和审美趣味,供幼儿观赏或演唱,并有利于幼儿身心健康发展的戏剧。幼儿戏剧不仅包含文学层面上的幼儿剧本,即幼儿舞台演出的脚本,也包括这一剧本的舞台表演呈现。幼儿通过观看或参与舞台表演来接受和欣赏幼儿戏剧。幼儿剧本是幼儿戏剧文学,它是幼儿戏剧的文学因素,也是幼儿文学的一种重要题材样式。所以说,幼儿戏剧既具有作为演出脚本的戏剧性,又具有阅读与欣赏的文学性。

二、幼儿戏剧的发展

20世纪初,西方资产阶级教育思想传入我国。受新文化运动和西方戏剧的影响,艺术教育受到重视,儿童戏剧在学校教育改革的同时得到提倡,并作为学校开展课外活动的重要内容。于是专供幼儿欣赏的戏剧出现了。

五四运动后,黎锦晖于1922年在《小朋友》杂志上发表的儿童歌舞剧《麻雀与小孩》成为我国最早的幼儿戏剧。此外他还创作了《葡萄仙子》《神仙妹妹》《可怜的秋香》《月明之夜》等童话歌舞剧,被公认为我国儿童歌舞剧的开拓者。郭沫若、郑振铎、叶圣陶等也编写过儿童剧。1919年11月郭沫若在《上海时报·学灯》上发表儿童诗剧《黎明》,1922年1月郑振铎在上海创办的儿童刊物《儿童世界》刊载了儿童剧20多个。他们倡导儿童剧的创作,推动了儿童剧的发展。

抗日战争和解放运动期间,我国幼儿戏剧处于停滞阶段。中华人民共和国成立后,儿童戏剧事业得到迅速发展,出现许多优秀作品。取材于家喻户晓的"狼外婆"的故事,由老艺术家张天翼编写的幼儿童话剧《大灰狼》,运用活泼生动的戏剧语言,游戏性的戏剧冲突等,使其成为十分精彩的幼儿童话剧;由歌词作家乔羽在20世纪50年代创作的幼儿歌舞剧《果园妹妹》《森林的宴会》《湖》《割草》《宇宙的骏马》和《鲤鱼妈妈》等,以强烈的民间色彩和鲜明的幼儿特点,深为广大小朋友所喜爱;儿童戏剧家包蕾编写的《小熊请客》,取材

于幼儿的游戏生活,情节曲折生动,内容灵活有趣,成为经典的幼儿童话小歌剧;刘饶民的《小兔子领尾巴》、金近的《兔妈妈种萝卜》等童话歌舞剧,以及稍后沈慕垠的木偶剧《老公公种红薯》、柯岩的幼儿诗剧《小熊拔牙》等,都是当时出色的儿童剧作品。

改革开放以后,幼儿戏剧对幼儿成长的作用受到越来越多的重视。加上幼儿教育工作者的积极参与,幼儿戏剧作品渐趋丰富成熟,但幼儿戏剧的天地仍需进一步地拓展。

第二节 幼儿戏剧的特征与作用

一、幼儿戏剧的特征

幼儿戏剧作为戏剧的一个分支,除具有戏剧的一般规律外,还具有适合幼儿独特的审美心理和表演方式的自身个性特征。

1. 戏剧主题积极明朗,贴近幼儿,益于成长

幼儿的身心正处在一个迅速成长的阶段。他们的知识、智力和识别是非的能力较低,思想、情感、个性、道德观等正在初步形成。他们就像一张光洁的白纸,"染于苍则苍,染于黄则黄"。戏剧艺术的形象是最具立体化的,幼儿正是从这些有声有色、富有变化的舞台上直观地感受一切的。因此,幼儿戏剧文学的主题要积极明朗、健康向上,在便于幼儿理解的同时,引导儿童的身心向健康积极的方向发展。

基于幼儿的生活和理解能力,幼儿戏剧所反映的大都是与幼儿生活紧密相关的题材。如柯岩的幼儿剧《照镜子》,通过幼儿照镜子的行为,反映了幼儿期孩子的自我认同,无形中对孩子进行了生活教育。即便是取材于历史或神话传说的童话剧,所表现的仍然是与幼儿生活或情感相关的内容。幼儿对于那些真实表现他们的生活和精神面貌的剧目也更具有浓厚的兴趣,如柯岩的幼儿剧《小熊拔牙》,讲述了小熊因为不听妈妈的话,不愿意刷牙,导致牙齿疼痛难忍,最终不得不让小兔大夫把病牙拔掉的故事。这个故事背后的寓意是让幼儿小朋友明白"不刷牙"的坏处,从而养成讲卫生的良好生活习惯。

2. 戏剧人物个性鲜明,典型真实,易于模仿

戏剧中的矛盾冲突,常常表现为一定情节中人物性格的冲突。幼儿剧同样要致力于创造典型环境中的典型人物,通过戏剧的矛盾冲突来展现人物的形象。幼儿剧中的主人公可以是幼儿,也可以是成人。但无论是谁,人物性格特征必须鲜明,人物形象必须鲜活感人,易于模仿。事实证明,许多优秀的幼儿剧目之所以有强大的艺术生命力,其根本原因就在于成功地塑造了真实感人的舞台艺术形象。如在《照镜子》中,小姑娘瞪眼、扭身、吐舌头、戳镜子、掉泪、赌气等一连串生气的动作,把幼儿生气时的神态、心理表现得淋漓尽致,真实生动,易于模仿。

第十一章 幼儿戏剧

3. 戏剧冲突明确单一,结构紧凑,易于把握

戏剧冲突是吸引孩子的关键因素。但由于幼儿相对较低的理解和接受能力,戏剧冲突的设置要明确单一,不能过于繁杂。

同时,幼儿剧在结构上主线宜单纯,各个环节的衔接要紧凑,如开端、发展、高潮、结局(有的前有序幕,后有尾声)几个阶段,不可铺垫过多,剧情要快速展开,情节线索要简洁,不能过于复杂多变。因为幼儿的自控能力差,注意力容易转移,所以幼儿剧要以紧凑的情节结构和明晰的线索牢牢抓住小观众的心。比如幼儿剧《"妙乎"回春》就是以小猫"妙乎"的"什么也不懂"和"什么都装懂"作为戏剧冲突的主线,在"妙乎"与被它当成病人的三个动物之间的冲突中展开,以"妙乎"被它的三个病人捉弄,"妙乎"意识到自己的缺点而收场。三次结构相似的情节循环,使冲突的推进遵循了令人熟悉的模式,戏剧气氛逐渐膨胀。这既易于小观众对故事内容的理解和把握,也具有一定的吸引力和观赏性。

4. 戏剧情节生动有趣,故事性强,极具吸引力

戏剧就是以表演的形式演故事,故事性对于幼儿戏剧文学来说,也是至关重要的。幼儿看戏总是从有趣的故事出发。首先是引人入胜的故事吸引他们,然后他们才会在欣赏这有趣的故事过程中,逐渐地去认识一个一个的人物。这里所说的故事性,主要是指剧本里核心事件的发生、发展、结局的整个过程。这个核心事件,可以是一个人,也可以是一件物。幼儿对新奇的事物有一种天然的亲近,情节生动、故事奇特都会给幼儿带来极大的审美享受。幼儿剧的观众无疑是个特殊的群体。他们真诚自然,是非分明,喜怒形于色,但他们也具有不稳定性,很难长时间集中注意力,喜欢轻松、多变的艺术形式。倘若舞台上故事情节环环相扣,演员个性鲜明,表演自然到位,舞美设计色彩鲜艳且与整部戏恰到好处地融为一体,那么观众便会忘记现实而情不自禁地被带入剧中。要是这戏没滋没味,矫揉造作,孩子们也能一眼看穿,迅速失去观看兴趣。

5. 戏剧活动童趣盎然,丰富多彩,极富游戏性

高尔基说:"游戏是儿童认识世界的方法,也是他们认识世界的工具。"可见,游戏是幼儿主要的娱乐和学习方式,幼儿戏剧也要适应这一特点。动作是戏剧艺术的基础。亚里士多德在《诗学》中指出:戏剧必须借人物的动作来表达。戏剧艺术的直观性要求剧本必须考虑设计一些适当的舞台动作,来更好地表现人物,展开剧情。同时,这也是真实反映生活的必然要求。幼儿天性好动、好模仿,喜欢富有动感的场景,因此幼儿剧的动作性要求比一般戏剧更为突出。实际上,孩子们在玩"过家家""开火车""扮警察"等的游戏时,就是在演出一幕幕短小的戏剧。

作家写幼儿剧很可能是为了教育孩子,而孩子看戏多半是为了娱乐。在他们这个年龄阶段,特别需要欢笑,需要感动,需要新鲜感。只有在获得愉快感受的同时孩子们才能接受感染、熏陶和教育,幼儿剧只有充满情趣才能达到此目的。当然,趣味性并非游离于作品之外的附属物,也不是加诸作品之中的调料:它以与幼儿接受心态共通的内涵,深入到戏剧文学作品的精髓里。在幼儿剧文学中,趣味性首先体现在题材是新是旧、情节是曲是直、人物是活生生的还是概念化的、语言是干巴巴的还是充满个性的。另外,幼儿剧也可利用形式技巧的创新及道具、场景的设计,创造浓厚童趣。

6. 戏剧语言浅显易懂,短小精干,极富动作性

幼儿剧是一种特殊的文学样式,他不能像幼儿小说、幼儿故事、幼儿散文那样作客观的描述,一切内容都要经过剧作者的语言推敲琢磨。话剧语言包括三个部分:一是剧作家的"提示语言";二是由演员讲出的、付诸表演的语言,包括对话、独白和旁白;三是潜在语言,又叫"潜台词"。由于幼儿的年龄较小、理解能力差,因此他们理解潜在语言的能力很差,主要以理解前两种语言为主。而话剧中则以第二种语言作为话剧的主干语言。如《麻雀与小孩》中的台词"要上去就要把头抬,要转弯尾巴摆一摆,要下来斜着飞下来,照这样子到这里来"等,幼儿读起来既朗朗上口,又具有极大的吸引力,也有益于幼儿的语言发展。再如《小熊拔牙》中的台词:"妈妈走了,啦啦啦,现在我当家,啦啦啦。先唱个小熊歌,1,2,3,4哇呀呀呀,呀,再跳个小熊舞,5,4,3,2,1,蹦蹦,蹦,哒!哎呀,答应过妈妈洗脸呀!先洗洗小熊眼,再擦擦小熊嘴巴,熊鼻子抹一抹,熊耳朵拉两拉,熊头发梳三下,嗯,就不爱刷牙。"这段人物独白,生动活泼,动词连用,表现了小熊好动的性格和妈妈不在家时其自由的心态,在对话中动作,在动作中对话,符合幼儿的语言特点。

二、幼儿戏剧的作用

幼儿戏剧的目的,就是为孩子带来欢乐,并促进孩子健康成长。孩子能从自己欣赏的剧情中,得到许多有形或无形的东西,从看戏的过程,体验到"欣赏别人"的乐趣。其实,教育孩子还有另一种选择,就是帮助孩子们成为他自己,这正是幼儿戏剧教育的宗旨和核心。不同的戏剧体验对孩子未来的成长影响深远。一部好的幼儿剧会从故事到思想,从精神到审美伴随孩子一生的成长。

1. 幼儿戏剧教育能发展幼儿的语言能力

如果说戏剧是一座大厦,那么语言就是它得以建立起来的建筑材料。中国的戏曲是和诗联系在一起的。戏剧,按别林斯基的说法,是"最高一类的诗",是"艺术的冠冕"。诗的语言具有高度凝练、高度概括的特质,这自然要求戏剧的语言也要言简意赅。戏剧的台词就是一种精练的语言:剧本中的对话都是经过设计安排的,无论在修辞、用字、造句上,均较精练。幼儿可以从中学习对话的方式、态度、语气及感情的表达,从而提高幼儿的说话能力和胆量。

2. 幼儿戏剧教育能培养幼儿的健全人格

戏剧表演是一种集体性的活动,单靠个人的力量是无法完成的。戏剧表演的成功,在于分工合作。从教育的观点看,幼儿戏剧教育是最能发挥群体性的活动。在戏剧的活动中,任何角色都是在扮演别人。因此,幼儿在扮演过程中,可以学习从别人的角度看事情,进而学会关怀和体谅的品质。幼儿戏剧强调温馨,讲求好人有好报,引导儿童趋善避恶,使幼儿在潜移默化中懂得见贤思齐,学习做好人。这些都有利于培养幼儿的团队意识、合作能力、同情心及向善的性格等等,为幼儿健全人格的发展奠定坚实的基础。

3. 幼儿戏剧教育能培养幼儿感受与欣赏音乐的能力

儿童戏剧通常是有音乐背景的。幼儿在不同的场景中感受不同的音乐,通过聆听音乐

来感受人物的喜怒哀乐。在音乐背景的映衬下,可以事半功倍地理解了人物复杂的情感。儿童通过音乐所感受到的事物会难于忘记,当其一哼起这段旋律来,当初他们听它时的情景、情绪就会被唤起来,使其恍如重新身临其境。

第三节 幼儿戏剧的分类

幼儿戏剧主要以3~6岁的幼儿为接受对象,以人物对话为主,辅以动作表情等手段进行舞台演出,供幼儿观看或者参与表演。幼儿戏剧按其容量、场次来分,有多幕剧和独幕剧、活报剧(不分幕,以简便的戏剧形式报道当前发生的重大事件);从题材内容分,有现代剧、历史剧、神话剧、童话剧、民间故事剧等;从演出条件分,有舞台剧、街头剧(也称"广场剧")、广播剧、学校剧、课本剧等;就其艺术表现形式来分,又有儿童话剧、儿童歌舞剧、儿童木偶剧、儿童皮影剧、儿童诗剧、儿童哑剧等。下面重点介绍几种常见的种类。

一、幼儿歌舞剧

幼儿歌舞剧是综合音乐、语言、舞蹈、动作等艺术,以歌唱、舞蹈为主,塑造人物形象,反映社会生活的戏剧,可以分为幼儿童话歌舞剧和幼儿生活歌舞剧等,如我国最早的儿童剧作家黎锦辉的《小画家》、乔羽的《果园姐妹》、赖俊熙《春天是谁画的》及20世纪70年代的《草原英雄小姐妹》都是较有影响的作品。幼儿歌舞剧主要以演员的唱词和舞蹈动作、音乐曲调的设计来表现剧情、反映生活,因此它必须使歌唱、舞蹈、音乐达到高度的和谐一致,使其具有强烈的诗的感染力。一般来说,幼儿歌舞剧要突出音乐性、动作性和统一性,但在具体的剧本中,或以歌唱为主,或歌舞并重,或配以诗歌朗诵和旁白等,表现方式可多种多样,如以动物拟人形象为角色的《兔妈妈种萝卜》和以人物形象为角色的《照镜子》等。

二、幼儿话剧

幼儿话剧是一种以动作和对话为主要表现手段的幼儿剧,可分为幼儿童话话剧,它用幼儿容易理解而又规范化的生动的准确通俗的语言进行创作,以角色形象的台词、表情、动作等为主要表现手段,具有真实感和形象性,是幼儿戏剧文学中一种重要的、常见的表现形式,如《小熊拔牙》《小黑猫》等。

三、幼儿木偶剧

木偶剧是专用木偶来表演故事的一种艺术,由表演者在后台一边操纵木偶表演动作,一

边说台词或歌唱,通过木偶的动作、语言来塑造舞台形象,从而去反映社会生活,反映人生哲理。一般全剧短而精,人物对白简单明了,线索单纯清晰,剧情紧张明快,如《五彩小小鸡》。根据制作、形体和操纵技术的不同,本偶可分为布袋木偶、提线木偶、杖头木偶等不同形式。

四、幼儿皮影戏

皮影戏又叫影戏、灯影戏、驴皮戏,是一种集绘画、雕刻、音乐、唱歌、表演等于一体的综合性民间艺术表演形式。表演皮影戏时,人通过操纵用兽皮或纸板做成的人物或动物剪影来表演故事内容,给人一种若隐若现的朦胧美,让人更觉新鲜、好奇。

五、幼儿广播剧

幼儿广播剧是指利用广播送听,以语言声音及音乐、音响等为表现手段来塑造形象、展示剧情的幼儿剧种。幼儿广播剧中语言声音是主要表现手段,因而剧本对人物语言和叙述语言有严格要求:要具有鲜明的性格色彩,富含生活的真实感及音乐感;要让音乐与语言和谐地、有机地统一起来,烘托环境气氛,激发幼儿想象。

第四节 幼儿戏剧欣赏

作品欣赏一

小熊请客

第一场——在树林中

〔太阳透过树丛,照射着绿油油的草地,草地上开着各种颜色的野花,树上的小鸟快活地叫着。一阵怪里怪气的音乐声中,狐狸顺着林中小路一颠一拐地走了过来。〕

狐狸:我的名字叫狐狸,一肚子的坏主意,人人见我都讨厌,说我好吃懒做没出息。

(他抬头看了看太阳)

(白)太阳升得高又高,肚子里还没吃东西。唉,真倒霉!到现在连一点吃的还没弄到手,饿得我两条腿一点劲都没有了,我还是先在大树背后歇一会儿吧!

(狐狸靠着大树懒懒地眯上了眼睛)

第十一章　幼儿戏剧

　　〔一阵轻快的音乐由远而近,小猫提着一包点心,连唱带跳地跑了过来。〕
　小猫:(唱第一曲"到小熊家里去")
　　喵喵喵,真呀真快活,今天过节,小熊请客。我们到他家里去,又吃又玩又唱歌。喵喵喵,喵喵喵,真呀真快活!
　　〔狐狸听见小猫的歌声,就从树后跳了出来。〕
　狐狸:喂!小猫咪!你到小熊家去吗?带我一块去吧!
　小猫:你?
　　(唱第二曲"我才不带你")
　　狐狸,狐狸!你没出息,你自己不做工,还想白白吃东西。我呀,哼!我才不带你!
　　(小猫头也不回,连蹦带跳地渐渐走远了。狐狸看着小猫的背影气呼呼地骂了起来)
　狐狸:哼!真气死我啦!小猫咪真是个坏东西!(他伸了伸懒腰,打了个哈欠。)唉!我还是在这儿躺一会吧!
　　〔狐狸靠着大树,两眼刚刚眯起来,远远又传来一阵愉快的音乐。小花狗带着给小熊的礼物,蹦蹦跳跳地跑来了。〕
　小花狗:(唱第一曲"到小熊家里去")汪汪汪,真呀真快活,今天过节,小熊请客。我们到他家里去,又吃又玩又唱歌。汪汪汪,汪汪汪,真呀真快活!
　　〔狐狸等小花狗走近了,又从树后跳了出来。〕
　狐狸:小花狗,你今天打扮得真好看,上哪儿去呀?
　小花狗:今天过节,我们到小熊家去玩!
　狐狸:小花狗,你带我一块去吧!
　小花狗:你?(唱第二曲"我才不带你")狐狸,狐狸!你没出息,你自己不做工,还想白白吃东西。我呀,哼!我才不带你!
　　(小花狗瞪了狐狸一眼,蹦蹦跳跳地走远了)
　狐狸:哼!小花狗也是个坏东西!我还是在这儿再歇会儿吧!
　　〔狐狸又伸出个懒腰,垂头丧气地靠在树背后。这时远远传来了小鸡的歌声。〕
　小鸡:(唱第一曲"到小熊家里去")
　　叽叽叽,真呀真快活,今天过节,小熊请客。我们到他家里去,又吃又玩又唱歌。叽叽叽,叽叽叽,真呀真快活!
　　〔狐狸又跳了出来,满脸含笑地迎着小鸡走过来。〕
　狐狸:哎呀呀,亲爱的小鸡呀!我简直都不敢认你啦!你今天打扮得多么漂亮呀!你这是要上哪儿去呀?
　小鸡:今天小熊请客,我到他家玩去!
　狐狸:这可太好啦!我们可以在一块儿好好地玩玩啦!我跳舞给你看。
　　(狐狸把两眼眯成一条缝,声音特别的柔和)小鸡,你带我一块去吧?
　小鸡:(上下看了狐狸一眼)你?

(唱第二曲"我才不带你")

狐狸,狐狸! 你没出息,你自己不做工,还想白白吃东西。我呀,哼! 我才不带你!

(小鸡也是连头都没有回一下,就一跳一跳地走远了。狐狸可真气死了,他看着小鸡的背影,狠狠地骂起来)

狐狸:哼! 又是一个坏东西!(想了想)好哇,你们不带我去,我自己去。到了小熊家,我就把好东西一口气吞进肚子里,你们等着吧!

(狐狸眨了眨眼睛,舔了舔舌头,一颠一拐地朝小熊家走去)

〔音乐也随着渐隐下去。幕落。〕

第二场——在小熊家里

〔在一间用石头堆起来的屋子中间,放着一个木桌,四个小木凳,桌上摆着小熊给朋友们准备好的小鱼、肉骨头和小虫子。开得非常好看的红花放在桌子中央。〕

小熊:(唱第三曲"朋友来了多高兴")

把地扫干净,桌子凳子擦干净,朋友来了多高兴,多高兴,啦啦啦,啦啦啦,朋友来了多呀多高兴!

〔嘭嘭嘭,响起了敲门声。〕

小熊:谁呀?

小猫:是我们!

小花狗:是我们!

小鸡:是我们!

〔小熊高兴地跑去把门打开,亲切地把伙伴们让进来,又把门关好。〕

小熊:(唱第四曲"欢迎曲")

欢迎你们,欢迎你们,好朋友,欢迎你们来做客! 这里有骨头、小虫和小鱼,随便吃点儿别客气!

〔在欢乐的音乐声中,大家把给小熊带的东西放下,围在一起高兴地吃起来。忽然响起了几下重重的敲门声。〕

小熊:谁呀?

狐狸:快开门,我是大狐狸!

小熊:(惊讶地)哎呀! 原来这个坏东西来了!

〔门敲得更厉害了。〕

狐狸:快开门! 把好吃的东西都拿来!

〔大伙儿很快地凑在一块儿,小鸡、小猫不停地问:"怎么办?""怎么办呀?"〕

小熊:(低声地)别急! 我有办法啦!

小鸡:快说呀!

小花狗:快点说吧!

小猫:什么办法?

小熊:我盖房子的时候,还剩下好些石头,我把它分给你们。等一开门,咱们就一块

第十一章　幼儿戏剧

儿拿石头扔他!

小猫:好,快点!

〔小熊很快就把石头分完了。〕

小熊:(轻声地)好了吗?……我去开门。

〔门"吱呀"一声开了,狐狸一步就跨进了门。〕

狐狸:快把好吃的东西拿来,别惹我生气!

小猫:好吧!给你!给你!

小鸡:给你!

〔大伙儿一面喊着,一面把石头狠狠地朝狐狸扔过去。狐狸抱着头,狼狈地叫起来。〕

狐狸:哎哟,哎哟……疼死我喽!……快点逃走吧!

(狐狸夹起尾巴,想夺门逃走。他猛一转头,一下子碰在石头墙上,疼得他倒退了两步,才看准门口,一溜烟跑了出去)

〔紧接着响起一阵快乐的笑声。〕

小熊:现在咱们大家可以好好地玩玩啦!

〔大家一边唱歌,一边跳起舞来。〕

小猫:(唱第五曲"赶走大狐狸")喵喵喵,

小花狗:汪汪汪,

小鸡:叽叽叽叽,叽叽叽叽,

小鸡:哈哈哈哈,

小熊:赶走大狐狸!

小鸡:心里多欢喜!

小熊:跳起舞来唱起歌,

小鸡:高高兴兴来游戏!

小熊:啦啦啦啦啦啦啦!
　　　啦啦啦啦啦啦啦!
　　　赶走大狐狸!
　　　心里多欢喜!
　　　跳起舞来唱起歌,
　　　高高兴兴来游戏!
　　　啦啦啦啦啦啦啦!
　　　啦啦啦啦啦啦啦!

〔欢腾的尾声音乐清脆地响了起来……幕慢慢地落下来。〕

作品欣赏二

狐狸下蛋

〔小鸭和小鸡,来到小河边〕

小鸭:嘎嘎嘎,我和小鸡来玩耍。

小鸡:叽叽叽,小河边上做游戏。

小鸭:花和草,隔着小河把手招。

小鸡:小河上,架着一座小木桥。

小鸭:小木桥,弯弯腰,河水好像镜子照。

小鸡:小鸭子,你来瞧,对岸是谁要过桥?

〔对岸,出现了一只狐狸〕

狐狸:肚子饿,到处跑,来到小木桥。找一找,瞧一瞧,哈!我的运气好。一只鸡,一只鸭,正好给我吃个饱。

小鸡:见狐狸,我害怕,狐狸要吃我们了。

小鸭:别害怕,手拉手,我们快快跑回家。

〔小鸭和小鸡要跑走,狐狸在对岸挥手喊叫〕

狐狸:叫小鸭,喊小鸡,有件事儿真稀奇:狐狸学会生蛋哩!一天下了三个蛋,气死你家老母鸡。

〔小鸡听了,抬头瞪眼,感到奇怪。狐狸又叫〕

狐狸:狐狸能下蛋,你说多好玩,我在这里下,大家快来看!

小鸭:刁狐狸,说瞎话,我们不要相信它!

小鸡:鸡下蛋,鸭下蛋,哪有狐狸会下蛋?

小鸭:不可能,别相信,狐狸下蛋是骗人!

狐狸:哈哈哈,小傻瓜,看了才知真和假;不相信,就走吧,现在我要下蛋啦!

〔狐狸说着,蹲下身子〕

狐狸:下蛋啦,下蛋啦,下个大蛋赛西瓜。

小鸡:狐狸下蛋啦,是真还是假?

小鸭:小鸡别理它,我们快走吧!

小鸡:小鸭你别忙,过去望一望。

小鸭:狐狸坏东西,当心别上当!

狐狸:呀,呀,呀,下了一个还要下;哈,哈,哈,我的本领多么大!

〔小鸡忍不住,好奇地走上桥头〕

小鸡:别哄我,刁狐狸,你会下蛋是真的?

狐狸:你不信,过来瞧,过来一瞧就知道。

第十一章　幼儿戏剧

〔小鸡要向桥那边走去,小鸭忙来拖住它〕

小鸭:小鸡小鸡你别去,狐狸它会吃掉你!

小鸡:小鸭小鸭别阻拦,狐狸下蛋我要看。

〔小鸡要去,小鸭怕小鸡上当,抢先跑上桥〕

小鸭:要去瞧,我先去,你且等我别心急。

小鸡:小鸭子,你别跑,为啥你要先去瞧?

〔小鸭跑到桥中间,忽然停住,望着桥下河里大叫〕

小鸭:怪,怪,怪!河里也有刁狐狸,瞧,瞧,瞧!也在下蛋多稀奇!

小鸡:啊,啊,啊!河里也有刁狐狸?

狐狸:你说谎,河里哪会有狐狸?

小鸭:不相信,请来看,河里狐狸在下蛋,小鱼小虾围着转……

〔小鸡走上桥来看;狐狸也忍不住站起身,走上桥来〕

小鸭:河里狐狸在下蛋!一个两个生出来。

〔小鸭指着河里,小鸡和狐狸伸长脖子看〕

小鸡:河里看到一只鸡,不知狐狸在哪里?

狐狸:河里果然有狐狸,贼头狗脑想偷鸡?

小鸭:哈哈哈,两只狐狸见了面,谁会生蛋比一比。

〔狐狸又气又急,指着河里骂〕

狐狸:河里狐狸实在坏,也想学我假生蛋,小鸡小鸭是我的,不能让你爬上来。

小鸭:嘻嘻嘻,我要下河瞧瞧去。

狐狸:不要去,不要去。

〔狐狸想趁机捉住小鸭,冷不防小鸭猛地拽着狐狸,跳下桥去〕

狐狸:呀呀呀,河水呛进我嘴巴……

小鸭:哈哈哈,狐狸变成落汤鸡!

〔小鸭游上岸,狐狸不会游水,在河里扑腾〕

狐狸:救命呀,小鸭快来效救我吧……

小鸭:说实括,下蛋是真还是假?

狐狸:假,假,假,谁来上当把谁抓……

小鸡:淹死它,淹死它,看它还能骗人吗?

〔小鸭游上岸,和小鸡偎在一起;狐狸在河里挣扎,渐渐往下沉〕

〔剧终〕

作品欣赏三

好样的熊孩子

人物设置：小黑熊 小灰熊 小棕熊 熊老师 其他熊

场景介绍：上学路上 森林里 课堂上

剧本

(1) 上学路上，清晨。

小棕熊在路上走，小黑熊追上来。

小黑熊："等一等，小棕熊，和你商量件事。"

小棕熊继续往前走，脚步放慢。

小棕熊："什么事？快说吧，再磨蹭就要迟到了。"

小黑熊："帮忙想个招啊。爸妈只让我吃板栗，不让吃蜂蜜，我已经好几天没好好吃东西了，上课无精打采，肚子直咕噜。"

小棕熊："原来你也是这样，怎么办？我也没辙啊。我还打算找你想办法呢，你不是'难不倒'吗，也有犯难的时候呀？"

小黑熊："办法我倒有一个，就怕你没那个胆量做。即使你是'什么都不怕'也不敢那样做。"

小棕熊："说吧，大不了，今天的学不上了。"

小黑熊："那就好，我想，你有了不起的爬树本领，我有了不起的亮眼睛、灵鼻子，我们俩合作，很快就能找到蜂蜜。我们吃饱了，再去上学。那样，上什么课都有精神，学得又快又好，你敢不敢试一试？"

小棕熊："有什么不敢。走，我们从路口拐弯去森林深处吧。"

(2) 森林深处，清晨。

小黑熊和小棕熊一边走，一边抬头左看右看。

小黑熊停住脚步，把两手握成筒状，透过两手仰视一棵树，深深吸了一口气，跳起来。

小黑熊："蜂蜜！那儿！小棕熊！冲啊！"

小黑熊和小棕熊一起朝一棵树飞奔。到了树下，停住。

小黑熊："快，上去拿下来，我们分了吃。"

小棕熊："看我的吧！"

小棕熊爬树，取蜂蜜，下树。

小黑熊盯着小棕熊手里的蜂蜜，咽了几下口水。

小黑熊："快，小棕熊，我们分了吃。"

小棕熊:"别着急,我们画道线,我吃线这边的,你吃线那边的。"
小黑熊弯腰捡起一根树枝。
小黑熊:"好吧,快,就用这树枝画吧。我来画。"
小黑熊在蜂蜜上画了一道线。
小黑熊:"你要这一半,我要那一半。"
小棕熊:"可是你的那一半比我这一半大。"
小黑熊:"主意是我想出来的,我应该吃大的那一半。"
小棕熊:"可是蜂蜜是我拿下来的,我应该吃大的那一半。"
小黑熊:"我要大的!"
小棕熊:"我要大的!"
两只熊打起架来。
小鸟飞过来,喊:"别打了,别打了,上学要迟到了。"
两只小熊仍打个不停,蜂蜜被它们踩得到处都是。
(3)森林学校,清晨。
熊老师正在给熊孩子们上课。
熊老师:"同学们,今天,我们讲课的题目是:气球为什么会在天上飞?"
小鸟一个劲地撞教室的窗户。
学生:"老师,一只小鸟!"
学生:"它在使劲撞窗户。"
学生:"它一定有话要说!"
熊老师:"大家别着急!请安静!"
熊老师打开窗户,放进小鸟。
小鸟在教室空中飞,叫:"小黑熊和小棕熊打起来了,小黑熊和小棕熊打起来了。"
熊老师:"大家请保持安静!自己看书,老师去把小黑熊和小棕熊叫回来。"
熊老师乘着气球跟从小鸟来到森林深处。
(4)森林深处,清晨。
小鸟叫道:"老师来了!老师来了!"
小黑熊和小棕熊都住了手。
熊老师:"小黑熊,你先讲,怎么回事?"
小黑熊讲了事情经过。
小黑熊:"假如,我有足够的蜂蜜吃,我就不会为蜂蜜和别的小熊打架。如果别的小熊找蜂蜜,我还会用我厉害的眼睛和鼻子帮它。可我好几天没好好吃饭了,我的肚子饿啊。"
熊老师点了点头。
熊老师:"老师知道了,小棕熊,你讲讲这是怎么回事。"

小棕熊讲了事情的经过。

小棕熊:"假如,我有足够的蜂蜜吃,我就不会为蜂蜜和别的小熊打架。如果别的小熊找蜂蜜,我还会用我厉害的爬树本领帮它。可我好几天没好好吃饭了,我的肚子饿啊。"

熊老师点了点头。搂了搂两只小熊,说:"老师知道了,你们都是好样的,互相道个歉。然后,我们先解决肚子饿的问题吧。"

小黑熊和小棕熊互相道歉。

熊老师对小鸟说谢谢。然后,带着熊孩子乘气球回学校了。

(5)森林学校,清晨。

熊老师:"小黑熊、小棕熊你们到座位上坐下吧。"

熊老师:"同学们,小黑熊与小棕熊遇到了难题,难题就是它们不愿意吃栗子,喜欢吃蜂蜜,可它们的爸爸妈妈怕它们吃多了蜂蜜牙疼,非让它们吃栗子。它们好几天没好好吃东西了,肚子饿,大家帮它们想一想,它们应该怎么办?"

大家一起想办法,议论纷纷。原来,有许多熊孩子也遇到了这个问题。

学生:"我的爸爸妈妈也是这样,我也好几天没好好吃东西了。"

学生:"我也是,我也肚子饿!"

小灰熊:"我有办法了!把蜂蜜抹到栗子上,做成蜂蜜栗子,那就又好吃又有营养又不会牙疼了。"

熊老师拿来了蜂蜜和栗子。学生们试验起来。

小黑熊:"哇!蜂蜜加栗子等于……"

学生一起喊:"等于美味佳肴!"

熊老师笑了:"我的熊学生们真棒!"

熊学生们笑了:"我们的熊老师真棒!"

熊爸爸熊妈妈们赶来了,它们也笑了:"我们的熊孩子们真棒!"

作品欣赏四

小狐狸卖药

第一幕(音乐起,狐狸慢慢从舞台一角走出)

狐狸:(边唱边说)小狐狸我最聪明,只有傻瓜才劳动。我呀,OK!晒晒太阳吹吹风。

狐狸:(捂着头)哎哟!哎哟!最近我总是头昏眼花,浑身无力,我得找医生看看。医生,医生,快来呀!

第十一章 幼儿戏剧

小兔医生上：(边唱边说)小兔我身穿白衣裳,手里提着医药箱,每天给人去看病,小兔医生真正忙!

狐狸：小兔医生,你快给我看病吧!

小兔：你怎么了,哪里不舒服?

狐狸：我头昏昏的,浑身软绵绵的,不想动。

小兔：让我来给你检查检查吧!

　　我来给你听听(做听心脏的动作),心脏没问题。

　　我看看你的嗓子,(检查喉咙)嗓子也没毛病。

　　我再帮你量量体温,咦? 不发热呀!

狐狸：小兔医生,我没发热,可我为什么不想动呀?

小兔：(挠头)嗯,让我想想,有了。你在家里每天都做些什么呀?

狐狸：我什么活也不干,晒晒太阳吹吹风,每天就爱睡懒觉。

小兔：怪不得呢。我知道,你得的是懒惰症,原来你是一只大懒虫。

狐狸：我最怕累了! 我才不干活呢。医生你就治治我的病吧!

小兔：好吧! 那我就给你配一瓶药。这瓶药叫勤劳药,吃了,你就变勤快了!

狐狸：真的,让我试试!

　　(拿出一颗药,吞下一颗药,伸伸手臂)

　　哇! 我真的有力气了,我想去干活赚钱了!

　　(狐狸眼珠咕噜噜一转)

　　哎! 有了,我去卖这瓶勤劳药,卖给懒惰虫,那我就能发大财了!

　　(哈哈大笑)

　　小兔医生,Bye-bye!

　　(狐狸抢过药瓶,拔腿就跑,小狐狸下)

小兔：小狐狸,你还没给钱呢!

(小兔追着狐狸下)

狐狸：(边唱边说)今天我运气真正好,拿到一瓶勤劳药。把它卖给懒惰虫,保准让我发大财。

猴子：(随音乐上)小狐狸,你怎么这么高兴呀?

狐狸：我要发大财了!

猴子：是怎么回事呀?

狐狸：我这里有瓶勤劳药,把它卖给懒惰虫,我就能挣大钱了!

猴子：那你准备到哪里去卖呀! 森林里的小动物可都爱劳动,在森林里卖,你肯定卖不出去!

狐狸：那我就到森林幼儿园里去卖,那里有许多小朋友。我想,我肯定能找到懒惰虫的。

猴子：那我祝你好运! 小狐狸再见!

幼儿文学教程

第二幕(音乐声中,一小女孩拿着皮筋跑上来,接着在这小女孩的招呼下,又上来五位小女孩,边唱边舞)

众:幼儿园真快乐,小朋友们哈哈笑。你拉皮筋我来跳,你拍皮球我来数。我们就像快乐的小鸟,快乐的小鸟唱歌谣。我们就像快乐的小鸟,快乐的小鸟唱歌谣。

众:(伴随笛子声)马兰花,马兰花,风吹雨打都不怕,勤劳的人儿在说话,请你马上就开花。

(一皮球滚上来,小胖缓缓跟上)

小胖:你们替我把皮球捡起来。

小女孩停止了跳皮筋,没人理睬小胖,小胖蛮横地乱拉皮筋。

众:哎哎!小胖,你要干什么?

小胖:把皮球给我捡起来!(蛮横地)

众:啊!叫我们捡皮球。

小胖:我是小皇帝。

众:(笑)哈哈……小皇帝,这小皇帝怎么当呀?

小胖:哎,拖了鼻涕妈妈擦,手帕脏了奶奶洗。吃鸡蛋,爸爸剥,爷爷帮我捡玩具。

女1:当这样的小皇帝多丢人!我看你像小懒虫!

众:哈哈!我们可不是小皇帝!我们可不当小懒虫!

女2:自己不会擦鼻涕。

女3:自己不会洗手帕。

女4:自己不会剥鸡蛋。

女5:自己不会系鞋带。

女6:自己不会叠被子。

众:我们大家不学你。

小胖:(欲哭,但不甘示弱)把皮球给我捡起来!

众:叫你爷爷来捡吧!

小胖:(终于哭了)嗯……我要告诉妈妈,你们不给我捡皮球,我要告诉爷爷,爷爷,嗯……

小狐狸上:哈哈!我发财了!找到一个小懒虫!卖药啦!卖药啦!吃了勤劳药,你就爱劳动。小胖小懒虫,快来买药呀!

众:小胖,小胖,你可别当小懒虫,快点自己捡皮球。

(小胖看看大家,自己捡起了皮球)

众:(鼓掌)奥!小胖进步了!他不是小懒虫了!

(众竖起大拇指,围着小胖和小狐狸)

众:(边唱边舞)小胖好,小胖好,有了进步该表扬,自己捡起大皮球,再也不是小懒虫。小狐狸,你看,小胖进步了!

狐狸:是呀,小胖的确进步了。

188

第十一章 幼儿戏剧

小胖:我还要自己擦鼻涕。(说完用袖子一抹,众忍不住笑了)

女1:小胖,擦鼻涕要用小手帕。(小胖接过小手帕擦鼻涕,众又鼓掌)

众:小胖真好,说改就改了。

小胖:(得意地)我还要自己刷牙,洗脸,自己吃饭,自己剥鸡蛋。

众:对!(边歌边舞)

　　你要学我们,
　　手帕脏了自己洗,
　　积木掉了自己捡。
　　自己擦桌擦椅子,
　　自己叠被穿衣服。
　　每天给花浇点水,
　　再把图书理整齐。
　　看见垃圾我来捡,
　　地上脏了我来扫。
　　学做班级小主人,
　　自主管理真快乐!

小胖:对!我得向你们学习,也做班级小主人!

狐狸:卖药啦!卖药啦!卖勤劳药啦!便宜了!便宜了!

众:小狐狸,我们可不是小懒虫,我们不会买你的药的。

狐狸:哎!这下我可赚不到钱了!我还是得靠劳动才能赚钱。

众:对对对!你也要爱劳动,样样事情自己做。

狐狸:我再也不做懒惰虫了,这药我不卖了。(将药瓶放掉)

　　我也向你们学习,做个勤劳的人。

众:小狐狸,小胖,我们一起来跳舞吧!

狐狸和小胖:好!

众唱:幼儿园,真快乐,小朋友们哈哈笑。你拉皮筋我来跳,你拍皮球我来数。我们就像快乐的小鸟,快乐的小鸟唱歌谣。我们就像快乐的小鸟,快乐的小鸟唱歌谣。(伴随笛子声)

(幕落)

思考链接

1. 试述幼儿戏剧对幼儿发展的影响。
2. 如何引导幼儿欣赏幼儿戏剧?

延伸阅读

幼儿园戏剧教育的教学策略

幼儿具有与生俱来的戏剧天性。幼儿驰骋在戏剧的世界里,假扮成各种形象,满足着自己对外界事物的探索和表演欲。通过戏剧扮演,幼儿更清楚地了解自己的情感,并且能很好地表达和控制自己的情感。幼儿园的戏剧教育则为满足幼儿的戏剧天性提供了一方舞台。但它不是才艺教育,不是训练演员,而是透过戏剧的肢体和思考方式,激发幼儿创作的能力,让幼儿把自己的经验世界重新建构在虚拟的游戏世界里,让幼儿在活动中享受到喜乐欢悦的感觉,并让他们从中感受到艺术的熏陶,体验艺术创作的喜乐,进而更敢于表现、乐于表现。他们在戏剧的世界里能随兴所至,自由自在,自由选择,且不受外界的约束。另外,通过戏剧活动中冲突的架构、思维的激荡,幼儿解决问题的能力也会得到提高。

戏剧教育有着如此重要的教育目标和教育价值,那么教师应该在教学中采用怎样的教学策略才能促使这些目标的达成呢?本文将介绍以下几种教学策略:集体角色扮演和分组角色扮演、教师入戏和教师出戏、旁述和坐针毡。

一、全班角色扮演

全班角色扮演是指全班幼儿共同扮演一个角色。这种策略可以消除幼儿紧张的心理,并且在他人的带动下弥补自己经验的不足,从而在一个轻松的环境中进行体验和表达。这种安排方式较能让幼儿产生参与感,而不是像被放逐,被当作旁观者而已。

例如,在大班"遨游太空"主题式戏剧活动中,幼儿通过视频资料获取信息后,集体模仿宇航员在太空中的活动。全班角色扮演中的幼儿是集体扮演同一个角色,但是他们的体验是属于他们自己的,即幼儿根据自己对这一角色的理解来表达自己的感受。又如,在中班"小鸭的故事"主题活动中,"小小蛋儿把门开"一节中"鸭妈妈抱着小鸭"中的"抱"这个动作的体验需要每位幼儿亲身感受的。因此,教师请全班幼儿都扮演鸭妈妈的角色,体验"抱着小鸭"(假想的动作)这一动作。

在全班角色扮演这个环节,戏剧活动不同于其他的集体教学活动。空间是戏剧活动的一个很重要的要素。幼儿教师在进行集体教学时,首先要考虑的问题就是"空间"的分配。如果空间分配不好,难免教室内会出现秩序混乱的现象,而且孩子们可能会互相干扰,难以保证活动的进行。因此,我们就需要划分好区域。教师可以用指示语提示幼儿,他们的活动范围在小椅子旁边,或是事先用指示线标示出幼儿的活动的空间范围。

二、分组角色扮演

分组角色扮演也是戏剧教学中常用的策略。分组角色扮演的方式有自由分组和固定组两种形式。

（一）自由分组角色扮演

自由分组有三种形式：一是好朋友结组，二是根据角色结组，三是随机分组。

好朋友结组是指幼儿教师在运用分组角色扮演的策略时，运用这样的指令："找自己的好朋友。"这样的结组方式中的小组几人一起讨论故事的发展，再把小组讨论的内容表演出来。例如，在"小花鸭的故事"活动中，教师是这样组织幼儿进行戏剧表演的："小朋友们，这是我们之前编的故事，你们喜欢哪一段呢？找自己的好朋友把这一段演出来好不好？"在利用好朋友结组时，教师应该让小朋友们知道，故事的创编凝聚了好朋友的心血，在表演之前的准备环节好朋友之间要有充分地沟通，这样这种方法才可以运用。否则，他们找的好朋友也许没有共同的爱好，无法使角色演下去。值得注意的是，好朋友结组的结组对象过于单一，孩子们的相互交往受到限制，因此这种分组方法不宜频繁使用。

根据角色结组是指小朋友们选择自己喜欢的角色，选择同一角色的小朋友结成一组。这样就组成了一个"角色圈"，共同扮演一个形象，消除了某些胆小孩子的紧张感，也便于教师组织教学。例如，在小班"三只小猪"的活动中，教师可以采用角色圈的方式，把全班小朋友分成三组，第一组演猪大哥，第二组扮演猪二哥，第三组扮演猪小弟。还有一种是教师随机把孩子们分成几组表演，这样的分组方式在大班可以运用。

（二）固定组角色扮演

为了管理的需要，每个班级都有几个固定小组。有时教师也会在课堂上运用这样的小组开展活动。固定组的孩子一般座位离得较近，方便讨论，也便于教师管理。教师采用固定组时，同样需要划定一个活动区域。由于幼儿固定组的方便性，教师只需划定几片区域并告知幼儿方便活动。

无论采用什么分组方式，目的都是为了幼儿充分的交流、自由的创作和表达，同时也便于教师很好地指导每个小组。但是，分组要考虑到幼儿的年龄特点和他们的经验准备，要在实践中不断探索，选用合适的组织形式。

三、教师入戏和教师出戏

"教师入戏"源于英国戏剧教育家桃乐丝·海斯考德（Dorothy Heathcote）所创的"领导者参与角色中"（Leader-in-role）的技巧。教师入戏是指教师身为戏剧中的一个角色，进入儿童的戏剧扮演世界中，与儿童一起扮演故事。

（一）作用

教师入戏能够充分地掌握情况、引导活动、控制进程，能适时引导或提供更适合的语言、态度、动作给学生参考并提供促成愉快而有效率的学习经验。教师入戏时教师最重要的角色是当老师,掌握好班级的训练与学习。而当学生准备好时,教师便将戏剧的力量释放给他们。也就是说,教师入戏能够提供幼儿一个意外的讯息,使得戏剧活动更具有张力,更能激发幼儿产生兴奋感。同时,教师入戏能消除幼儿的戒备心理,增进与幼儿的距离。

教师以角色的身份加入幼儿的扮演,一是刺激孩子的角色扮演;二是可以对孩子的角色扮演作出积极的回应,肯定幼儿的角色扮演,引发幼儿的兴趣并引导他们作进一步的表现;第三还显示了儿童所扮演角色的重要性、受尊敬程度。

(二)具体做法

在教学活动中,因为各种情况不同,教师应采取适宜的技巧,以自然进入的方式参与角色领导,推动戏剧性教学,最后再以适宜的方式离开角色来调整或结束教学。教师扮演角色的一个最基本的出发点是叫幼儿明白他所扮演的是什么角色,不能叫他们处于模糊不清的状态中。所以,教师入戏、出戏要自然而明显。幼儿能明白你是角色中的人物还是他们的老师,这一点很关键。

教师进入角色可以有以下三种方式:

一是直接介绍。教师直接说明自己扮演的是什么角色,幼儿扮演的是什么角色。例如,在"大树与小鸟"主题式戏剧教育活动中,教师扮演"伤心的大树"时可以这样说:"我现在是一棵伤心地大树,有谁知道我为什么伤心啊?"这就是一种直接介绍进入角色扮演的方式。

二是通过某种标志物辅以叙述描述。这个标志物或是一顶帽子,或是一件披风,或是一根魔法棒,或是一只小动物,等等。如在"大树与小鸟"主题活动中,教师扮演小魔仙是采用这种入戏方式的:"这里有一根魔棒。当我举起这根魔棒的时候,我就是小魔仙;当我放下这根魔棒时,我就是你们的老师了。"在"我的幸运一天"渗透式戏剧教育活动中,教师用一个醒目的猪鼻子作为小猪的标志,她说:"当我戴上这个猪鼻子,我就变成小猪了;当我放下小猪鼻子,我就是你们的老师。"这就是一种通过标志物并辅以叙述描述进入角色扮演的方式。

三是指定说明,即以某一情况代表某一角色的身份。比如说,当我坐在椅子上的时候,我就是国王,要听取大臣们的意见;当我离开椅子时,我就是老师。但是,对于年龄较小的幼儿,直接说明或辅以标志物的教师入戏的方式可能更好一些。

(三)教学效果

教师入戏并不会暗中破坏老师在教室里的权威,反而会提供给教师另一种新的方式来管束儿童。教师入戏常常是最准确也是最快引导幼儿进入戏剧创作状态的方法。幼儿消除了对教师以往的紧张或者服从心理,他们认为戏剧情境就像真的一样,从而更愿意参与角色扮演。教师入戏的状态会对幼儿的表现和创作产生影响。我们不是要求教师一定要像演员一样表演,而是要学会引导幼儿,激发幼儿表现的欲望和感觉。例如,在"三只小猪"主题活动中,当教师问幼儿:"谁来扮演大灰狼呢?"没小朋友愿意表演大灰狼。教师以扮演大灰狼来激发幼儿的表演。这位老师运用"教师入戏"策略后感受是这样的:"教师在角色扮演时的投入状态和夸张程度,在很大程度上能激发幼儿的兴趣及幼儿的表演欲望。

在进行'狼来了'的活动时,教师要很夸张地表演出大灰狼凶狠、贪婪的样子,让幼儿感受到现场紧张的气氛。教师如何把大灰狼扮演得惟妙惟肖是整堂课的关键。刚开始我会不好意思表演,表演得不像是大灰狼来吃小猪,更像是大灰狼来找小猪宝宝玩,像找朋友一样。此时,幼儿就不能被积极地调动起来,戏剧情境的气氛不是紧张而变成了搞笑。通过活动我对戏剧加深了理解,也逐渐进入了角色,有一种'豁出去'的感觉。在之后'我们不怕大灰狼'的情感体验中,我所塑造的大灰狼的形象比较成功,幼儿的积极性被调动了起来,幼儿也能进行了大胆的想象了。他们能在没有教师语言的提示下就感受到现场的气氛,并能把'发抖'的神态表现出来。"

（四）注意事项

教师停止或离开角色的时机应视活动进行的需要而定,一般是在活动结束,维持秩序或转换身份的时候离开角色。在幼儿园的戏剧教育活动中,教师的入戏和出戏是不断转化的。因为幼儿的年龄特点,他们对一个角色的扮演可能持续时间不能很长,也可能在角色扮演的过程中出现秩序混乱的情况,这时需要教师适时出戏,及时对活动中出现的意外情况或混乱局面进行调整,以保证戏剧活动的有序进行,而不一定是在活动结束时教师才出戏。

教师在引导幼儿角色扮演时,很自然地进行入戏和出戏的自然转换是很重要的。在"大树与小鸟"的主题活动中,教师选择一个魔法棒作为小魔仙的标志。当教师举起魔法棒时,她很自然地变成了小魔仙；当教师放下魔法棒时,那她就变回了教师,在"我的幸运一天"的渗透式戏剧活动中,教师用一个醒目的猪鼻子作为小猪的标志。她把这个起着关键作用的猪鼻子用一根绳子系好套在脖子上。当猪鼻子挂在自己的鼻子上时,教师就进入角色扮演,成为一只小猪,以小猪的语气说话,这时幼儿会自然地以另一个角色狐狸来进行体验和回应；当教师把猪鼻子放下,她很自然地完成了入戏和出戏的转换,从小猪变成了教师。

四、旁述（Side-coach）

旁述是戏剧教育活动中常用的技巧,这种技巧的源头来自于"说故事"(story telling)的口传艺术。旁述策略是指在幼儿的表演过程中,教师叙述故事,即教师讲述故事,幼儿同时演故事。当教师要将一个故事告诉自己的学生,教师的身份就是一个叙述者(narrator)。在"大树与小鸟"的主题活动中,教师是这样运用旁述策略的：

教师：你们都是那棵神奇的树,在我的魔棒指挥下生长,好不好？

幼儿：好！

教师：我喜欢遵守游戏规则的人。大树长起来了就不能乱动了。听到什么东西、什么声音它能动。

教师：巴拉巴拉小魔仙带了一袋种子放在了泥土里。（幼儿蜷缩着身子趴在地上做种子状）,小魔仙的魔棒一挥,小树们突然从土里钻了出来,长出了嫩芽（幼儿身体慢慢长高,表示小树生长）。小魔仙的魔棒又一挥,小树又生出了树干,（幼儿越长越高）树枝越长越茂盛。（教师语气也变得有力而坚定）巴拉小魔仙又挥一下,小树顿时变成了一棵大树。（语

气急促而有力)幼儿伸出手臂、小手表示茂盛的大树。(幼儿有些兴奋)

教师:巴拉巴拉小魔仙找一找哪棵是奇怪的树,哪棵是长得最牢的树。(巧妙引导)

教师:这时,小魔仙一挥,突然下起了小雨,滴答滴答(声音轻轻的)。(幼儿扮演的大树有点小的晃动)

教师:雨越下越大,(声音逐渐增大)下着下着,风也来了,呜……呜……(幼儿用力晃动着身体)

这时教师采用的就是旁述的策略,幼儿跟随教师的速度尽情地体验着戏剧带给自己的感受。教师在这个过程中,通过声音的大小、语调的变化,以及适时的指导,推动着戏剧活动平稳而富有活力地向前发展。

在运用旁述这一策略时,教师要运用丰富的声音和面部表情的变换。语言要表达清楚,不要有太多的解释;故事枝节不要太繁杂,也不要有明确的说教。但是,在教学中经常出现这样的情况:教师过多提示幼儿该干什么了。这样,幼儿会一直跟着教师的节奏,难免会出现幼儿和教师的步伐不一致现象,致使幼儿获得的经验不连贯。因此,应该改变这种生硬的为了表演的顺利而进行的提示,应该注重旁白的实际功效。

五、坐针毡(Hot-seat)

"坐针毡"的本意指像坐在插着针的毡子上,让人坐立不安。约翰·奥图及茱莉·堂把这一策略引用到戏剧教学中来。此方法是指当场景已经布置完成,教师只需坐在椅子上,让参与者扮演角色来访问教师,对教师扮演的这个角色提出疑问、质问,以取得资讯或找出此人物角色的行为表现的原因。这个策略很适合于老师参与角色扮演的时候,或是有一大群表演者参与的时候。

(一) 作用

坐针毡策略主要是教师扮演一个角色去刺激幼儿的发言欲望,幼儿从教师扮演的这个角色获取帮助或者获取资讯,这时他们要采用语言表达的方式进行对话,并且不断受到这个角色的质疑和追问,所以这个策略的运用对儿童语言表达是一个挑战,能很好地发展幼儿的语言表达能力以及解决问题的能力。

(二) 具体做法

在约翰·奥图、茱莉·堂著,刘纯芬编译的《假戏真做,做中学——以戏剧作为教学工具,帮助学生有效进入主题学习》中有这样的范例。

范例一:

"我有一位来自雪梨的朋友名叫凯琼斯。她刚刚继承了一座农场,但她对如何经营和如何照顾动物一窍不通。我告诉她我们正在上有关农场方面的课程,也许对她有帮助。我会为她留个位子。你会知道她何时来我们班上,因为她总是披着红色围巾。我正期待她的到来。"然后,你就披上红色围巾(你可以在学生面前披上围巾,也可以走到门后再披上,看

看哪一种方式让自己感到自在)。之后,你就坐在椅子上。"早安,我是凯琼斯,最近我碰到了一些难题,我的朋友(你原来的姓名)告诉我,你们在农场方面以及动物领域懂得不少,没错吧?"

教师借由扮演凯琼斯这个角色,以及其对农场经营和动物畜养方面的知识不足,作为戏剧的引导线。

上面这个例子中,教师为这个角色准备了一把椅子,教师以一个需要帮助的角色引发冲突,激起幼儿提供或获取资讯的动机。

范例二:

"大树与小鸟"的主题式戏剧教育:

由孩子们扮演的各种各样的鸟儿们都来参加聚会了,大家争先恐后,热闹非凡。可是,当企鹅摇摇摆摆地走来时,森林聚会却有意外发生了。由教师扮演的小魔仙说企鹅不是鸟,不让企鹅进场,这时反倒把企鹅的其他好朋友(由其他幼儿扮演的各种鸟)急坏了。于是,老师请小朋友帮忙,说说企鹅为什么是鸟,直到小魔仙同意。在这个活动中,教师不断进行逼问,引导幼儿说出解决问题的种种办法。

教师是这样运用坐针毡策略的:

(1)引出戏剧冲突

小魔仙认为企鹅不是鸟,不允许企鹅参加聚会。

(2)激发幼儿想要解决问题、获取相关资讯的欲望

富有同理心的鸟儿们着急了,想办法为它们的好朋友企鹅说服小魔仙。

(3)教师设问,为难幼儿,质疑幼儿的说法并不断鼓励幼儿进行更丰富的表达

幼儿作为参与者,向小魔仙这个角色提出疑问、质问,以获取咨询,并且找出说服小魔仙"企鹅是鸟"的原因。

教师创设了一个情景,大树不高兴了,这时戏剧的冲突产生了。经过前几次活动,幼儿对大树有了很好的角色认同,他们也很想知道为什么大树不高兴了,他们想对这个问题探个明白。于是,教师给幼儿一个这样的任务:为什么大树不高兴了?请幼儿开动脑筋,并且用语言表达他们的想法。大树(教师扮演)不断否认幼儿的想法,并且提供给幼儿更多有目的的提问,幼儿围绕教师的不断质疑展开想象和辩论,直到他们讨论出较有说服力的信息,大树才肯罢休。幼儿在这个过程中以角色的身份参与。同时,他们被一次次地质疑,引发他们不断地想象去寻找解决问题的方法。"坐针毡"的教学策略的运用可以促进幼儿语言能力、思维能力以及解决问题能力的发展。

但是,这个策略的运用也不是万能的。坐针毡策略的使用受幼儿语言表达能力和幼儿已有知识经验的限制。由于语言表达能力以及他们的经验所限,小班幼儿尚不适宜这一策略,对于年龄稍大一点的孩子可以采用这种策略。

幼儿园戏剧教育活动带给幼儿和教师的体验是鲜活的、丰富的、触动心灵的。在戏剧教育活动中,教师巧妙地运用各种策略可以有效地促进教学目标的达成。有了教学策略的支撑,教师才能更清楚自己的教学思路,让自己的教学变得更轻松,更有效,更令人称美!

第十二章 幼儿绘本

> 绘本是一个很好的学习门槛,可以让孩子经由绘本图像的思考方式,学会结构式的整体思考,从而在未来语言与文字的学习时,不会只是片段式的。
>
> ——郝广才

本章要点

1. 了解绘本的概念及发展历程。
2. 掌握绘本的基本特征及分类。
3. 学会对绘本的艺术鉴赏。

第十二章　幼儿绘本

第一节　幼儿绘本概述

绘本是国际公认的"最适合幼儿阅读的图书",是发达国家家庭首选的儿童读物,相信经常给孩子阅读绘本的爸爸妈妈会有最深的感受。在当下亲子阅读中,越来越多的家长发现最好的阅读资源就是绘本,更多的家庭也开始认识、接触绘本。

一、幼儿绘本

绘本,英文称"Picture Book",中文翻译为"图画书",日语译为"绘本"。较早研究图画书的中国儿童文学家彭懿在他的新作《绘本》中指道:"绘本是用图画与文字共同叙述一个完整的故事,是图文合奏的。在绘本里,图画不再是文字的附庸,而是图书的生命,甚至有很多绘本是一个字也没有的无字书。"绘本是指一类以绘画为主,并附有少量文字的书籍。绘本中的图画一般是手绘的细腻形象的作品,图画在整个作品中承担着叙事抒情、表情达意的作用。关于绘本中的图文关系,松居直先生在《我的绘本论》中形象地表述为"文×图",而不是"文+图",这表明绘本中的图文是相互补充、映照甚至反衬的关系。从封面到环衬、扉页、正文、封底,图画和文字的搭配关系都要符合"美"或"艺术"的要求,要关注细节,使其有助于主题和内容的表达。事实上,绘本就是用创造性的方法把语言和绘画这两种艺术以特定的形式综合在一起,形象地表现为书这种独特的物质形式,表达出单纯的文字、图画,或"文字+图画"所不能表达的更深含义的一种艺术表现形式。

台湾绘本领军人物郝广才说,绘本"大概是一本书,是运用一组图画去表达一个故事或一个像故事的主题"。笼统地说,绘本就是图画书。但严格来说,绘本又不是我们通俗意义上理解的图画书。绘本与图画书都是图文并茂的幼儿读物,但不是任何有图,或者图和文字有关联的书都是绘本。图画书以文字为主,依赖文字本身完成整个故事情节的表达;图画只是文字的补充说明,用来增强故事形象或渲染故事场景;失去图画的图画书,仍然不影响读者对故事本身的理解。

绘本主要通过画面来表达思想,是一种独立的图书形式,特别强调文与图的内在关系。在绘本内文字与图画共同担当讲故事的重要角色,图画不再仅仅起辅助和诠释文字的作用。它综合文学与美术的优点,使读者不仅能透过生动的文字来了解故事,更能在多姿多彩的图画中加深读者天马行空的想象世界。绘本的画面前后连贯,形成一个完整的故事,表达一个一致的主题,即使没有文字的配合,也丝毫不影响读者对画面的理解。比如,有些绘本以图画为主,依赖图画完成故事情节的表达;有些绘本在图与文之间取得一种平衡的关系,相互衬托,互相补充,营造出整个绘本的感觉;有些绘本甚至完全没有文字,绘本里的图画甚至比文字更为重要,仅仅依靠图画,读者就能够读懂绘本。从这个意义上来说,绘本是较为严格的图画故事书。

二、幼儿绘本的发展

绘本是新时代出现的,由传统的高品位的文学和艺术交织出的一种新的文学样式。现代意义的绘本产生于欧洲,繁荣于欧美国家。绘本的诞生与欧洲文艺复兴运动、人本主义的观念兴起及由此带来的新的儿童观的产生有必然的联系。甚至可以说,整个现代意义的儿童文学或绘本,都是这些观念的结果。

17世纪中叶,夸美纽斯和伊拉斯谟等人的看法代表了新的儿童观。1658年夸美纽斯所编写的《世界图绘》一书在纽伦堡出版,是西方世界第一本有插画的儿童书。他们的观念在18世纪卢梭的时代得到极大的发展。新的儿童观的产生直接导致了现代意义的儿童教育和儿童文学。现代意义的儿童文学是真正意义上的"为儿童的文学",现代意义的绘本也是真正意义的"为儿童的绘本"。

1744年英国的约翰·纽伯瑞创立了世界第一家儿童书店,并出版了内页配有木刻插画的口袋书。1789年英国的诗人兼画家威廉·布雷克完成了一本雕版印刷彩色儿童书《纯真之歌》。1860年沃尔特·克雷恩、凯特·格林纳威及伦道夫·凯迪克等人,相继与著名出版家爱德蒙·埃文斯合作,在他的画坊出版彩色绘本。1878年伦道夫·凯迪克为《骑士约翰的趣闻》一书绘制的约翰骑在马上驰骋的图画,后来成为美国凯迪克奖的标志。彭懿先生认为现代绘本的产生归功于19世纪彩色印刷技术的发明及英国画家、出版家爱德蒙·埃文斯的开拓。爱德蒙·埃文斯提高了彩色印刷技术,并同时打造了三位绘本的先驱者沃尔特·克雷恩、伦道夫·凯迪克和凯特·格林纳威。其中,伦道夫·凯迪克被后人称为"现代绘本之父",他为绘本的发展作出了很大的贡献。

1910年英国出版的彼特里克斯·波特的《小兔子彼得的故事》,被认为是现代绘本之始,开创了儿童文学的新纪元,从此绘本出现了前所未有的盛况。20世纪也是美术真正走进儿童文学领域的时代,美术与文字平分秋色,共同负起了丰富儿童心灵的重任。

在亚洲,日本的绘本从20世纪50年代开始起步,至70年代崛起。我国台湾地区绘本大致从20世纪60年代后期开始起步,至80年代后渐入佳境。在中国内地,虽然20世纪周作人提出了"发现了儿童"的主张,并且较为系统地阐述了他的儿童文学观,但是实际上,一直到今天的中国,从根本上还是缺少对儿童的立场的把握和认知。无论是在儿童教育领域,还是在儿童文学研究、创作与出版领域莫不如此。这也导致了幼儿绘本在中国发展的滞后性。

第二节 幼儿绘本的特征

美国儿童文学批评家台贝卡·丁·卢肯斯指出:"孩子和成人一样,渴望依靠阅读摆脱现实的限制,探索世界,寻找自我,塑造全新的自己。"绘本的"画"是绘本的生命线,儿童凭借图画来读懂故事的脉络或者理解图画提供的知识、信息。绘本的"文学性"是绘本的内在要求。文学是以语言为材料或媒介的艺术,是具有审美意识形态性质的、凝结个体体验的、沟通人际交流的语言艺术。离开语言、文字、文学这几个关键词,绘本也就无从谈起。绘本的"儿童本位"是绘本的创作要求。幼儿通过适合其身心发展特点的语言、情节等,获得阅读快感,产生阅读兴趣。

一、图画具有完整性

与一般文学作品用文字传递信息不同,绘本更强调用画面来传递信息。这种方式使画面本身成为一种语言,可以被不同地域、不同语言、不同年龄的人来理解和接受。"不需要文字,图画就可以讲故事"的能力,是绘本对"图"的基本要求。绘本中的"图"并不是插图,不是只为了表现文字已经表白的那部分内容,不是作为文字的"助手"来出现,也不是与文字脱离的配图。它本身就是一个完整的创作,它的内涵甚至比文字讲述的内容更丰富——"图"本身就可以表达一个完整的内容。简单地说,光看图也可以明白故事的内容。

绘本中的图画能够表现图书的内容、主题和细节,富有艺术表现力,有丰富的细节等待孩子去发现,并能够和孩子已有的生活经验连接,激发孩子的阅读兴趣,引起孩子的共鸣。绘本里的图画不能视为独立的绘画艺术:它不能让孩子仅停留在欣赏绘画的地步,它要使孩子以画为线索进入另一个世界,要在孩子心中创造一个立体的世界。

绘本还强调画面的连贯。画面要形成一个连续的视觉映像,在这种衔接推进故事情节的发展过程中,在不断展开的故事情节中,要不断地保持和发展形象,注重在图画之间埋下线索。也正是因为绘本中画面的流畅性和完整性,使得儿童绘本深受一些不识字的幼儿和识字量不大的低年级孩子的喜欢。如"聪明豆绘本系列"中的《女巫扫帚排排坐》,女巫和她的猫坐在扫帚上在空中自由飞翔,在飞行时分别掉了帽子、蝴蝶结和魔棒。在这个过程中她又结识了聪明伶俐的小花狗、翠绿羽毛的小鸟和讲究卫生的小青蛙。这些情节孩子们通过看图画就能看得懂。女巫和女巫的猫在心情上的变化,以及那些新结识的朋友渴望坐上扫帚,期待飞翔的迫切心理都能在动物们的神态、表情和动作上显现出来。

二、图画和文字的完美结合

大量世界经典绘本实例表明,大部分绘本呈现的形式是图文结合的方式:一方面,文字的重要性一点也不输于图画,许多绘本中的文字单独抽出来也能成为伟大的文学作品;另一方面,绘本中的图画完全可以独立地表达内容,传达主题思想。绘本中的画面和文字都具有叙事功能,大多数情况下,二者是相互配合、补充、提示的关系,以便更充分地表达一个主题。有时二者也会用一种相互否定的方式来呈现。但不论是哪种方式,都只是作者表达主题的手段。图画要首先考虑怎样直接地、快速地吸引读者;文字表达时,需要对图画进行精要的、传神的表达。英国绘本作家基平谈创作时的一段话是对此最好的注解:"例

如,画一条狗,我把狗涂成黑色。这样就没有必要再写上'这是黑色的狗'。这时在旁边写上什么呢?我只写'狗臭'。"言下之意,文字不但要说图画——"狗",还要点出图画中难言的意蕴——"臭"。图文以各自的表意功能,实现完全的、真正意义上的"图文合一",协调配合甚至达到了不可分割的程度。如绘本《给予的树》开头部分的文字:

从前有一棵大树……它喜欢上一个男孩儿。男孩儿每天会跑到树下采集树叶给自己做王冠,想象自己就是森林之王。他也常常爬上树干,在树枝上荡秋千,吃树上结的苹果,同大树捉迷藏。累了的时候,就在树荫里睡觉,小男孩儿爱这棵树……非常非常爱它。大树很快乐。但是时光流逝,孩子逐渐长大。

再如《离开蛋壳那一天》开头部分的文字:

他是鸡蛋哥哥。本来,他早就该从鸡蛋壳里出来,但是他不想。鸡蛋哥哥愿意一直待在鸡蛋壳里。"哇,危险!万一碰到,会裂开的。"鸡蛋哥哥总是一边说着,一边绕开石头走路。"早上好,妈妈。""呀,早上好。"

如上两段引文显示,绘本中的故事文本,由名词、动词、形容词构成陈述语句,不加连缀地依次排列,不仅很少有渲染和铺陈,也不具有通常文学作品所有的语言的丰富、形象、生动、精妙和细微的特点。单独阅读绘本的文字,至多只能获得一个故事主干框架或梗概,在文字与文字之间、在句段与句段之间留有明显的空白和间距。读者显然需要依靠图的配合和支持,才可以完成对故事的基本理解。如果读者单独阅读绘本的故事文本,就无法获得阅读普通故事能够获得的文学满足和快感。

三、内容的趣味性,主题的哲理性

儿童绘本之所以成为流行读物,其中很重要的原因是绘本的趣味性。许多绘本的人物塑造、故事情节铺陈、结构安排、构图、版式及装帧设计,全面充分地考虑了儿童的接受能力和阅读趣味。各国的绘本作者从儿童的欣赏角度出发,以拟人、夸张、对比、循环反复等为基本艺术元素,形成绘本图文的主体框架和表现模式。在一些著名绘本中,比如美国谢尔·希尔弗斯坦绘本系列、日本中江嘉男和上野纪子的"鼠小弟"系列,我们都可以看到绘本核心艺术范式各具精彩的出色演绎,这些绘本无论是图画还是文字都是妙趣横生。儿童生活、心理和趣味投射到绘本中,令绘本具有了浓郁的童趣,焕发出了源自童心天然的童趣和童稚美,这些童趣和童稚美成就了绘本美学意义上的儿童性,儿童能够在这样的童话故事或者生活故事中找到自己的快乐。比如,小兔波力品格养成系列中的《我不是故意的》,小兔波力一早就蹦蹦跳跳地出去玩,莽莽撞撞地打坏了姐姐的玩具,撞毁了二哥的游戏屋和大哥的秘密地洞。大伙儿回家向妈妈告状,却发现波力吃光了全家的午餐,这会儿连妈妈都帮不了他们了!其实波力不是坏孩子,只是毛毛躁躁的,总是捅娄子。孩子们看这样的故事时,会发出会心的微笑。也许在波力身上,他们看到的正是他们自己!

幼儿绘本内容在充满趣味性的同时,它的主题并不是我们想象的那么简单,并不是随便逗孩子开心的东西。它是用简单的图画和简单的文字,表达深刻的内涵,从而把很多的人生哲理、科学道理等传达给孩子们,对幼童成长产生了暗示与引领的作用,从而助力实现幼儿的"蜕变"。如希尔弗斯坦的绘本《给予的树》被评论者称为"一则有关索取与付出的寓言",日本佐野洋子的绘本获奖名作《活了一百万次的猫》被读者视为"有关生与死,情与爱的寓言"。

第三节 幼儿绘本的分类

根据不同的划分标准,幼儿绘本可以分为不同的类别。比如,按照有无文字提示,可以分为无字绘本和有字绘本等;按照内容主题,可以分为生活认知绘本、人际交往绘本、品德品格绘本、科普绘本等;按照呈现形式,可以分为立体绘本、有声绘本、电子绘本等;按照侧重点不同,可以分为知识性绘本和文学性绘本;等等。下面介绍几种绘本的主要形态。

一、按照有无文字提示的分类

按照有无文字分类,绘本可分为无字绘本和有字绘本。

1. 无字绘本

无字绘本,顾名思义,是不通过文字,单纯地运用图像说故事,是依靠图画以及图画间的结构设置进行故事讲述、情节呈现、情绪表达的一种绘本类型。

无字绘本传统定义为"整本书没有一个字,完全依靠画面来讲故事"。实际上,无字绘本并非从头至尾绝对没有文字。首先,封面、扉页的书名需要用文字来呈现,以表达作品的主旨。其次,内文的图画中也会偶有拟声词、拟态词出现,以声音信息强化画面的即时情境。再其次,内页中还会出现一些本身就带有文字信息的细节画面。例如,用商店的招牌、街道指示牌等等,来提示场景、环境的变化。这些文字的出现为图画叙事提供了语境,让读者在阅读过程中能够有效地领略绘本的表达意图。所以,无字绘本是一种相对的"无字",是弱化了内容表达上对文字表述的依赖,将绘本讲述故事的线索集中在图画上,也就是将信息传达建立在图画表意的基础之上的绘本。而无字绘本因为没有文字的限制,其图像反而能刺激读者,产生更多的讨论互动,创造更多的发现和惊喜。

由于没有或少有文字,图画则承担了全部的叙述功能。而图画的直观性及图画与语言必然的联系,使得无字书在视觉语言图画的色彩、明暗对比,甚至每一幅画面的角度等各个细节,都必须经过绘者用心良苦地精雕细琢。可以说,无字书的一切,尽在不"言"中,尽在画面中!可以毫不夸张地说,无字书的画面就像电影镜头一样,而两个小时的电影叙事空间被压缩成最多几十页的静态画面。可见无字书对画面的叙事功能、叙事方式要求更高。而从读者的角度来欣赏画面,我们也可以从中体味到作者独具匠心的情节安排、幽默笔法。甚至从艺术欣赏的层面上,我们从一幅幅精美的图画中得到的是艺术的熏陶和浸润,是美的欣赏和陶冶。

2. 有字绘本

有字绘本就是通常意义上所说的绘本,是"图文合一"的绘本形式。这类绘本或以图为主,或图文并茂。以图为主的绘本,用少量高度精练的文字与画面配合,更多的信息由画面来传递。如在《鼠小弟的小背心》中的文字是:"小背心真漂亮,借我穿穿好吗?"而这一问句的答案在下一画面中呈现,再无须文字。图文并茂的绘本,由图文共同完成意义的表达,文字对绘本并不像画面一样是必需品,但并不意味着文字对绘本不重要,很多经典绘本的文字都非常讲究,且极具特色。应该说绘本在文字上的这一特点不只是为了服务儿童阅读,而是用尽量平实的文字、简练的表达,给读者更多的留白,以激发其更大的想象。但不管是哪一种形式,都离不开绘本"图文相辅相成"的特点。

在图文绘本中,不管它们的作者是否为同一个人,都力图实现图文的合体共生,让图与文最大限度地相辅相成、配合呼应。简明的文字,以必要的字符呈现基本的层面,为图预留出充足的表现空间;生动具象的图,以诉诸视觉的直观表现,凸显文外之意,烘托暗示情绪与氛围。图与文对应、契合、互为表里,图"断"则文"续",文"断"则图"续"。通过图与文的组合与调配,让绘本成为语言艺术和视觉艺术的合体,让绘本因汇聚了文学和绘画的精华而别具风采和品格。

绘本图文合体,在简明之文和具象之图的协同中,也会面临具象与抽象、表象与意象以及源自文字表意和图画表意之间的差别和矛盾。绘本所具有的一定程度的概念性、抽象性、象征性、暗示性和多义性由此衍生。同样,在图文互相的包孕、结合中,也产生了绘本充满张力、弹性的艺术空间,供欣赏者体会和玩味。加拿大著名儿童文学评论家培利·诺德曼指出,绘本至少包含三种故事:文字讲的故事、图画暗示的故事,以及两者结合后产生的故事。

二、按照内容主题的分类

1. 生活认知绘本

2~3岁的宝宝身体和智力都快速发育,每天都在学习独立生活的技能,如穿衣服、吃饭、上厕所、睡觉、洗头、洗澡等等。这是儿童发展的需要,也是培养他们好的生活习惯的契机。这个阶段的宝宝也会对生活中遇到的各种现象充满好奇,如哈欠、屎屁尿、眼泪、喷嚏等等。他们对此都觉得很有趣,想要去了解。生活认知绘本的内容大都与孩子们的生活密切相关,绘本的主人公仿佛就是读者自己,仿佛就是孩子自己。在主人公内心世界的展现过程中,这些主人公成为孩子认知、交友或情绪管理的榜样,从而引起孩子情感的共鸣,培养孩子掌握基本的生活技能,养成良好的生活习惯,增强适应社会的能力,等等。如雁初译的绘本"马桶小国王系列"故事,讲述了在教育孩子的过程中,家长们总会遇到孩子挑食偏食、不爱洗澡、晚睡晚起、闹别扭不听话等各种各样的问题。故事通过角色扮演的游戏形式,创造性地模仿日常生活的情境,为孩子提供了成长飞跃的契机。

第十二章　幼儿绘本

2. 人际交往绘本

0～6岁是培养儿童阅读兴趣和阅读习惯的关键期，也是培养孩子的交往意识、合作意识、责任感，促进孩子个性、社会性发展的关键期。如英国布朗的《我妈妈》和《我爸爸》，借助儿童天真、自豪的口吻，描述了孩子心目中无所不能的爸爸和妈妈，绘制出一副父慈母爱子乖、其乐融融、和睦快乐的幸福家庭景象。孩子们在阅读过程中能感受到暖暖的、温馨的亲情，能让儿童更加懂得亲情的深刻含义。瑞士马克斯·菲斯特创作的《彩虹鱼》，通过一条有闪亮七彩鳞片彩虹鱼的经历，告诉孩子一些生活的真谛：痛苦与朋友分担，痛苦会减半；快乐与朋友分享，快乐会加倍。《猜猜我有多爱你》中，大兔子和小兔子不断通过肢体语言的变化表达对对方的爱，并不断升华爱的内容，使孩子生动形象地感受到爱的内涵和本质。

3. 品德品格绘本

著名教育家罗素认为，品格教育在孩子6岁前就已基本完成，6岁以后只是在以前的基础上加以巩固。中国有句古语叫"五岁成习，六十亦然"。对人的一生来说，很多知识都可以通过继续教育或其他方式来弥补，唯有人格的养成是从小塑造并基本定型的，且定型后很难纠正。因此，学前是儿童人格塑造的奠基时期，是进行品德教育的重要时期，也是良好心理品质形成的最佳时期。优秀品德方面的绘本，加上儿童与生俱来的模仿能力，会激发并促使他们向书中的优秀人物学习，在生活中会不自觉以书中优秀人物为榜样并努力向其靠拢。如小兔波力品格养成系列用温暖亲切的小故事生动地再现了孩子日常生活中遇到的各种问题，而莽撞淘气又温柔善良的小兔波力则教会孩子为人处世的许多道理：如何面对困难，如何克服恐惧，如何关爱别人，如何与人相处，等等。只要在阅读时正确指导，就可以让孩子受到潜移默化的熏陶，培养出健全而有魅力的人格，搭建好通向社会的桥梁。

4. 科普绘本

随着科学的发展，渗透科学教育内容的绘本也崭露头角。许多绘本用传统优雅的绘画手段、生活化的情节和趣味活泼的图像，向孩子们展示迷人的科学天地，引导孩子向往科学、热爱科学。如由中国东方编辑小组编写出版的《蒲公英科学小百科》，就是一套引人入胜的百科全书。它涵盖动植物、天文地理、气象、物理、化学等领域，深入浅出，趣味纵横。再如《我的拉鲁斯小百科》，用简单快乐的方式，配以清晰的绘图，向孩子们娓娓讲述关于自然、科技、人文、历史、卫生健康等方面的知识。此类绘本，不仅为儿童打开了一扇通向世界的窗户，扩大了生活和学习范围，而且为其以后科学知识的学习打下了良好基础。

5. 生命教育绘本

随着孩子年龄的增长，一般到5岁左右，大部分孩子会自然而然地思考关于灵魂与生命的主题。很多孩子都会问："人为什么要死亡？""人死了之后会怎么样？"是回避还是直面这些问题？死亡对于传统社会是一种禁忌，其实无论对于孩子还是成人，死亡都是神秘的。亲人之死，让人感到万分遗憾而无奈，带给人们深深的悲恸，甚至是恐惧。但是，生命的本质就是有生有死，因此，我们应该引导孩子以积极、健康的心态去面对死亡，从而让孩子学会珍惜生命，珍爱世界。面对这样沉重的话题，不妨借助绘本来解释，让孩子了解生命生生不息的意义，从而抚慰孩子年幼的心灵。如金波审译的绘本《长大做个好爷爷》是个关于生命的故事。它给孩子们平静地讲述了亲人的死亡，讲述了生命的终极关怀，是个非常温

暖的故事。

6. 人文艺术绘本

经典绘本都是由最了解儿童心理的著名艺术家和美术家共同创作的。他们出色地运用绘画技巧，通过优美的图画来诠释生动的故事，使得绘本既有色彩、线条、构图的美，又有语言、韵律和故事情节的美。如瑞士马克斯·菲斯特创作的《彩虹鱼》，插图采用水墨画技法，融入了中国画的传统元素，鲜活亮丽且富有现代感。画中水的场景，仿佛每个水草都在荡漾、漂浮，给读者以美的享受。有些绘本还采用剪纸、水彩、油画等各种形式绘画。可以说这种绘本已经成为一种"综合艺术品"，有很高的审美价值。有意识地让儿童阅读这些优美的绘本，不仅能培养他们的色彩感知能力，帮助他们树立正确的审美观，提高欣赏水平，而且能激发儿童创造美的热情，帮助他们步入艺术殿堂，让孩子终身受益。

7. 幻想想象绘本

儿童的想象力不是与生俱来的，而是通过直接或间接的体验获得的。体验越丰富，想象力越丰富。但是我们传统教育的大部分都是文字思考、语言思考，很少有图像思考。绘本为儿童养成用图像思考的习惯提供了一个良好的平台，因为绘本最大的特点就是用一系列连贯图画组成一个完整的故事，以图为主，图文结合。所以，阅读绘本可以培养儿童良好的图像概念，提高思考连贯性，丰富想象力。瑞士莫尼克·弗利克斯的代表作《无字书》系列作品，没有一个字，却生动地表现了聪明可爱的小老鼠的独特意识和情感世界。此书画面为孩子提供了无限的想象空间。

三、按照呈现形式的分类

现在的绘本除了有我们常见的普通书籍类的绘本外，还有以下儿童立体绘本、儿童有声绘本、儿童电子绘本三种比较新颖的绘本。

1. 儿童立体绘本

立体绘本虽然也是纸质绘本，但是采用的是三维立体效果制作方法。当儿童阅读立体绘本时，立体绘本的画面会呈现出立体的效果，显得更加形象，更能让人理解，还能培养儿童的立体的逻辑思维能力。立体绘本相对于传统绘本来说，更能吸引孩子的注意力，具有益智玩教具的属性。因为制作周期相对较长和复杂，所以这类书价格也相普通绘本来说更贵，也不利于保存。

2. 儿童有声绘本

现在绘本的形式多种多样，并不局限在图书绘本上。有声绘本就是一种让图书说话的绘本。采用光学图像识别、数码语音技术的点读笔，加上加印与特定声音文件相关联的隐形底码的点读书就可以制作此种绘本。有声绘本因为能使用点读笔来让文字部分呈现出朗读效果，因此相对也更为吸引孩子，但是书本的价格也相对较高。

3. 儿童电子绘本

儿童电子绘本是近年来兴起的绘本模式，随着电子产品的发展而逐渐得到普及。电子绘本是将纸质书的绘本转换为电子书的形式，是一种可以下载到手机或者电脑里的绘本，阅读时只需要打开软件就能观看,购买较方便,而且价格较便宜。电子绘本不仅能发音,还具有动画的特性,个别能动的画面也会吸引孩子。而且,电子绘本还有互相沟通的特点,孩子在阅读电子绘本时,可以与动画的人物进行交流,这样能节省父母陪孩子的阅读时间。

值得注意的是,儿童电子绘本虽然不断普及和发展,但是从一定程度上来说并不利于儿童的生长发育。它不仅不利于孩子的视力,还有可能导致孩子变得不爱与人沟通。所以,父母在给孩子阅读电子绘本时一定要注意控制时间,最好是陪着孩子一起阅读。

第四节 幼儿绘本的赏析

作品赏析一

流浪狗之歌 (嘉贝丽·文生)

【赏析】这是一本寓意深远的无字绘本,作者是比利时著名的素描家嘉贝丽·文生。她以流畅利落的笔调,描绘了这样一个故事:偏僻的郊野路上,一部疾驰而去的车子,还有一只被扔出车窗外的狗。流浪狗孤苦无助,只能寻着车子走,放弃等待,从荒野到海边,从河岸到城道,一路嗅着,忽而停止脚步,却又突然抬头向天空咆哮……最后,流浪狗与一名孤独的小孩相遇了,它绝望的心再度燃起一丝希望……全书没有一个字,甚至没有色彩,但透过简而有力的线条张力和精湛的构图,感动了所有的读者。

作品赏析二

小木偶 （嘉贝丽·文生）

【赏析】这是一册单纯而温暖的无字绘本,讲述了爱与被爱的主题。一个小孩和一个小木偶在剧场里出人意料相遇。他们心有灵犀,仿佛看到了另一个自己。正在他们开心地玩耍时,出现了一条凶恶的大狗,想要吃掉小木偶。小男孩勇敢地保护小木偶,感动了木偶的主人,木偶的主人将木偶送给了小男孩,三个人愉快地消失在道路的尽头……绘本画面干净简单,每一幅图画都在讲述一个故事,分享一些感情,将小男孩的情感变化勾勒得栩栩如生,特别是将小孩子特有的单纯和善良刻画得熠熠生辉。此绘本不大,但内容深刻,每个读者都能从中体会不同的意义。

作品赏析三

没有字的故事 （莫尼克·弗利克斯）

【赏析】这个俏皮幽默的无字图画故事,讲述了一个小男孩带着大号去上音乐课,路过森林时被小动物们拦截,最终机智脱困并和小动物们成为朋友的冒险故事。弗利克斯密集混杂的铅笔画形成一幕幕运动的背景,一直向前移动……这本图画书更多的魅力来自于作者超凡的想象力。读者的乐趣则来自于在想象中一遍遍地回味这奇妙的音乐之旅。

作品赏析四

打瞌睡的房子 （奥黛丽·伍德）

【赏析】这是一本用浪漫主义情调讲幽默故事的作品。在一栋打瞌睡的房子中,住在里面的人都在睡觉,而且睡得很沉很香。老奶奶睡在大床上,小男孩睡在老奶奶身上,狗睡在小男孩身上,猫睡在狗身上,老鼠睡在猫身上,还有一只不睡觉的跳蚤。突然,跳蚤咬了老鼠一口,老鼠跳了起来,猫儿、狗儿、小孩儿一个个都惊飞了起来,老奶奶还压垮了床……大家都醒来了,打瞌睡的房子里没有人在睡觉啦!整个绘本充满梦幻感。主人公房子就像有催眠能力,老奶奶、小男孩、小狗、小猫全睡着了。而按照生理作息表,它们又都由老鼠牵头,一个个戏剧般地醒来。作者以重复的句型与叠句的结构,使文字产生节奏与旋律,小朋友读来很容易上口。同时,鲜活的角色、描绘细腻的画面、独到运用的色彩、逐步变化的视点,共同营造了戏剧感十足的氛围,扩展出幽默的效果。读者仿佛是飘浮在空中的精灵,正俯瞰着雨夜里那间打瞌睡的房子,然后一下子就潜进屋子里,看着每个打瞌睡的人物。故事里的角色,每增加一位,图画的画面角度就随着往上提了一点。文字随角色的增加而累积,画面也跟着层层叠叠地累积,充满了电影运镜的趣味。

作品赏析五

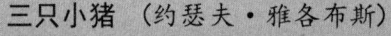

三只小猪 （约瑟夫·雅各布斯）

【赏析】本故事主要讲述的是三只小猪寻找幸福的故事。有一只母猪生了三只小猪。三只小猪长大了,老母猪就叫三只小猪去找他们自己的幸福。三只小猪听了老母猪的话开始上路了。第一只小猪用稻草盖了一所房子。狼来了,把房子吹倒了,第一只小猪被狼吃掉了。第二只小猪用木头盖了一所房子。狼来了,它把第二只小猪的房子推倒了,第二只小猪也被狼吃掉了。第三只小猪用砖头盖了一所房子。狼来了,它推了一下砖头房子,砖头房子一动也不动。狼就用头去撞砖头房子,可砖头房子没动,狼头上却撞了一个大大的包,狼就说要从烟囱里爬进来。小猪听了就在火炉里点了火,狼从烟囱掉下来死了。

作品赏析六

小鱼和太阳 （普热梅斯瓦夫·维和科洛维奇）

【赏析】这个绘本讲述了一条深海鱼追求理想的故事。一条小鱼在深海里过着冰冷、寂寞的生活,很少有人来拜访她,她幻想着有一天能改变这种生活。有一天,一束阳光射进了海底,小鱼意识到,温暖的阳光可以改变她的生活。于是,她踏上了寻找太阳的旅程。作者蕴含深意的文字和绘者浓重的笔墨,对比演绎了小鱼当前的冰冷生活和在温暖太阳沐浴下的理想生活。本书以"信念"和"勇气"为主题,引导小读者们在阅读的同时体会勇气和信念的力量。

作品赏析七

【赏析】这个绘本讲的故事是:放假了,小斑马要去夏令营玩。爸爸妈妈给他准备了很多东西,还将吻装进盒子,一同放进包里。火车上,一个小宝宝想爸爸妈妈了,小斑马拿出盒子,把爸爸妈妈的吻分享给小朋友们。在父母之爱的鼓励和陪伴下,小斑马懂得了跟爸爸妈妈暂时分开是一件成长必经的事,把爱传递给他人,是一件幸福又快乐的事。这是一个温馨的、可爱的故事,很适合孩子在将要上幼儿园的时候阅读。

思考链接

1. 举例说明幼儿绘本的特点是什么。
2. 试举几本不同主题的绘本,分析其主旨。
3. 选择一本你喜欢的绘本与大家一起分享。

延伸阅读

绘本的作用

绘本是以图为主的书,语言简洁、图画优美、故事有趣,能大大激发儿童的阅读兴趣。优秀经典的绘本,只要看图就能读懂故事的主要情节,不识字的幼儿也能通过图画进入故事世界,并从中发现乐趣。阅读绘本对儿童阅读能力的培养乃至一生的成长发展都有着不可估量的作用,这些作用可概述为以下几个方面。

一、符合孩子的思维特点,更能激发孩子的阅读兴趣

家长们通常认为阅读可以让孩子多认一些字,多增加一些知识,更有利于孩子在学校里取得好的成绩。但是,在孩子小的时候,作为教师和家长首先要考虑的是如何让孩子养成阅读兴趣和习惯,让孩子爱读书,快乐地读书。

从人类的发展史上看,图画语言要早于文字语言,它比文字符号更加直观,表达的系统更符合儿童形象性思维的特点。幼儿的思维是一种具体形象性的思维,是一种表象的思维。绘本以画为主,字少但画面丰富,以画传达故事情节,比一般纯文本更能激发孩子的兴趣,也更符合儿童早期阅读的特点和习惯,更能让孩子感受到阅读的乐趣。

在绘本中,儿童文学作家使用孩子可以解读的词汇、熟悉的语句结构,将主题巧妙涵盖进去,汇聚成结构完整、内容丰富的故事。借助丰富的图画,孩子们在阅读文字时觉得更为简单。通过直观化的绘本内容,孩子吸收、转化着各种观点,无形中便培养出精湛的语文阅读能力,并促使自己积极地向纯文字阅读过渡。

二、画面精美,富有内涵,能给孩子美的熏陶

目前绘本中的图画部分,多数都是世界上知名插画家的作品。他们运用各种手法营造故事情节,让孩子在阅读时既享受文学也感染到美学。好的绘本,不仅绘画精美,构图、色彩能使阅读者在视觉上引起愉悦,而且每张图画都有丰富的内涵,图与图之间能呈现独特的叙事关系。

绘本阅读在把孩子带入美好故事情节的过程中,孩子的情感受到陶冶,艺术审美能力不断发展,而这种能力的提升绝不是单单凭借文字阅读所能替代的。

三、能激活孩子的想象,有利于孩子创造力的培养

绘本可以为孩子提供丰富体验的机会。绘本故事横跨国界,穿越各种文化背景,透过文字与画面,孩子得以进入不同的世界,让创造力无限扩大。

孩子还可以根据绘本的整体意境,对故事情节展开丰富的联想,使想象力无限扩大。家长或老师还可以利用绘本的优势,让孩子在零压力的情况下,带着好奇、兴奋的心情,融入绘本的故事情境,并透过有意义的提问和引导,培养孩子逻辑思考、预测推理能力,以及听说读写的语文能力。

主要参考书目

[1] 方卫平:《幼儿文学教程》,北京:高等教育出版社,2012年版。
[2] 蒋风:《幼儿文学教程》,南京:东南大学出版社,1999年版。
[3] 李少梅:《幼儿文学教程》,北京:北京师范大学出版社,2015年版。
[4] 高格禔、舒平:《幼儿文学实用教程》,北京:高等教育出版社,2011年版。
[5] 韩进:《幼儿文学》(第二版),北京:中国广播电视出版社,2010年版。
[6] 人民教育出版社中学语文室:《幼儿文学》,北京:人民教育出版社,2005年版。
[7] 郑光中:《幼儿文学ABC》,成都:四川少年儿童出版社,1988年版。
[8] 郑荔:《教育视野中的幼儿文学》,南京:江苏教育出版社,2005年版。
[9] 黄云生:《人之初文学解析》,上海:少年儿童出版社,1997年版。
[10] 金波:《幼儿的启蒙文学》,北京:接力出版社,2005年版。
[11] 瞿云:《幼儿文学赏析教材》,兰州:兰州大学出版社,2006年版。
[12] 任继敏:《幼儿文学创作与欣赏》,北京:高等教育出版社,2010年版。
[13] 任继敏:《幼儿文学鉴赏》,昆明:云南大学出版社,2009年版。
[14] 张文泰:《幼儿文学赏析》,北京:语文出版社,1985年版。
[15] 王泉根:《儿童文学教程》,北京:北京师范大学出版社,2009年版。
[16] 黄云生:《儿童文学教程》,杭州:浙江大学出版社,2004年版。
[17] 王泉根:《儿童文学教程》,北京:首都师范大学出版社,2008年版。
[18] 郑荔:《儿童文学》(第二版),南京:江苏教育出版社,2009年版。
[19] 河海大学出版社语文教材编写组:《儿童文学》,南京:河海大学出版社,2005年版。
[20] 陈伯吹:《儿童文学简论》,武汉:长江文艺出版社,1959年版。
[21] 李培然:《儿童文学简论》,哈尔滨:黑龙江少儿出版社,1986年版。
[22] 方纪生:《儿童文学试论》,石家庄:河北人民出版社,1957年版。
[23] 蒋风:《中国现代儿童文学史》,石家庄:河北少年儿童出版社,1986年版。
[24] 蒋风:《中国儿童文学发展史》,上海:少年儿童出版社,2007年版。
[25] 韦苇:《外国儿童文学发展史》,上海:少年儿童出版社,2007年版。
[26] 方卫平:《中国儿童文学理论发展史》,上海:少年儿童出版社,2007年版。
[27] 朱自强:《中国儿童文学现代化进程》,杭州:浙江少年儿童出版社,2000年版。
[28] 李利芳:《中国发生期儿童文学理论本土化进程研究》,北京:中国社会科学出版社,2007年版。
[29] 蒋风:《儿童文学原理》,合肥:安徽教育出版社,1998年版。
[30] 方卫平:《中国儿童文化》(第三辑),杭州:浙江少年儿童出版社,2007年版。
[31] 方卫平:《儿童文学的审美走向》,北京:中国文史出版社,2007年版。
[32] 周晓波:《儿童文学创作现象透视》,北京:中国文史出版社,2007年版。
[33] 方卫平:《儿童文学接受之维》,武汉:湖北少年儿童出版社,1995年版。
[34] 周作人:《儿童文学小论》,石家庄:河北教育出版社,2002年版。

[35] 鲁兵:《中国幼儿文学集成——故事编》,重庆:重庆出版社,1991年版。
[36] 让·皮亚杰:《儿童的语言与思维》,傅统先 译,北京:文化教育出版社,1980年版。
[37] 张明红:《学前语言教育》,上海:华东师范大学出版社,2011年版。
[38] 陈伯吹:《作家与儿童文学》,天津:天津人民出版社,1957年版。
[39] 洪迅涛:《儿童 文学 作家》,郑州:河南人民出版社,1982年版。
[40] 许义宗:《儿童诗的理论及其发展》,中山学术文化基金会奖助出版,1979年版。
[41] 樊发稼:《儿童诗论说》,北京:中国文史出版社,1990年版。
[42] 朱自清:《中国歌谣》,上海:复旦大学出版社,2004年版。
[43] 蒋风:《儿歌浅谈》,成都:四川人民出版社,1979年版。
[44] 金燕玉:《中国童话史》,南京:江苏少年儿童出版社,1992年版。
[45] 吴其南:《中国童话发展史》,上海:少年儿童出版社,2007年版。
[46] 韦苇:《世界童话史》,福州:福建教育出版社,2002年版。
[47] 安徒生:《名家绘本——安徒生绘本》,北京:人民文学出版社,2003年版。
[48] 徐飞华:《怎样对儿童讲故事》,北京:五洲出版社,1977年版。
[49] 松居直:《我的图画书论》,季颖 译,长沙:湖南少年儿童出版社,1997年版。
[50] 朱自强:《亲近图画书》,济南:明天出版社,2011年版。
[51] 梅子涵、童年书:《图画书的儿童文学》,济南:明天出版社,2011年版。
[52] 李涵:《中国儿童戏剧史》,北京:中国戏剧出版社,2003年版。
[53] 陈世明:《图像时代的早期阅读》,上海:复旦大学出版社,2008年版。
[54] 陈世明:《图像时代的早期阅读》,上海:复旦大学出版社,2008年版。